［新訂版］
体系 道徳教育の
理論と指導法

早田 幸政 編著

平成29年
学習指導要領
改訂対応

エイデル研究所

新訂版の上梓に当り

　『道徳教育の理論と指導法』(初版)が発刊されたのは、2015年4月である。この時期、すでに、学校における道徳教育の充実策の一環として「道徳の時間」を「特別の教科　道徳」に格上げすることを目指し、政府や中央教育審議会等で論議が沸騰していた。本書初版は、そうした当時の論議をも踏まえて執筆されたものであった。

　そして今時の学習指導要領の改訂を受け、小学校で2018年4月から、中学校では2019年4月から新たな枠組みの中で道徳教育が始動することとなったことに伴い、旧版を全面改定し、装いも新たに本書新訂版を上梓する運びとなった。そこでとりわけ記述内容の充実化を図ったのが、「道徳教育の内容」、「道徳教育の指導計画」それに「『特別の教科　道徳』の評価」に関わる部分である。

　いじめ事案の頻発とそれに起因する不幸な結末の生起という今日の学校が抱える深刻な課題に対処することを嚆矢に、道徳教育では、一人一人の個性の尊重、互いの思いやりの心と協力し合いながら行動することの重要性とともに、かけがえのない自他の生命の尊重、などの道徳的価値がこれまで以上に重視されるところとなった。また、グローバル化の急激な進展に加え、民主政の担い手の育成、社会正義の実現に向けた新たな教育需要の高まりの中でシティズンシップ教育、インクルーシブ教育などの教育を支える道徳的価値を育むための指導の在り方についても、今次学習指導要領『解説』は、従来に比し多角的な視点を提示している。

　本書は、「道徳」及び「道徳教育」に係る基礎理論の理解の上に立ち、現行学習指導要領に依拠しつつ、「道徳科」を軸とする学校における道

● 新訂版の上梓に当り

徳教育の指導の在り方を記述したものである。そこでは、単に学習指導要領及びその『解説』の説明に終始せず、学習指導要領の文言に内在する趣旨・目的の考察を通じてそれが目指す真の意図や意義を解明し、それが及ぼす教育的効果を批判的に検証するという観点に立った叙述も含まれている。こうした視点を踏まえた本書は、「学ぶ道徳」から「考える道徳」への転換を目指した今時学習指導要領の基本的な改訂趣旨とも十分整合しているものと考える。

さて、学校における道徳教育を通じて育まれる道徳的価値の実践の「場」は、「学校」に限られるものではなく、「家庭」や「社会」もその対象である。その成果は、学校生活で生かされるだけでなく、生涯に亘る道徳的実践に向けた態度・志向性の内的基礎となるものでなければならない。このことは、言わば当然の理であるが、あらためてこのことを確認しておく必要がある。こうした基本的前提の下、本書も、学校における道徳教育の成果が、これを学んだ児童生徒の健やかな内面的成長を促し、生涯に亘ってその内的価値を持続できることにいささかでも寄与できるものであれば、との思いで上梓した。

このほかの学校における道徳教育の基本的意義等については、挙げて旧版「はじめに」の記述に譲りたい。

最後に、旧版「はじめに」にも記したように、本書の読者層について、大学の教職課程で「道徳教育の理論と指導法」を学ぶ学生諸君や教育関係者に限る意図をもつものではなく、一般の読者の方々も視野に収めて執筆したものであることをあらためて付言しておきたい。

2019年6月17日

早田　幸政

はじめに

　道徳教育は、言うまでもなく、学校全体の教育活動の中で営まれるものですが、その中軸をなしている現行の「道徳の時間」が装いを新たに、「特別の教科　道徳」へと生まれ変わろうとしています。今後、特別教科化された「道徳」には、すでに教科化されている国語、数学（算数）、理科、社会などに準ずる位置づけが与えられます。そうした位置づけの付与により、それまではなかった検定教科書が用いられるとともに、今後は、特別教科化されることを踏まえ、児童生徒に対する多様な評価の在り方に対する検討も行われることになるでしょう。

　それでは、今なぜ、そうした教育課程制度上の大きな変革がなされようとしているのでしょうか。その背景には、「いじめ」が教育の現場で深刻化し、そのことが原因で自死に向かう児童生徒が後を絶たないという不幸な現実があります。そこで、特別教科化された「道徳」を軸に展開される学校の道徳教育活動の質を高め、「知・徳・体」の調和のとれた教育の一層の充実を通じ、国の将来を担う子どもたちの「生きる力」を確かなものとしていくことが目指されているのです。

　もとより、道徳教育は、いじめ問題への対症療法として行われるものではありません。道徳教育の着地点は、命を尊び、他者を思いやり、規範意識や責任感といった社会性を備えた進取の気概あふれる青少年を育てることにあります。また、近代立憲主義の価値原理に根差した民主政を尊び、人権感覚に富んだ市民の育成もその重要な役割です。日本国民としての自覚の上に立って、国際社会で有為な役割を果たすことのできるグローバル人材の育成も急務となっています。

　このように道徳教育が重要な役割を担っているにもかかわらず、学

● はじめに

校で行われている道徳教育の輪郭が十分には見えてこない、現行の「道徳の時間」は形骸化しているという声をよく耳にします。私が受け持っている「道徳教育の指導法」の履修生からも、過去の実体験をそのように表現しています。

　道徳の授業は、「己の欲」から解脱した謹厳な「高徳者」の育成を主眼に置いているわけではありません。また、「社会常識」を十二分に備え型にはまった模範人間に導くことを第一目標にしているわけではありません。ましてや、美しい考え方や立派な行動をとれる人、多くの人から支持されそして多数派の意見や世界観に順応できる人を理想像とし、それを到達目標に指導することを目指しているわけでもありません。しかしながら、過去に道徳教育の授業を受けた人々の話から浮かび上がるのは、それが、上記視点をも含め「人格者」のありようを教条的に皆で考えさせる内容をもつものとして理解されていたのではないかということです。

　もし道徳教育の具体的な目標が仮に上記のようなものであったとすれば、それは常に多数派集団に身を置くことを良しとする一方で、異質な要素をもつ人々を排斥する方向で作用する懸念すらあります。そうなると、道徳教育は、冒頭に見た深刻ないじめ問題に対処できないばかりか、問題を一層深刻化させる「誘導的な危ない教育」に陥ることにもなりかねません。

　私たちは、この世に生を受けた以上、人生の終焉の時まで自身の可能性を信じつつ、命を全うしていく権利と責務を担っています。このことは、ごく当たり前のことであるようですが、その一方で強固な意志を必要とすることでもあると思います。私たちの生き方として、内面から湧き上がるエネルギーを原動力に、どうすれば社会に貢献できるよう命を全うしていけるかを、人に左右されずに自身の気持ちで考

5

えることがとても大切です。我が国学校教育において「生きる力」の重要性が声高に叫ばれている所以も、この点にあると思います。昨今の学習指導要領は、周知の如くその学力観を「生きる力」を基本に据えて設計しようと試みています。そして、「生きる力」の育成を教育指導の直接対象としようとする観点から、「道徳の時間」を軸とする道徳教育の位置づけが相対的に高まっているのです。

　ところで、国や自治体の財政状況が逼迫の度を増す中、公教育を担う学校への公的支援も、先行き不透明な状況になりつつあります。少し先の話になるかもしれませんが、公財政支出削減を理由に、普通教育を担う学校の「公設民営」化が現実化する可能性すら否定しきれません。そうした政策の流れに歯止めをかけるのは至難の業です。

　しかし営利追求型の民営学校が目先の成果の発現に向け歩を進めようとするのに対して、国・公・私立といった設置形態の別を問わず、これまで普通教育を担ってきた学校が、将来に亘りその教育上の有為性を発揮していこうとすれば、内的な学習／教育として展開される「道徳教育力」を高めることにより、人生を強靭に生き抜くことのできる「生きる力」を育める教育機関としてその存在意義を強く主張できるものと考えます。

　本書は、「学習指導要領（道徳編）」の検証と内容把握も兼ねています。このような関係から本書は、教職課程等において道徳教育の理論と指導法を学ぶ学生及び教育関係者の方々をその対象とするものではありますが、それのみにとどまるわけではありません。2013 年 12月の道徳教育の充実に関する懇談会「今後の道徳教育の改善・充実方策について（報告）」は、道徳が社会の持続・発展のために不可欠であるとし、これを子どもたちの問題として捉えるのではなく「今を生きるすべての大人にとっての、また社会全体にとっての課題である」

旨を強調しています。そうした意味において、本書が、一般の読者の
方々をも視野に収めて執筆したことを付言したいと思います。

　最後に、出版事情が厳しさを増す中、本書の刊行に当っては、株式
会社エイデル研究所の大塚智孝様、山添路子様、杉山拓也様、国士舘
大学法学部の入澤充様に並々ならぬお世話を頂き、終始、懇切なご配
慮を頂きました。ここにそれを記し、そのご厚情に、心より感謝の意
を表します。

2015 年 2 月 1 日
早田　幸政

目 次

新訂版の上梓に当り　2
はじめに　4

第1講　道徳教育と学校教育 …………………………………………11
①道徳の意義と道徳教育の位置づけ　12
②道徳教育をめぐる昨今の動向　14
③道徳科の法的根拠と授業時数・総授業時間数　21
④道徳教育の実施主体　22
⑤学校、家庭及び地域社会との相互連携　25
⑥道徳教育の担い手としての教職　30

第2講　道徳教育の歴史と政策の変遷 ……………………………37
①明治国家の成立と明治憲法体制下の道徳教育　38
②占領下の教育改革と道徳教育　43
③道徳教育の政策の変容　44

第3講　道徳と規範、そして宗教、愛国心 ………………………57
①道徳教育と「道徳」　58
②道徳、規範、宗教の関係　59
③2017年改訂学習指導要領の道徳教育における
　規範、宗教、愛国心の位置づけ　66

● 目次

第4講　道徳教育の内容 ────────────────────────── **87**
①教育基本法、学校教育法と道徳教育　88
②道徳教育の趣旨と「学校全体」の道徳教育　90
③「道徳科」における道徳教育　100
④学校における重要目標の設定と指導内容の重点化　124
⑤「情報モラル」と関連づけた
　　「ネットいじめ問題」の指導　130
⑥現代的課題に対処するための
　　「内容項目」に即した指導の在り方　134

第5講　道徳教育の指導計画 ───────────────── **139**
①道徳教育の指導計画の意義　140
②道徳教育の全体計画　140
③「道徳科」の「年間指導計画」　149
④重点的な道徳教育を行うに当っての配慮　156
⑤「全体計画」、「年間指導計画」の策定主体と
　　「道徳教育推進教師」の役割　157
⑥道徳教育に関わる「計画」の評価　159

第6講　「特別の教科　道徳」の指導 ──────── **171**
①「特別の教科　道徳」の指導の意義　172
②道徳科で用いる教材　179
③「道徳の時間」の指導方法の工夫　184
④道徳科の学習指導過程　190

9

第7講 「特別の教科 道徳」の評価 ······················· 199
①道徳科の学習評価 200
②道徳科の「学習評価」と授業改善のための
「評価」の関係性 220

関連資料 ······················· 227
No. 1 教育ニ関スル勅語（教育勅語） 228
No. 2 教育基本法 228
No. 3 （旧）教育基本法 232
No. 4 学校教育法（抄） 234
No. 5 平成29年版小学校学習指導要領（抄） 236
No. 6 平成29年版中学校学習指導要領（抄） 253
No. 7 道徳教育の「内容項目」に関わる学年段階・
学校段階の比較一覧表 268

おわりに 270

　学習指導要領及び『学習指導要領解説』の表記に関し、小学校、中学校につい
て、各々記載の文言が異なっている場合には、小学校学習指導要領、『小学校学習
指導要領解説○○編』、若しくは、中学校学習指導要領、『中学校学習指導要領解
説○○編』としてその出所を示した。また、小学校、中学校のいずれにおいてもそ
の記載の文言が同一である場合、「小学校」、「中学校」の文字を省略し、単に学習
指導要領及び『学習指導要領解説○○編』と記した。

道徳教育と学校教育

　これから道徳教育の「理論」と「指導法」の学習をはじめましょう。
　本講では、学校で教え学ぶ「道徳教育」の意義を確認しながら、その要となってきた「道徳の時間」が、今回「特別の教科　道徳科」となった背景、教壇でこれを教える学校の先生の役割や資質等の学習が中心となります。
　本講の学習に当たっては、次のテーマに留意してください。

- 我が国文教政策は、道徳教育を通じ児童生徒に対し、どのような資質能力や態度・志向性を育むことを求めているのか。
- 従来の「道徳の時間」が、どうして「特別の教科　道徳」へと格上げされたのか。
- 本書全体を通じて、道徳教育の「何を一体学ぼうとしている」のか（望ましい「道徳の姿」？「道徳的人間として育てるためのノウ・ハウ」？それとも「……？」）。

　それでは、本書の最初の扉を開いてください。

第1講

道徳教育と学校教育

① 道徳の意義と道徳教育の位置づけ

（1）道徳と道徳教育

　道徳は、社会において「善」として価値づけられたものを規範化したもので、人の行為を善行へと導こうと指向する。それは人の内面を律する規範であるとともに、社会の形成者としての「ヒト」の行為を規律する行為規範としての性質も有している。その意味において、道徳は内面的な価値規範であると同時に、行為を伴う実践規範としての性格を併有する。

　さて道徳は、社会において普遍的な通用力をもつように考えがちであるが、実際には、時代の推移や急激な社会の変化の下でその価値原理が変化することも稀ではない。また人それぞれの世界観や宗教的信条の違い等により、その道徳観は一様ではない。

　道徳教育は、そうした道徳のもつ普遍性と可変性を念頭に置いたものとして展開されることが要請されている。とりわけ公教育機関である学校の教育現場で営まれる道徳教育にあっては、公教育が国の手によって組織化されること等の関連で、教育（とりわけ普通教育）の機会均等の原則の下、その当否は別として、日本国内のどこであれ同一内容、同一水準のものとして行われるべきものとされている。そしてそれは、我が国社会のアイデンティティを盤石にするとともに、その持続性を確保する上において有効性を発揮できるものとして計画され実行される。その一方で、道徳教育は、我が国文化や時代背景の下で形成された「道徳」的な規律を基礎に、それぞれの学校を取り巻く環境条件や児童生徒の発達の段階を考慮しつつ、その「生きる力」を育

第1講 ● 道徳教育と学校教育

み支えるようなものとして行われることも求められている。

（2）子供の人格的権利

　周知の如く、児童生徒には、憲法によって平等に教育を受ける権利が保障されているほか、自律的な学習の主体として「学習権」までもが保障されている。児童生徒に対する教育人権の保障は、憲法によるもの以外にも、1989年に国連総会で採択され、翌年に発効した「児童の権利条約」を通じてもなされている（我が国は、1994年に批准し国内発効）。

　同条約は、全ての児童生徒に対し、「生存の権利」、「自由かつ自律的に発達していく権利」、「差別禁止を前提とした、平等に教育に接する権利」、「表現の自由」、「自己意見表明権」、「プライバシーの権利を含む人格的利益の保障」といった諸権利を保障する。

　学校で営まれる道徳教育は、他の教育同様、「個人の尊厳」に根差した学習者としての児童生徒一人一人のもつ個性に配慮しながら、その特性を一層伸長させるという視点から行われるものでなければならない。道徳教育が児童生徒の内的な成長・発達を促すことを属性とするものであることを考慮すれば、そうした教育上の営為が、基本的人権の基幹をなす「内心の自由」を侵すことなく所期の成果を挙げ得るための方途が恒常的に探究される必要がある。そこでは併せて、主体的、自立的に考えることができる道徳教育へと学習者をいざなうことも求められている。そうした意味において、日本国憲法や「児童の権利条約」の上記規定の趣旨が、規範の遵守、社会の多くの人々が「善」として価値づけた原理の尊重、さらには一定の価値原理の共有化を潜在的に誘導する性格を内包させた「道徳教育」と如何に整合し調和し得るかを継続的に検証することが、教育政策、教育実践の場の両局面において不可避的に要請される。

13

② 道徳教育をめぐる昨今の動向

（1）道徳教育をめぐる政策動向

　2013（平25）年6月に閣議決定された「第二期教育振興基本計画」は、質の高い道徳教育の取組に関わるこれまでの成果を踏まえ、その特性に配慮しつつこれを「新たな取組により教科化することについて具体的な検討」を行うことを明言した。すでに、同年2月の教育再生実行会議「いじめ問題等への対応について（第一次提言）」は、「教育再生」のための不可欠的かつ緊急の課題の第一にいじめ問題を挙げるとともに、新たな枠組みの下で道徳教育の教科化を図ることにより、「よりよく生きるための基盤となる力」を育むことでこの重要課題に対処する方途を指向した。

　そうした方向性が固まりつつあった2013年12月、道徳教育の充実に関する懇談会「今後の道徳教育の改善・充実方策について（報告）」が公にされた。同報告書では、目まぐるしく転変する社会の動きに対応できる「知・徳・体」の調和のとれた「生きる力」を育むことを目的とする学校教育にあって、道徳教育がその基礎・基本として位置づけられるべきであるにもかかわらず、a）我が国の歴史的経緯の影響もあり道徳教育を忌避する風潮が根強いこと、b）他教科との関係において、道徳教育の機軸をなす「道徳の時間」の位置づけが教育の現場で曖昧となっている観が見られること、c）「道徳の時間」を指導する教員間の力量にばらつきがあること、など道徳教育に随伴する諸課題が提示された。そして、そうした諸課題を克服し道徳教育の内容・指導方法の質や有効性を高めこれを担保するための方策として、「道徳の時間」を「特別の教科　道徳」（仮称）として教育課程上の位置づけを明確にするとともに、そのための教材として新たに検定教科書を用いることを提言した。

　上記報告を踏まえ、2014年10月の中教審「道徳教育に係る教育課

程の改善等について（答申）」は、再度、道徳教育の効果的実施を阻む諸課題について言及した上で、あらためて、それまでの「道徳の時間」を「特別の教科　道徳」（仮称）として教育課程上位置づけること（その年間標準授業時数を「道徳の時間」同様、35時間とすること）や検定教科書を用いること、さらには道徳教育に関わる教育指導体制の充実策などについて提言した。

　そして、上記提言に基づき、2015年3月、これまでの「道徳」を「特別の教科である道徳」に変更することを内容とする学校教育法施行規則改正がなされた後、小学校学習指導要領、中学校学習指導要領の一部改訂の告示が公示された。この改訂により、道徳教育の内容とその在り方について、大きな見直しがなされるとともに、同施行規則にいう「特別の教科である道徳」は学習指導要領中、「道徳科」と表記されることとなった。さらに翌2016年12月、学校種別の学習指導要領の改訂動向を踏まえ、中教審「幼稚園、小学校、中学校、高等学校及び特別支援学校の学習指導要領等の改善及び必要な方策等について（答申）」が示され公にされたのを受けて、2017年3月、小学校学習指導要領、中学校学習指導要領の全面改訂がなされた（なお、同「（答申）」に先立つ2016年7月の道徳教育に係る評価等の在り方に関する専門家会議「『特別の教科　道徳』の指導方法・評価等について（報告）」も、その後の改訂学習指導要領の「特別の教科　道徳」に係る『解説』作成に少なからぬ影響を与えた）。

　2017年3月の改訂では「道徳教育の全体計画」及び指導内容の取扱に関わる事項の記述は「第1章　総則」に移行する等の形式変更が見られた以外に道徳教育の内容に係る変更はない。とは言え、道徳科の創設に係る2015年3月の学習指導要領改訂後に公にされた上記答申は、2017年3月の学習指導要領全面改訂の趣旨・目的やその運用指針を示すものであるほか、それらに関連づけつつ道徳教育の在り方についても示唆に富む提言がなされていることから、本講では、これら

も参考にしつつ今次改訂の道徳教育の意義についての詳説を試みる。なお、本書では、2017年3月の全面改定版学習指導要領に拠って道徳教育に係る解説・説明を行う。

（2）道徳教育の教科化とその意義
①道徳科の創設
　今日、道徳教育の制度上の在り方に関し、2015年3月の学習指導要領改訂によって、従来の「道徳の時間」を発展させそのさらなる実質化を確保する視点に立脚して、「特別の教科　道徳（道徳科）」を軸に学校全体の教育活動の中で道徳教育を有為に展開させることが目指された。小学校では2018年4月から、中学校では2019年4月から、新たな学習指導要領に依拠した道徳教育が始動している。これまでの「道徳の時間」の授業が、「道徳科」へと格上げされたことによって、検定教科書を用いての授業がなされるほか、道徳科の実効性の確保のため、各教科同様、それに固有の教育目標、教育内容・指導法さらには評価の在り方に関する系統的な仕組みの確立が指向されることとなった。
②中教審答申の目指す道徳教育を通じて培うべき資質・能力
　道徳教育の在り方に関するこうした制度改正に伴い、学校全体で営む道徳教育の目標と道徳科の目標についても、その意義が明確化されるところとなった。
　このことを考えるに当り、まず、道徳教育に係る制度改正を内容とする改訂学習指導要領の公示に先だって公にされた2014年10月の中教審「道徳に係る教育課程の改善等について（答申）」が提示した道徳教育の目標に係る記述を見ておきたい。同答申は、学校の教育活動全体を通じて行う道徳教育の目標について、それは「生きる上で出会う様々な場面において、主体的に判断し、道徳的行為を選択し、実践することが出来るよう児童生徒の道徳性を育成」にあるとするとともに、「特別の教科　道徳」の目標は、諸課題を主体的に解決し「よりよく生

きていくために求められる資質・能力」の育成に向け、様々な道徳的価値を理解し、それに基づいて内省し、多角的に考え判断できる認知的能力、道徳的心情や道徳的実践につながる意欲・態度の育成を行うことにあるとした。そして、学校全体で行う道徳教育、「特別の教科道徳」のいずれの教育目標も、「道徳的実践」にいざなう「道徳的価値」を育むことが指向されている点で共通している旨が強調された。

なお、2016年7月の道徳教育に係る評価等の在り方に関する専門家会議「『特別の教科　道徳』の指導方法・評価等について（報告）」は、道徳の特別の教科化により「道徳教育の実質化とその質的転換」の実現に向けた構想を提示した。その中で、同報告は、道徳科と道徳教育の目標を改訂学習指導要領が「よりよく生きるための道徳性を養う」ことに統一した中で、道徳科が道徳教育の真の「要」としての位置づけの下で道徳教育の目標を達成するため、「児童生徒の実態に応じて、これからの時代を生きる児童生徒に育成すべき資質・能力を確実に身に付け」させるための具体的な指導方法や学習評価の在り方を提示した。

そしてこのことと併行して、上記改訂学習指導要領公示の後の2016年12月の中教審「幼稚園、小学校、中学校、高等学校及び特別支援学校の学習指導要領等の改善及び必要な方策等について（答申）」は、あらためて新学習指導要領が児童生徒に対し「育成を目指す資質能力」を明示した。ここでは、同答申がどのようなものとしてこれを想定していたのかについて見ておくこととする。

同答申は、変化の激しい社会を子供たちが生き抜いていくことができるよう、教育基本法が目的として掲げる個々人の「人格の完成」、「社会の形成者としての資質能力の育成」並びにそこで目標とされる知・徳・体の調和のとれた発達、自立性の涵養、を基礎づける「生きる力」を、学校の教育課程を通じて確実に育んでいくべきであるとした。そしてそのためには、教科指導の目的を「何を知っているか」に終始させるのではなく、「育成を目指す資質能力」を明確にした上で、

学習者の「学び」の向上を中心軸に据えて「何をどのように学ぶのか」という視点から今次の改訂学習指導要領の意義を捉え、その指針に沿って教育課程の編成・展開とその改善を進めていく必要性を強調した。具体的には、学校教育法30条2項が明定する「学力の3要素（「知識・技能」、「思考力・判断力・表現力等」、「主体的に学習に取り組む態度」）を起点に、学校教育を通じた子供たちの「学び」の実を挙げるため、これら3要素に対応させたものとしてa）何を理解しているか、何ができるか（生きて働く「知識・技能」の修得）、b）理解していること・できることをどう使うか（未知の状況にも対応できる「思考力・判断力・表現力等」の育成）、c）どのように社会・世界と関わり、よりよい人生を送るか（学びを人生や社会に生かそうとする「学びに向かう力・人間性等」等の涵養）、という「育むべき資質・能力」に係る3つの柱を設定し、各教科等の教育目標・内容もこうしたコンピテンシーを基礎とした柱に従って再整理するよう求めた。

　そして、同答申は、2014年10月の「道徳に係る教育課程等の改善（答申）」同様、道徳教育の本質を「人格そのものに働きかけ、道徳性を養う」点に見出した上で、そこで培われるべき資質能力を上記3つの柱に対応させ、「道徳的諸価値の理解と自分自身に固有の選択基準・判断基準の形成」、「人間としての在り方生き方についての考え」及び「人間としてよりよく生きる基盤となる道徳性」の3つに整理することを提言した。最後に示した「人間としてよりよく生きる基盤となる道徳性」は、学校全体の道徳教育、道徳科双方の基本的教育目標であり、道徳教育における学習プロセスとして位置づけられる前2者の成果として導出されるものであるとともに、道徳教育・道徳科の究極的教育目標でもあることに留意すべきである。また併せて、同答申は、道徳科創設の意義を、多様な価値観に真摯に向き合い、道徳の意義を考え続ける姿勢を育むことに求めた上で、子供の発達段階に応じ、答えが一つではない道徳的課題を自身の問題として捉えその在り方を考える

ことができるような「考え、議論する道徳」への転換を要請した。

③道徳の特別教科化といじめ問題

　道徳教育の歴史的な変容については後述するとして、初めて告示形式で公示された1958（昭33）年学習指導要領により、「道徳の時間」が特設されて以降、学習指導要領は、道徳教育の充実・強化の方向で今日まで継続的にその見直しが図られてきた。

　現行学習指導要領においても、それまでの各改訂時の社会を取り巻く多様な要因を踏まえて導入・充実された道徳的価値原理がそのまま道徳教育の要素として継承されている。そして、『学習指導要領解説総則編』の「道徳の特別教科化に係る一部改正（1）一部改正の経緯」は、今回の改訂の背景にいじめ問題があり、そうした「いじめ問題への対応の充実」を図る一環として、道徳教育の在り方に関する制度の抜本的見直しを行った旨を明言している。

　すでに2013年6月のいじめ防止対策推進法は、学校におけるいじめを防止しこれに対処する方策として、「全ての教育活動を通じた道徳教育及び体験活動等の充実」を図る（同法第15条1項）とともに、学校設置者と学校が中心となり、家庭や地域と連携しつついじめ防止に向けた活動に取組む必要性（同2項）を明定した。併せて、各学校単位で営まれる「学校評価」において、いじめ防止のための取組を重要な評価対象とすることを義務づけた（同法第34条）。これら規定は、いじめの防止とそれへの対処を、学校教育全体として行う必要性を強く訴えるとともに、いじめに関わる事実関係の摘示並びにそのための対策・措置に対する効果の検証の実施を関係諸機関に法制面から要請したものであり、その与える影響は多大であった。とりわけ同法中に、学校全体で展開される教育活動としての位置づけにおいて「道徳教育」の語が明記されたことの意義は極めて大きい。

　また、いじめ防止対策推進法はその第11条1項でいじめの防止対策を「総合的かつ効果的に推進するための基本的な方針」を定めるも

のとしている。同規定に基づき、2013年10月、「いじめの防止のための基本的な方針」(平25.10.11文部科学大臣決定)が設定され、2017年3月に改訂されている。同方針は、いじめ防止に向けて、その早期発見、教師が子供と向き合える体制整備を含む様々な施策を講じることを宣明するとともに、学校に対しては、「学校いじめ防止基本方針」の策定、いじめ防止のための組織体制の整備及び実効的措置の発動を求めている。このほか、そこでは地方自治体、教育委員会に対しては、いじめ未然防止・早期発見等の取組を教員評価、学校評価に反映させる旨を明らかにしている。ところで、そこでは、いじめの被害から子どもを守る上で「特に配慮が必要な児童生徒」の例として、4つのカテゴリーが示されている。その4つとは、a)発達障害を含む障害のある児童生徒、b)海外から帰国した児童生徒や外国人の児童生徒並びに国際結婚の保護者を持つなど外国につながる児童生徒、c)性同一性障害や性的指向・性自認に係る児童生徒、d)東日本大震災により被災した児童生徒、とある。但しその対象は、もとよりこれらに限定されるものではない。

そして、上記いじめ防止対策推進法及び同基本方針を補充するものとして、2017年3月、文部科学省より新たに「いじめの重大事態の調査に関するガイドライン」が策定・公表された。そこでは「重大事態」として事実認定された段階ではなく「疑い」が生じた段階を調査開始の起点として位置づけた上で、調査時期、調査内容・方法、調査プロセスといった広範な事項について詳細な取扱方が提示されている。

さらに2014年6月の地方教育行政法(「地方教育行政の組織及び運営に関する法律」)改正によって、児童生徒の生命・身体が害され若しくはその危険が急迫している場合、文部科学大臣が教育委員会の業務に緊急介入(地教行法第50条)できる旨の規定導入の背後にも、いじめ問題の深刻化とともに関係者の隠蔽体質に対する法的対処の必要性への文教当局の認識が垣間見られる。このほか、2007年6月の学校

第1講 ● 道徳教育と学校教育

教育法改正によって規定整備がなされた同法第35条に依拠する出席停止制度の積極活用を通じて、いじめ問題等、問題行動を引き起こした児童生徒に対処することを求めた文部科学省通知が存することにも留意が必要である（平19.2.5文部科学省初等中等教育局長通知「問題行動を起こす児童生徒に対する指導について」）。

　そうした一連の法整備の流れを肯定する立場に立てば、「特別の教科　道徳」の法制化の実現を誘引した大きな理由となったいじめ問題の根絶に、その新たな枠組みがどう寄与できるのか、現時点では不透明の感を免れない中で、「いじめ」を派生させている児童生徒の日常生活上の問題に、特別教科化される「道徳」を軸に展開される道徳教育がどう関わっていけるのかを検討していくことが今後ますます重要となる。

③ 道徳科の法的根拠と授業時数・総授業時間数

　小学校及び中学校の教育課程における「特別の教科　道徳」（＝道徳科）を含む正課教育の編成上の根拠規定は、小学校については学校教育法施行規則第50条、中学校については同施行規則第72条である。また、小学校及び中学校の各学年における各教科（←小学校第5、第6学年の「外国語」は正式教科）、道徳科、外国語活動（←小学校第3、第4学年についてのみ）、特別活動並びに総合的な学習の時間のそれぞれの授業時数と各学年におけるそれらの総授業時間数の標準に関しては、学校教育法施行規則第51条に依拠する「別表第1」（小学校）並びに同施行規則第73条に依拠する「別表2」（中学校）で定められている（学校教育法施行規則第51条、同第73条）。

　授業時数の1単位時間は、小学校については45分（「別表」第1［備考］1）、中学校については50分（「別表」第2［備考］1）とされる。そして、道徳科の年間授業時数は、上記別表に基づき、小学校の場合、第1学

21

年34時間、第2学年～第6学年35時間、中学校の場合、第1学年～第3学年共通でそれぞれ35時間と定められている。

なお、私立の小学校については、教育課程に「宗教」を加えることが法令上特に認められているが、その場合、この宗教を以て道徳科に代替することも併せ認めている（学校教育法施行規則第50条2項、「別表」第1［備考］3）。そして、私立の中学校についても、小学校の扱いを準用し、同様の措置を講じることが認められている（上記「別表」第1［備考］3）。

④ 道徳教育の実施主体

（1）道徳教育と社会

人によって構成される社会には、必ず、その秩序を維持するためのルールが存在する。社会の中で個々人が、自我の赴くままに生きようと欲し行動するならば、その社会は崩壊に向かい、人々はその生活を維持し続けることができなくなるであろう。従って社会が全体として調和を保ち維持・機能していくためには、人の組織や行動のルールを定める必要がある。通常、そのようなルールの例として、法令のほかに、慣行や内部規律などが挙げられる。これら法令等の多くが、「道徳」と相関連しており、その実効性を確保する上で果たす「道徳」の役割は重要である。のみならず、道徳そのものが、社会規範としての役割を果たすことも少なくない。

このような道徳の有為性や必要性を社会全体で共有し、人々の様々な営みの中で教え合い学び合う機会として行われるのが道徳教育である。子供のモラルや学ぶ意欲の低下、学校におけるいじめや校内暴力、少年犯罪の増加等の深刻な問題に対しては、家庭・地域社会が学校と緊密に連携しこれら課題に向き合うことが大切である。道徳教育の充実が、強く叫ばれる所以もこの点にある。

第1講 ● 道徳教育と学校教育

　しかしながら今日、様々な要因により、家庭、地域社会のいずれも、その本来の役割を果たし得なくなっていることから、学校にそのしわ寄せが及んでおり、学校を軸に家庭と地域が連携して道徳教育を展開していくことが大きな政策課題となっている。ここであらためて、このことについて見ていくこととする。

（2）家庭

　家庭が子供の人格形成に与える影響は多大であり、その道徳的涵養は、主に「しつけ」を通して行われてきた。「しつけ」とは、親が子供に対し、日々の生活の中で、「決まり」や言葉づかい、生活態度・志向性について、社会に順応できるよう、場合によっては、より高次の振る舞いができるよう、強く働きかける営為を指す。しつけは、道徳律の遵守と密接なつながりを持つが、しつけを通じとりわけ高い要求を子供に対して行う場合、そこでは道徳的価値の注入としての側面が強まる。しかし、家庭内での親の子に対する道徳的涵養の方法はしつけにとどまるものではない。親は、将来に亘る子供の調和のとれた成長を見据え、その個性を尊重し大切にしながら自立心を育む教育が求められている。その一方で、これまで家庭で営まれてきた道徳教育は、そうしたしつけを含め、旧習に属する家風や家訓に加え、親等の主義・信条・職業、家庭の所得など、さまざまな要素が入り混じりながらそれらに規定づけられて行われてきた。

　本来、親や保護者は、子供の教育に直接的な責任を負う立場にあり、道徳教育もその一環として親等によって第一次的になされるべき性格のものである。しかしながら、「一人親世帯」や「共稼ぎ世帯」の増加等、家族形態や生活スタイルの多様化により、子供の日常生活に配慮する生活が大きく変化したことに伴い、総じて家庭の教育力は減退の様相を呈していった。

23

（3）地域社会

　人が社会的存在である以上、子供が大人へと成長していく過程における人格形成に、これまで社会なかんずく地域社会が大きな影響力を及ぼしてきた。しかしながら、産業構造、社会構造や科学技術の急激な変化は、人口の都市集中と地方の過疎化をもたらすとともに、それまでの大家族に代わる核家族を主流に、（2）に見たような「共稼ぎ世帯」や「一人親世帯」が増加するなど、伝統的な家族観や「地域共同体」という考え方に修正を迫るほどの変貌が見られる。

　こうした社会構造の変化は、それまでの地域ぐるみで子育てを行うという教育における地域社会の役割の後退を招来させ、地域社会が子供の人格形成に与える役割は次第に低減していった。

　その一方で、今日ほど地域社会の調和のとれた発展に貢献できる有為な次世代人材を育てることの大切さが強調されている時期はない。地方の再生や復権のためにも、また、地域自治体の民主的な意思決定プロセスへ参画できる良識ある市民を育成していくためにも、地域レベルでの道徳教育の充実の必要性を再認識しておくことが重要である。

（4）学校

　公的に組織化された公教育は、学校教育法第1条に定める「学校」によって担われている。公教育の一環を構成する道徳教育についても、学校は、地域社会、家庭と共に、これら3者がそれぞれの持ち味を生かし相乗的に行うべきものである。

　しかし、家庭が崩壊しあるいは教育力の急激に低下した家庭が増加してきていることに加え、過疎地問題、都市部における地域的まとまりの希薄化など「地域社会」そのものの在り方が根本的に問われている中にあって、道徳教育における学校の果たす役割の重要性が以前にも増して高まりつつある。

　こうした状況等を背景に、2006年12月の改正学校教育法は、後述

第1講 ● 道徳教育と学校教育

するようにその第13条で、学校、家庭及び地域住民の相互連携・協力を努力義務として定めた。

　そして同規定の趣旨を受け現行学習指導要領「総則」は、学校の教育活動に必要な人的・物的体制を家庭や地域の協力を得ながら整える必要性を強調した。道徳教育に関しては、学習指導要領「総則」に加え、同要領「特別の教科　道徳」によって、これら道徳教育の実施における学校の位置づけが明定された。このうちまず前者について、学校全体の道徳教育の展開に当っては、正規の教育活動を受け皿に、道徳力の実地での応用なども視野に入れ、地域社会等の協力を得ながら、児童生徒の道徳的実践力を高めることが指向された。後者に関しては、学校での道徳科の指導に当り、家庭や地域の人々等の積極的な参加や協力を得たりするなど、家庭や地域社会との共通理解を深め、相互の連携を図ることの重要性が説かれた。

　家庭や地域社会との連携・協働を前提に、学校にそうした中軸的な位置づけを付与したことは、道徳教育に共通の「よりよく生きるための基盤となる道徳性を養う」という基本的な教育目標の実現に向け、学校が創意・工夫を以て子供たちの人格的成長を促し社会の健全な発展に資するような有為な道徳教育の営みを実現し継続的に発展させていくことが今日的課題となっていることの証左でもある（道徳教育に係る学校、家庭及び地域社会の3者連携に係るより具体的な説明は、次の⑤での記述に譲りたい）。

⑤ 学校、家庭及び地域社会との相互連携

　道徳教育は、公教育の一環として学校で営まれるが、家庭においても、子供の教育に第一次的、第一義的責任を担う親／保護者が「しつけ」等を通じてそのための教育を行う。地域社会も、伝統的に、地域の子供たちに、その地域の伝統・文化や「しきたり」を継承させていく中で、

社会道徳を中心とした道徳教育の一端を担ってきた。ここでは、学校による児童生徒への道徳教育の展開過程において、学校を軸に家庭及び地域社会がどう連携してその営為を進め若しくはこれを進めることが求められているかについて見ていくこととする。

　現行教育基本法は、その第13条で「学校、家庭及び地域住民等の相互の連携協力」について、「学校、家庭及び地域住民その他の関係者は、教育におけるそれぞれの役割と責任を自覚するとともに、相互の連携及び協力に努めるものとする」と規定している。同条は、学校、家庭、地域が教育上の役割と責任の分担の確認の上に立って、それら相互の連携・協力の必要性を求めたものである。教育基本法にこうした規定が新設された背景には、上でも若干言及したように、家族形態の多様化が進み、子供の日常生活に配慮する生活環境が大きく変化してきたこと、過疎化や都市域での地域共同体や自治会等を通じた横の連帯の希薄化により、地域社会の教育力が低下してきたことなどに加え、相次ぐ少年事件に対して学校と社会が連携して規律を守り社会公共に貢献することの大切さを教える教育の重要性が強く認識されてきたこと、などがある。従って、本規定の意義は、様々な要因で家庭や地域社会の教育力が低下する中、青少年によって学校内外で引き起こされる深刻な問題・事件に対して、家庭・地域社会の教育力を復権させ、学校との連携関係の中でそれらに向き合いその解決を図る必要性を法律の規定中に明記したことに求められる。

　現行学習指導要領「第1章　総則」は、こうした改正教育基本法の趣旨を受け、学校教育において、家庭や地域との連携を図ることの必要性について言及する。もとより、ここに言う「学校教育」には学校で教えられる道徳教育も妥当する。具体的にそこでは、a)教育活動に必要な人的、物的体制を家庭や地域の協力を得て整える、b)地域における世代（高齢者等を含む）を超えた交流の機会を設ける、c)他校や学校種の異なる学校等との連携・交流を図る、d)障害のある幼児

児童生徒との交流・共同学習の機会を設け互いに尊重し合い協働して生活する態度を育む、といった連携策が提示されている。このほか、学習指導要領「第1章　総則」は学校に対し、児童生徒が生命の有限性、自然の大切さなどのほか、主体的なチャレンジや他者との協働の重要性を実感できるような体験学習を、「家庭や地域社会と連携しつつ体系的、継続的に実施できるよう工夫」することを求めている。

　次いで、学校全体で進める道徳教育の推進に主眼を置いた学校、家庭及び地域間の連携策について、学習指導要領がそこで何を求めているかについて見ていくこととする。

　まず、学習指導要領「総則」は、学校が道徳教育を進める際の配慮事項の一として、「人間尊重の精神と生命に対する畏敬の念を家庭、学校、その他社会における具体的な生活」の中に生かしていくことができるような工夫を講じる必要性を強調する。そうした方向性を実効あるものとすべく、そこでは、学校・学級内の人間関係や環境を整えることを前提に、職場体験活動、ボランティア活動などとともに、地域の行事への参加などの体験活動を充実させるよう求めている。学習指導要領によるこれら連携策の意義・効果について、『学習指導要領解説　総則編』は、a)人間尊重の精神、生命への畏敬の念を児童生徒自身が培い、これらを、家庭での日常生活、学校生活、地域での遊びや活動、地域行事への参画などの具体的機会で生かせるようにすること、b)時間割りの弾力的な編成等の工夫を施しながら、総合的な学習の時間や特別活動のほか、教科（社会科、理科等）などを通して、地域・家庭と連携して自然体験活動、社会体験活動の実を高めていくこと、c)体験活動の成果を家庭や地域と共有することにより、体験活動における連携・協働の効果を高めることができること、などの諸点を提示している。

　そしてこれらとは別に、学習指導要領「第1章　総則」は、学校で営む道徳教育に係る情報公表や「道徳教育の充実のために家庭や地域

の人々の積極的な参加や協力」を得ること等による学校・家庭・地域社会の３者間の共通理解を確立する必要性にも言及する。この点に付き、『学習指導要領解説　総則編』は、学校で営む道徳教育の基本目標は「道徳性の涵養」であり、それは家庭や地域社会においてもその児童生徒の行動を支える内的な資質であることから、そうした道徳性を養う上での共通理解を３者間で図ることが不可欠であるとの認識に依拠し、a)学校の発行する「学級通信」などの媒体や定例的な「情報交換会」などの相互交流の場を通じ、当該学校の道徳教育の全体計画や道徳教育の成果などを情報発信することで、道徳教育の実相を家庭や地域社会に周知できること、b)道徳教育の成果を家庭、地域と共有・検証しその改善を行うプロセス（例えば、「学校運営協議会制度」（「コミュニティ・スクール」運営の枠組み）や「学校評価」の活用など）を進めるに当り３者間の連携を確立し、そのことを通じて道徳教育への意識が高まることも期待できること、などの連携策を示している。

　さて、道徳教育の要となる道徳科に係る指導における学校、家庭及び地域社会間の相互連携の在り方について見ていくと、学習指導要領「特別の教科　道徳」も、学校全体で進める道徳教育に係る３者間の連携策とほぼ同様の基調の下、道徳科の授業公開、授業実施・地域教材の開発・活用等のプロセスに家庭、地域社会の人々、各分野の専門家等の積極的な参加・協力を得るなどの活動を展開する中で「家庭や地域社会との共通理解を深め、相互の連携」を図るべきであるとの立場を貫いている。

　こうした道徳科の指導に当っての家庭や社会との相互連携の在り方のうち、まず、家庭との連携策について見ていくと、保護者が道徳科の授業に積極参加してもらうための工夫として、『学習指導要領解説特別の教科　道徳編』は、保護者が道徳科の授業参観時に児童生徒と同じ立場で授業参加し発言・意見交換などをしてもらう、授業前の学習への協力や事後の学習指導への家庭の協力を仰ぐ、保護者会の機会

を捉え、教材提供の依頼を含む授業実施のための協力体制の活性化を図る、等の方途を提案する。また、同『解説　特別の教科　道徳編』は、地域の人々が道徳科の授業に関わってもらうための工夫として、授業への講師招聘、地域教材の開発・活用の過程への参画などの方法を挙げている。

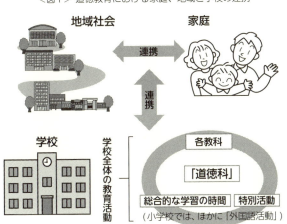

＜図1＞ 道徳教育における家庭、地域と学校の連携

⑥ 道徳教育の担い手としての教職

（1）教職の特質

　「教職」の種類・範囲は、その拠り所となる法令（義務教育標準法、人材確保法、給与特例措置法、中立性確保法、教育職員免許法、教育公務員特例法など）により、いくらかの違いがみられる。ここでは、とりあえず、それを教育活動に直接従事する教育職員と定義づけておく。

　1997年7月の教育職員養成審議会「新たな時代に向けた教員養成の改善方策について（答申）」、2006年7月の中教審「今後の教員養成・免許制度の在り方について（答申）」、2012年8月の「教職生活の全体を通じた教員の資質能力の総合的な向上方策（答申）」等の諸答申は、教育職員に普遍的に求められる資質能力として、a)教育者としての使命感、b)人間の成長・発達についての深い理解、c)幼児、児童生徒に対する教育的愛情、d)教科等に関する専門的知識、e)広く豊かな教養、f)a)〜e)に基礎づけられた教育上の実践的指導力、g)総合的な人間力、などを挙げてきた。

　上記のうちa)〜c)、f)に挙げられた事項は、教職に就いている教師と児童生徒等の精神的な触れ合いの中で、児童生徒の人格的な成長を促すという役割の重要性を示唆するものである。その意味において、教職の最も重要な特質は、学校教育活動及びその他の活動を通じ、教師が児童生徒に寄り添いながら能動的な信頼関係を構築していく中で、その人格的成長を手助けすることにある。

　また、d)、e)に係る事項は、学校における教科教育の指導者である教師は、当該教員免許状の基礎となっている専門分野における該当の学位に相応しい豊かな教養と高度で深い専門的学芸の深化・向上に向け、教職に在る限り絶えず学問的研鑽に努める必要があることを意味している。2015年12月の中教審「これからの学校教育を担う教員の資質能力の向上について」も、上記のような普遍的な資質能力を前

提に、生涯に亘り自律的に学び続けその資質能力を一層高めていける
力、情報の適切な収集・選択・活用の能力、知識を有機的に結びつけ
構造化する能力の涵養を教師に求めた。更に教師は「子供たち一人一
人がそれぞれの夢や目標の実現に向けて、自らの人生を切り開くこと
ができるよう、これからの時代に生きる子供たちをどう育成するかに
ついての目標を組織として共有し、その育成のために確固たる信念を
持って取り組んでいく姿勢」の必要性を強調した。そして、こうした
一連の資質能力を基盤に、今後の教師の責務として、アクティブ・ラー
ニングの視点から授業改善や道徳教育の充実を図る力を培うこと等の
必要性を強調した。

　このように教師は、個々の児童生徒の知的、人格的な成長の手助け
をすべく、自身の教職者としての資質能力を高めると同時に、学習者
の主体的な「学び」を引き出すために「アクティブ・ラーニング」等の
授業技法の改善・開発に邁進するなど、教職としての社会的使命を全
うする中で、子供一人ひとりの「夢や希望」がかなえられるよう、彼ら
を社会に有為な人材として育てていく役割も果たす必要がある。その
ことを通じ教師は、国や社会の発展そのものにも寄与する役割を果た
している。すなわち教職には、個々の児童生徒の将来に亘る「幸せ」
を願い、彼らの知的、人格的成長に寄与することを通じ、社会との関
わりの中で情愛のこもった質の高い教育上の責任を履行することが求
められているのである。

（2）教職が道徳教育において求められる役割

　教師は、教員養成教育として位置づけられている大学の教職課程に
おいて、教科専門・教科指導・教職専門に係る各科目を十全に修めて
いることを前提に、公教育の衛に携わる。

　教師は各教科の授業を通じ、児童生徒に、ことばや数的処理の能力、
考える能力、歴史・地理や社会の仕組み、生物・化学・物理などの基

礎を身につけさせるとともに、児童生徒との精神的な触れ合いを通じ
その情操を培い人間形成を支援する。また、生徒指導を通じ、集団と「個」
の関係を自覚させる中で社会における自己の役割を理解させ、個性の
伸長と社会性の涵養を図る。各教科の授業を通じたこうした活動は、
学校全体の道徳教育の重要な一翼を担うものであると同時に、各生徒
の立場に寄り添って行われる親身な生徒指導も、その人格形成に及ぼ
す影響には計り知れないものがある。もとより、道徳教育の要として
位置づけられる道徳科においても、そこで教職の果たす役割如何が生
徒の道徳性の涵養の度合いに相当程度の影響を及ぼすことになる。

　ところで、2017年11月に公にされた「教職課程コアカリキュラム」
は、大学における教職課程のうち従来の「教職に関する科目」を対象に
策定されたもので、2019年度より開設される教職課程に対する認定
の指針としての役割を担っている。そこではそれら科目群を構成する
科目毎に、その履修を通じて学生が修得することが期待される資質能
力が掲記されている。このうち「道徳教育の理論及び指導法」の履修を
通じ、将来の教職志望者が「道徳教師」としての役割を果たしていく上
で求められる資質能力として、次のような事項が挙げられている。

(a)道徳の理論について
　・「道徳」の本質を説明できる。
　・道徳教育の歴史や現代社会における道徳教育の課題 (いじめ・情
　　報モラル等)を理解している。
　・子供の心の成長と道徳性の発達について理解している。
　・学習指導要領に示された道徳教育及び道徳科の目標及び主な内容
　　を理解している。
(b)道徳の指導法について
　・学校における道徳教育の指導計画や教育活動全体を通じた指導の
　　必要性を理解している。

- 道徳科の特質を生かした多様な指導方法の特徴を理解している。
- 道徳科における教材の特質を踏まえて、授業設計に活用することができる。
- 授業のねらいや指導過程を明確にして、道徳科の学習指導案を作成することができる。
- 道徳科の特性を踏まえた学習評価の在り方を理解している。
- 模擬授業の実施とその振り返りを通して、授業改善の視点を身に付けている。

　このように、大学での教職課程の授業を通じ、「道徳教師」として「道徳科」を担う上で必要な資質能力が示されているが、これらの資質能力を十分に身に付けるとともに、更にそれらに磨きをかけていくことは、道徳教育に携わる者として非常に大切なことである。しかしながら、道徳教師は、その知識・理解や能力・技術が道徳教育を行うにふさわしい高い水準にあったとしても、それだけでは児童生徒から信頼を獲得し尊敬を集めることはできない。

　教師は、担当する学級や教科の児童生徒に対し、分け隔てなく公平に接していく中で、道徳的感性を一人ひとりの生徒の心の中に育み、それを道徳的実践につなげていくという道徳教師としての使命感や責任感を常に持ち続けることが大切である。そうした前提の下、児童生徒の個性や発達の段階・程度を肯定的に受け止め、各々の特質に応じた教育上の営みを展開することが求められる。そこでは、「学習権」の主体としての個々の児童生徒と真摯に向き合い、「喜び」や「悩み」を分ち合い共有し合えるまで昇華された内的な信頼関係の醸成までもが期待されている。児童生徒の内面に直接働きかけることを軸とする教師と子供との間の精神的営みが交叉する道徳教育にあっては、両者のそうした信頼関係の確立こそが重要なのである。

　道徳教育の領域において、新たな仕組みとして道徳科を軸とする「道

徳教育の評価」の制度が導入されることとなったことと相俟って、児童生徒の「個」としての人格の尊重を基本に据えつつ、人間的な信頼関係の上に立って、表出された態度・志向性にとどまらず潜在的に備えている彼らの優れた個性や魅力を更に伸ばしてやることのできるような教育者としての力量を一層高めていくことが、今後一層重要となってこよう。

　併せて教師には、「教職」という専門職に従事していることを踏まえ、児童生徒が納得して受け容れることができ、かつ彼らの道徳的実践に有為に作用し得る道徳教育の在り方や指導方法を、「学び手」の立場に立って常に内省しこれを形あるものとして企画・開発し実践していくことまでもが要求されている。

　教師一人一人はその世代・個性が異なる以外、生まれ育った背景や人生経験・生活体験も人様々である。教師の中には、過去における自らの経験や行動を振り返って道徳教師としての限界を感じ、道徳教育に従事することに不安を感じる者もいよう。個々の教師に対しては、そうした不安を払拭するためにも「成長し続ける教師」としての教職生活を送るとともに、道徳科の授業にとどまらず各教科等を通じて営むべき道徳教育の内容・方法や教材研究・開発力、さらには道徳教育における児童生徒を対象とした学習評価力などを向上させるため自己研鑽に励み、またそうした能力開発のために教師集団の組織的取組に積極的に参画していくことが重要となる。誰からも信頼される優れた道徳教師となるため、その個人的な努力に加え、学校の教師集団などを単位に組織的・系統的に営まれる「研修」に能動的に参加する中で、その資質能力を高めていくことこそが大切であると考える。そうした自己研鑽や研修等に係る努力を伴うことなく、道徳的価値、道徳的実践の両レベルにおいて「人格者」の域に達していることを自讃する者のみが、優れた道徳教師としての資格を獲得できる若しくはそれができたと即断することは早計に過ぎよう。

第1講 ● 道徳教育と学校教育

〈主要参考文献〉

・大学基準協会・大学評価研究所/教職課程の質の保証・向上を図る取組の推進調査研究部会「『特別の教科　道徳』を担う教員に求められる役割―［補論］前記（注2）に関連して―」（大学基準協会・大学評価研究所『［平成30年度文部科学省「教員の養成・採用・研修の一体的改革推進事業」］教職課程の質の保証・向上を図る取組の推進調査研究報告書』（2019.3　大学基準協会））

・押谷由夫・柳沼良太編著『道徳の時代をつくる―道徳教科化への始動―』（2014.7　教育出版）

・佐々木司・三山緑『これからの学校教育と教師―「失敗」から学ぶ教師論入門―』（2014.4　ミネルヴァ書房）

・松下良平編著『道徳教育論』（2014.4　一藝社）

・坂田仰『いじめ防止対策推進法　全条文と解説』（2013.12　学事出版）

・押谷由夫・柳沼良太編著『道徳の時代がきた！―道徳教科化への提言―』（2013.10　教育出版）

・寺脇研『「学ぶ力」を取り戻す―教育権から学習権へ―』（2013.5　慶応義塾大学出版会）

・佐藤晴雄『教職概論』（2010.4　学陽書房）

・山﨑英則編著『新・道徳教育論―人間の生き方を考える―』（2004.4　ミネルヴァ書房）

・柴田義松編『新・教育原理［改訂版］』（2003.3　有斐閣）

・梶田叡一『〈生きる力〉の人間教育を』（1997.12　金子書房）

道徳教育の歴史と政策の変遷

　道徳教育の現在の「ありよう」を考える上で、過去の政策を振り返ることは重要です。本講はまさに、そうした我が国の学校現場で営まれてきた道徳教育に関わる政策の歴史を概観したものです。
　そこで、本講の学習に当たっては、次のテーマに留意してください。

- 明治憲法体制の下、道徳教育は、国の政策に従ってどのようなものとして営まれてきたのか。
- 日本国憲法とこれを支える教育基本法の登場により、道徳教育はどのような変貌を遂げたのか。
- 教育基本法が全面改正されたことに伴い、道徳教育の在り方も変質したのか。それは、いかなる「変質」だったのか。

　本講の一連のテーマを考えるに当たっては、現行の道徳教育との対比を念頭に置いてこれを行ってください。
　ところで、戦後の道徳教育の改訂・改変は、学校教育政策全体の改革動向を背景になされたものです。そこで、本講の学習に当たっては、そうした我が国教育政策の流れを理解するという視点から読み進めることをお勧めします。

道徳教育の
歴史と政策の変遷

① 明治国家の成立と明治憲法体制下の道徳教育

（1）明治国家成立期の道徳教育の模索

①教科としての「修身」の登場

　幕藩体制崩壊後、明治新政府は、欧米に比肩できる国づくりのために「近代化」を進めるべく、「殖産興業」、「富国強兵」、「文明開化」を中心的な政治的スローガンに据え、様々な分野において諸施策を進めることとなった。そして、それらスローガンを教育を通じて具体的に実現するために、教育政策を、a)国の近代化を推し進めることのできる国家有為の人材を各分野で育成すること、b)封建体制下にあって封建領主の支配する領国への帰属意識の強かった人々の意識変革を図り、強固な近代国家の建設に向け、「日本」という統一国家への帰属意識と「日本人」であることの民族意識の醸成を図ること、の2本の柱で遂行することが企図された。

　1872（明5）年8月、近代化路線に沿い国民皆学を求めた「学制」が発布された。その発布の前日に出された太政官布告「学制序文」（「被仰出書」）は、学制の理念が、国民皆学にあることを強調したほか、そこでは主知主義、功利主義的な実学主義の考え方も示された。学制の下での道徳教育は、下等小学の第6番目の「修身」という教科が担うものとされた。学制の実施要領である「小学教則」は、下等小学低学年に週1〜2時間をそのために配当したに過ぎなかった。道徳教育に用いられる教材は欧米の翻訳書で占められ、授業は教師による教説の方法で行われるものとされた。総じて、学制下にあっては、知識優先の教育が指向されたこととの関係において、道徳教育はそれほど重視

されてはいなかった。しかもそこでの道徳教育では、西欧型の基本倫理の涵養に主眼が置かれていた。

学制に代わるものとして、1879年9月に制定された「教育令」は、地方分権的な色彩が強く、一般に「自由教育令」とも呼ばれる。この教育令にも、「修身」が教科として置かれていたが、そこでも決してそれは重視されてはいなかった。

②徳育論争

明治政府発足当初より、教育の領域において、国学派、儒学派、洋学派の3派が、主導権争いを繰り広げていた。

学制が、欧化された知識偏重の傾向にあったことに対する批判を契機に、学制期末期から教育令期にかけ、いわゆる「徳育論争」が展開された。1879年8月、侍講の元田永孚（1818-1891）が起草した「教学聖旨」が示され、欧米の思想の影響による「品行」等の乱れ（具体的には、自由民権運動の激化等）を是正するために、儒教思想に基づく道徳教育を教育の中心に据えることが強調された。同年9月、内務卿であった伊藤博文（1841-1909）は、「教育議」を以てこれに反論し、品行等の乱れは、急激な社会変革によるものであること、儒教主義を国の道徳基準とすることは好ましくないこと、等の考えを展開した。元田はこれに再反論し、「教育議附議」をまとめた。そこでは、キリスト教を背景とする西欧の倫理は、我が国の伝統的な倫理観とは価値的に異なること（夫婦関係を親子関係より上位のものとして価値づけていることなど）、天皇中心の明治政府の責務として、儒教思想に基づく道徳律を示し、皇祖皇宗の遺訓を明らかにすべきこと、などを主張した。

徳育論争は、教育における儒教主義の台頭を示すもので、明治立憲体制を教育面で支えその精神的支柱ともなった「教育勅語」誕生の素地を提供するものでもあった。

（2）明治立憲体制下の道徳教育

①教育勅語体制の確立と修身教育

　1889（明22）年2月、明治憲法が勅定され公布された。同憲法は、翌1890年11月に施行された。こうした明治立憲体制が産声を上げようとするさなかの1890（明23）年10月に、「教育勅語」が発布された。教育勅語は、同年、地方官会議が内閣に提出した「徳育涵養ノ議ニ付建議」を受け、法制局長官井上毅（1844-1895）が起草し、これに枢密院顧問元田永孚が手を加えて成立したものとされる。

　この教育勅語は、内容的に見て、3つの部分で構成されている。第1の部分では、歴代天皇に対する「臣民」の忠孝の美徳を「国体の精華」としつつ、これを「教育の淵源」すなわち我が国教育の基本理念として位置づけた。第2の部分では、臣民として守るべき徳目が列挙された。それら徳目には、親孝行、兄弟愛、夫婦愛、友情、博愛などの儒教思想の裏付けを伴うもののほかに、明治憲法に収斂される法令の遵守、国体の護持のために命をささげることの大切さなどが説かれていた。第3の部分では、第2の部分に列記された徳目が「皇祖皇宗の遺訓」であること、そして、それらが普遍的な価値原理で、天皇、臣民共々その価値原理を実践することの大切さが強調された。

　総じて教育勅語は、その内容において、儒学思想に国体思想（国学思想から派生したもの）が交差し、これに立憲主義的色彩が付加されたものであった。教育勅語発布前の「修身科」の授業は、前述のように、欧米の書物の翻訳書などを基に、教師による教説の方法で行われていた。しかし教育勅語発布後の1891年、修身科においても、その内容が「教育勅語」の趣旨に沿うことを要求した検定基準に適合する指定教科書を用いて授業を行うことが求められることとなった。そして、上記指定教科書の検定基準ともなった1891年11月の小学校教則大綱第1条が「徳性ノ涵養ハ教育上最モ意ヲ用フヘキナリ」とするとともに、その第2条が、「修身」は教育勅語の趣旨に基づき「児童ノ

良心ヲ啓培シテ其徳性ヲ涵養シ其人道実践ノ方法ヲ授クルヲ以テ要旨トス」と定め、教育勅語発布後の修身科の授業では、そこに掲げられた徳目を教えることが教育の基本とされた。

　教育勅語は、修身科の授業にとどまらず、学内の諸行事さらには学外の学校教育以外の儀式や行事の場を利用しその普及・浸透が図られていった。当時の文部省は、教育勅語の謄本を全国学校に配布した。教育勅語は、天皇・皇后の「御真影」とともに「奉安殿」に保管された。そしてそれは、学校行事などの折に拝読された。

②国定教科書制度の変遷と修身教育の変容

(a)国定教科書制度の成立

　既述のように、すでに1891年には、修身科の授業を教科書を用いて行う体制が作られたが、1893年ごろから、実際に修身教科書が出版されはじめた。その多くは、「徳目主義」に依拠していたが、その内容が抽象的に過ぎるという理由から、模範的人物の伝記や逸話を通して徳目を具体的に教える「人物主義」に依拠する編集方針が主流となった。

　こうした状況の下、1890年代後半から、貴族院や衆議院から修身教科書の国定化の主張がなされるとともに、文部省も委員会を設置し、修身教科書の在り方について審議した。そして、1902年の教科書疑獄事件を契機として、1903年の小学校令の改正に伴い教科書は検定制から国定制に変わった。修身科においても、国定教科書の使用が制度化された。

(b)国定教科書制度成立後の修身教科書の特質

　明治憲法下にあって、国定教科書の全面改訂は4回に亘って行われた。この改訂に合わせ、次の5期に区分して、修身国定教科書の特徴把握をするのが一般的である。第1期は1904（明37）年〜1909（明42）年、第2期は1910（明43）年〜1917（大6）年、第3期は1918（大7）年〜1932（昭7）年、第4期は1933（昭8）年〜1940（昭15）年、第5期は1941（昭16）年〜1945（昭20）年である。

第1期は、産業振興を基調に近代化が急がれた時期である。この時期の修身教科書では、徳目主義に依拠して「忠孝」などの徳目が反復して示された一方で、近代的個人主義、西欧の近代市民倫理についても比較的頻繁に言及される傾向にあった。欧米人の伝記や逸話も多く登場した。

　第2期は、日露戦争を経て、国家主義の考えが高揚し始めた時期でもある。そして、第1期の修身教科書が、個人主義や近代市民倫理を重視した一方で、儒教主義に基づく「忠孝」が軽視されていたとする批判を受け、第2期の修身教科書では、我が国固有の国家主義思想と結び付けられた家族関係に関する道徳の記述が増えるなど、天皇中心の家族国家観を鼓舞するという特質が鮮明となった。模範的日本人の伝記や逸話による人物主義が前面に押し出された。

　第3期は、第1次世界大戦の反省を踏まえ、近代諸国において国際協調主義を希求する機運が盛り上がった時期に当り、我が国でも、大正デモクラシーの気運が高揚した。こうした風潮を受け、この時期の修身教科書の中には、社会道徳や国際協調主義を説くものも現れるなど、総じて自由主義的傾向が強まった。しかしその一方で、国家主義的特質が退潮したわけではないことにも留意を要する。

　第4期は、世界的な経済恐慌のあおりを受けて、我が国も未曽有の経済不況に陥る中で、軍部が台頭し、中国東北部での軍事衝突が引き起こされた時期でもある。そして、様々な分野で、戦時体制に備える体制構築の兆しが見え始めた。このような時期に登場した修身教科書では、国粋主義思想、軍国主義思想の台頭に呼応し、神国思想に基づく「国体」の優位性が強調され、「臣民」として持つべき「忠君愛国」の心構えの必要性が説かれた。

　第5期は、我が国が、太平洋戦争に突入し、過酷な戦時体制期を経て破局的な結末を迎えた時期である。1941年には、「国民学校令」が公布され、小学校は「国民学校」と改称された。国民学校は、国民学

校令第1条により「皇国ノ道」に基礎づけられた普通初等教育を通じ「国民ノ基礎的錬成ヲ為ス」場と位置付けられた。そして、従来の教科は国民科、理数科、体錬科、芸能科及び実業科（高等科）の5科に再編され、修身科は国民科の一部を構成した。この時期の修身教科書にあっては、国体思想の教化が重要な柱とされていた。国粋主義、軍国主義に支えられた超国家主義がとりわけ強調され、全面戦争に国民を総動員するための精神的な鼓舞が随所で試みられた。

② 占領下の教育改革と道徳教育

　敗戦直後の1945（昭20）年9月、文部省は「新日本建設ノ教育方針」を示し、戦後教育改革を「益々国体ノ護持ニ努ムルト共ニ、軍国的思想及ビ施策ヲ払拭シ、平和国家ノ建設ヲ目途」にこれを行おうとした。ここから、民主主義と平和主義に基礎づけられた新たな国家建設を、「国体」思想と矛盾なく行えるとした当時の我が国文教当局の認識が看て取れる。

　一方、1945年12月、連合国軍最高司令官総司令部（GHQ）の民間情報教育局（CI&E）は、4大教育指令を発し、我が国教育の民主化に本格的に取り組む構えを見せた。このうち修身科の扱いに関する指令が「修身、日本歴史及ビ地理停止ニ関スル件」（いわゆる「三教科停止指令」）であった。同指令により、修身、日本歴史、地理の授業が停止されることとなったが、修身を除く他の2つの授業の再開は、その翌年に認められた。このような動きと並行し、1945年10月、文部省は「公民教育刷新委員会」を設置し、独自に道徳教育の在り方を検討した。そしてその答申において、これまでの修身科の軸をなしていた徳目主義が社会的な道徳実践から遊離していたことなどに総括を加え、教科を通じ実社会での人の生き方や行動のありようを考えさせることを目的に、「修身」に代わる新たな教科として「公民科」の設置を提唱した。

1946年11月に日本国憲法が公布されたが、同憲法は、個人主義に支えられた基本的人権尊重主義を基本理念とし、民主政原理と平和主義の原理に支えられた画期的な憲法であった。そして、この憲法の基本原理を教育面で具現化することを大方針に掲げ、1947年3月に教育基本法が公布された。このように、日本国憲法の下で、法制度面からも、明治憲法下の教育方針を一掃し、新たな教育理念の下で戦後教育改革を断行することを求められたことを受け、1948年6月に衆議院で「教育勅語等排除に関する決議」が、参議院で「教育勅語等の失効に関する決議」がなされた。そして、国会のこの2つの決議を受け、同月の文部次官通牒により、文部省は、教育の現場から、教育勅語謄本を回収する措置を講じた。

　ところで上述した公民科設置構想に対しては、CI&Eが強い難色を示したことから、その構想が実現を見ることはなかった。教育基本法と同日公布の学校教育法により、新たな学校教育制度が始動したが、CI&Eからの働きかけを受け、この制度の下で道徳教育の役割を担うこととなった教科は「社会科」であった。社会科は、戦後民主主義の担い手として必要な資質・知識を涵養することを目的とした教科であった。しかしながら、公民科構想の否定の上に立って「社会科」が設置されたことに着目し、今日、その制度化が、固有の道徳教育の教育課程からの消失を意味することにその意義を見出す考え方も強く示されている。

③ 道徳教育の政策の変容

（1）戦後期の教育政策と学習指導要領

　戦後期の初・中等教育における教育内容・方法に関する教育政策は、教育基本法、学校教育法の下、政府が公示する学習指導要領の基本的枠組みの中で教育課程行政として展開されてきた。

学校の教育課程の編成に係る人枠は、学校教育法施行規則によって学校種毎に定められているほか、「教育課程の基準」は「学習指導要領」によるものとされている。学習指導要領は、同施行規則に根拠をもつもので、学校種毎に文部科学大臣が公示するものとされている。現行の学習指導要領には、小学校、中学校のいずれにおいても、「道徳科」は正規の教育課程中に位置づけられている。また高等学校では、主権者教育を柱に社会の有為に貢献できる「ヒト」の育成を目指す「公共」が必修科目として置かれている。

ところで学習指導要領は、教育基本法や学校教育法が明定する教育目的・目標に準拠した教育課程の大綱基準として整序されているが、そこではとりわけ目標の具現化を図ることが重視されている。そして、学習指導要領は教育課程の編成基準としての役割を担うにとどまらず、各教育課程の教育指導計画の指針を示すとともに、教科書検定や入試問題等にも大きな影響を与えている。ちなみに学校内で教師が検定教科書を用いて授業を行うことが法的に義務付けられている（学校教育法34条1項）所以は、当該教科書が教育課程の全国基準である「学習指導要領」に整合していることが政府の手で確認済みであること、そうした手続を完了した検定教科書を用いての授業が実施されることで学習指導要領の全国基準としての性格が十全に担保できること、などの点に求められている。

以上見てきたことからも分かるように、戦後期の道徳教育に係る政策上の変遷とその意義の検討に当っては、数次に亘って改訂された学習指導要領の内容とその改訂を動機づけた政治的、社会的背景の検証が大切となる。こうした視点から次に、戦後期における学校の道徳教育の変遷とその意義を跡づけていくこととする。

（2）戦後期の道徳教育問題
戦後発足した新学制の教育課程では、すでに見たように、道徳教育

45

に固有の教科は存在せず、その教育の実質的役割は社会科が担うこととされた。そして、1951(昭26)年7月の「学習指導要領一般 ―試案―」はさらに踏み込んで、戦前の徳目主義を基調とした道徳教育(修身)に対する反省の上に立って、a)民主社会における「道徳的態度の育成」は、自律的人間の形成を目指すことによって達成されるべきこと、b)道徳教育は「教育のある部分ではなく、教育の全面において計画的に実施」される必要があること、c)学習者の「人格的統一」が壊されないよう、各教科が連携し、全体として調和のとれた道徳教育を行うべきこと、といった「1947年教育基本法」の理念に基づいた道徳教育の実施方針を提示した。

さて1950年代は、朝鮮半島情勢を含む東アジアにおける共産主義の脅威の増大や東西冷戦構造が深刻な様相を呈していく中、我が国は再軍備の道を歩み始めるとともに、1952年4月発効のサンフランシスコ平和条約を契機に、日米間の軍事面での安全保障の枠組みを構築・強化する方向にかじを切っていった時期である(我が国は、同条約により国家主権を回復したとは言え、日米の間で(旧)安保条約が締結され、米軍は引続き日本国内に駐留することとなった)。そして、1956年の教育委員会公選制の廃止に象徴されるように、自治・分権の後退を示すいわゆる「逆コース」と呼ばれる政策転換がなされていったのもこの時期である。

戦後の道徳教育の基本原理であった全面主義に対しても、これを見直す動きが加速した。1958(昭33)年3月、文部省・教育課程審議会は「小学校・中学校教育課程の改善について(答申)」を公にし、「道徳教育の徹底」化を図ることを力説した。具体的には、a)道徳教育の全面主義を維持するとともに、新たに「道徳の時間」を設け、毎年度、毎週1時間の指導を行うこと、b)それを「教科」として取扱わないこと、c)道徳の目標・内容等については、「教育基本法」の精神に則り、「教材等調査委員会」で慎重に検討するものとすること、とする内容の提

第**2**講 ● 道徳教育の歴史と政策の変遷

言を行った。

　この答申を受けて、同年8月、学校教育法施行規則が改正され、「道徳の時間」の特設を見た。この法改正により、道徳は、各教科、特別教育活動、学校行事に並ぶ教育課程の一領域を構成することとなった（但し、この「道徳の時間」には、答申の趣旨を敷衍し教科としての位置づけは与えられなかった）。またこれに併せて、同月に小・中学校の「学習指導要領道徳編」を公にするとともに、10月には小・中学校の改訂学習指導要領を官報に「告示」し、これに法的拘束力を持たせることとした。

（3）1960年代以降の道徳教育の推進

　1960年代初頭より、当時の政権は「所得倍増」を基幹的な政治的スローガンとしてその運営を行っていた。そしてその実現のため、産業界に有為な人材を提供し得るよう「人づくり」政策を柱に大学政策並びに後期中等教育政策の展開を目指したが、このことは、経済効率の視点から教育の価値を捉える施策が顕在化していくことを意味していた。また国際関係において、依然として緊迫した冷戦構造が継続されていたことを背景に、1960年に岸内閣の下、日米間で新たに新安保体制の枠組みが構築された（新安保条約）。その枠組みの一層の強化を宣明した1961年6月の「池田・ケネディ会談共同声明」では、日米間の軍事面での結束と東アジアにおける我が国の役割の重要性が確認された。併せて、教育・文化面での日米間協力関係もより強化していくことが確認された。

　こうした状況・背景の下、すでに、産業界からの人材需要に対応させるため、後期中等教育の多様化を進める施策が講じられていたが、さらにそこでの教育における「人づくり」の在り方を明確化させるべく、1966年10月、中教審は答申別記として「期待される人間像」を公にした。なお、この答申別記は、直接的には、後期中等教育の基本

47

方向を明らかにしようとするものであったが、それにとどまらず、「すべての日本人、とくに教育者その他人間形成の任に携わる人々の参考」に供する目的ももっていた。同答申別記は、「個人」、「家庭人」、「社会人」、「国民」の各範疇別に、涵養されるべき「諸徳性」を列記するとともに、涵養の目標をどこに据えるかは、教育者や教育機関の主体的判断に委ねるものとした。その一方で、その選択に当って十分に留意されるべき視点として、「日本人としての自覚をもった国民であること、職業の尊さを知り、勤労の徳を身につけた社会人であること、強い意志をもった自主独立の個人であること」の諸点が強調された。同答申別記に対しては、当時、産業界の要請に応じた能力主義と新安保体制下での国家主義を合体させた新たな教育路線の方向性を示すもので、戦前の愛国心教育への回帰を目指すものである、とする批判も相当強かった。

　ところで、既述のように学習指導要領は、1958年に告示形式で公示されこれに法的拘束力が付与されたが、その後、およそ10年のサイクルで改訂がなされていった。

　1968（昭43）年に小学校学習指導要領の、翌1969年に中学校学習指導要領の改訂がそれぞれ行われた。これら改訂によって、従来4領域とされていた教育課程が、各教科、特別活動（従来の特別教育活動に「学校行事」を加えたもの）、道徳の3領域にあらためられた。

　そして、国の行財政改革の必要性が叫ばれ、教育の分野にも以前にも増して効率化の要請が求められ始める中、1984（昭59）年8月、臨時教育審議会設置法に基づき、内閣総理大臣の諮問機関として総理府内に臨時教育審議会が設置された。臨時教育審議会は、教育の自由化、個性化、多様化を旗印に、あわせて4つの答申を公にした。

　このうち、1986年4月の臨教審「教育改革に関する第二次答申」の「第2部　教育の活性化とその信頼を高めるための改革」における「初等中等教育の改革」の章で、徳育の充実や学習者の主体性の育成、教

育内容・方法の多様化の推進などに係る具体的な提言が示された。このうち「徳育の充実」に関しては、a)学校は、家庭・地域との連携の下、その教育活動全体を通じて徳育の充実を図ること、b)初等教育にあっては、基本的な生活習慣のしつけ、自己抑制力、社会規範を守る態度の育成を重視するとともに、中等教育においては、自己探求、人間としての「生き方」の教育を重視すること、c)自然の中での体験学習、集団生活、ボランティア活動などへの参加を促進すること、d)教育課程における特設「道徳の時間」の内容を見直し重点化を図るとともに、道徳的実践力を育成するため、特別活動等における道徳指導との関連を強化する、などの提言がなされた。

　そしてこれらの提言の趣旨は、1987年8月の臨教審「教育改革に関する第四次答申（最終答申）」においてあらためて確認された。なお、この最終答申では、徳育、知育、体育の調和の中に、「真・善・美」を求め続ける「広い心」と「健やかな体」をはぐくむことの重要性が指摘された。加えて、最終答申では、国際社会に貢献できる「世界の中の日本人」の育成を図ることと併せて、「日本人として、国を愛する心」を持ち「国旗・国歌のもつ意味を理解し尊重する心情と態度」を養うことの重要性が強調された点にも留意が必要である。

　臨教審答申を受け、小学校学習指導要領、中学校学習指導要領ともに、1989（平元）年3月に改訂された。そこでは、道徳教育の目標として「人間尊重の精神」に「生命に対する畏敬の念」が加えられるとともに、それらを「家庭、学校、その他社会における具体的な生活の中」で生かすことが求められた。併せて、これまでの学習指導要領同様、道徳教育の目標が、個性豊かな文化の創造、民主社会と国家の発展並びに国際社会に貢献できる「主体性のある日本人」を育成することにあることが強調された。そして上記目標を達成するため、道徳教育の内容は、小学校の低学年、中学年、高学年並びに中学校の別に、「主として自分自身に関すること」、「主として他の人とのかかわりに関す

ること」、「主として自然や崇高なものとのかかわりに関すること」、「主として集団や社会とのかかわりに関すること」の4つの範疇に区分して具体的な内容項目が記された。

1996（平8）年7月、中教審は、「21世紀を展望した我が国の教育の在り方について（第一次答申）」を公にした。同答申は、学校教育の目標が、「生きる力」の育成を基本に、子供自らが学び考える教育への転換を目指すことにあるとし、知・徳・体のバランスの取れた教育を展開すること、「ゆとり」教育を通じて「生きる力」を身につけさせること、の重要性を指摘した。そして、そこで「育成すべき知識・能力」として、他人への思いやりの心、生命や人権の尊重、自然や美しいものに感動する心、正義感、公徳心、ボランティア精神、郷土や国を愛する心、世界平和や国際親善に努める心、などが挙げられた。

さてこの時期、社会に衝撃をもたらすようないくつかの少年犯罪事件が発生した（1997年の神戸連続児童殺傷事件や1999年の栃木女性教師刺殺事件など）。こうした少年犯罪が頻発する原因について、教育における学校、家庭、地域の連携関係の欠如や社会全体におけるモラルの相対的な低下などが挙げられ、政治家の一部から、学校における道徳教育を教科化することの必要性を主張する声も上がり始めた。

こうした社会状況の中で、中教審は、1998（平10）年6月、「新しい時代を拓く心を育てるために─次世代を育てる心を失う危機─（答申）」を公にした。同答申は、子供たちが身につけるべき「生きる力」の核となる人間性として、a)美しいものや自然に感動する心などの柔らかな感性、b)正義感や公正さを重んじる心、c)生命を大切にし、人権を尊重する心などの基本的な倫理観、d)他人を思いやる心や社会貢献の精神、e)自立心、自己抑制力、責任感、f)他者との共生や異質なものへの寛容、などの点を挙げた。そうした人間性を培う道徳教育に対しては、a)目標実現に向けた道徳教育の一層の充実、b)体験的な道徳教育の推進、c)子供たちの心に響く教材の使用、d)地域や保護

者との連携の下での道徳教育の推進、の必要性が強調された。

　上記2つの中教審答申を踏まえ、1998（平10）年12月、学習指導要領の改訂がなされた。この学習指導要領では、その総則部分において、「生きる力」をはぐくむことを目指し、学習者自らが学び考える力の育成と個性を尊重する教育の充実の必要性が力説された。その上で、道徳教育の目標が「学校の教育活動全体を通じて、道徳的な心情、判断力、実践意欲と態度などの道徳性を養う」ことにあるとし、その目標に基づき、道徳の時間においては、「各教科、特別活動及び総合的な学習の時間における道徳教育と密接な関連を図りながら、計画的、発展的な指導によってこれを補充、深化、統合し、道徳的価値の自覚を深め、道徳的実践力を育成」するものとされた。中学校学習指導要領では、これらに加え、さらに「人間としての生き方についての自覚」の育成が付加された。また、上記2答申で提示された道徳教育の中身に関わる提言が、1998年改訂学習指導要領の掲げる内容項目に色濃く反映された。さらに、道徳教育を進めるに当っての校長を軸とする全教員の協力体制の確立とともに、授業実施と教材開発・活用の際の学校と地域社会の相互連携の必要性が強調された。

　さて、上記のような一連の中教審答申が示されるとともに、社会を震撼させるような少年事件が頻発したことなどの理由・背景の下、文部科学省は、2002（平14）年4月、全国の全ての小・中学校に対し、『心のノート』を無償配布した。『心のノート』の配布に併せて発せられた文部科学省・初中等局長名の公文書「『心のノート』について（依頼）」は、「生きる力」の核となる豊かな人間性の育成につながる道徳的価値を涵養するため、各教科、特別活動、総合的な学習の時間や家庭での話し合いの場などで『心のノート』の広範な活用が期待されるとした。そして、この『心のノート』は、教科書でもなく、「道徳の時間」で活用される副教材等に代わるものでもなく、それら教材と相まって相乗的に活用される補助教材として位置付けられるものとの立場をとった。

『心のノート』に対する評価としては、道徳教育の進行の手助けとなる効果的な補助教材である、児童生徒が自らの思いを自由に書き込める欄が設けられていることなどから、児童生徒自身が主体的に道徳的価値に触れることができる、とする肯定的意見がある一方で、執筆者が著した「模範的行動」を一方的に「善」と評価し、そうした行動をとることを、結果として児童生徒に押し付けるものである、検定を超えた事実上の道徳教育の「準教科書」である、とする否定的意見も有力であった。なお、2013（平25）年12月、『心のノート』は全面改訂され、『私たちの道徳』としてその装いを新たにした。

（4）教育基本法の全面改正とこれに伴う新たな学習指導要領の登場

　2000（平12）年に内閣総理大臣の私的諮問機関として発足した教育改革国民会議は、同年12月、「教育改革国民会議報告―教育を変える17の提案―」を公にした。同報告は、道徳教育に関し、「学校は道徳を教えることをためらわない」との前提に立って、小学校に「道徳」、中学校に「人間科」、高校に「人生科」などの教科を設け、専門の教師や経験豊富な社会人が教えられるようにすること、体験学習を充実するとともに、「通学合宿」などの異年齢交流や地域の社会教育活動への参加の促進、などの必要性を提案した。これに加え、同報告は、従来の教育基本法の抜本的見直しを行うべく、そのための3つの視点を提示した。これら視点とは、a)新しい時代を生きる日本人の育成、b)伝統・文化など次代に継承すべきものの尊重・発展、c)教育基本法には「理念」にとどまらず、具体的方策をも規定、の諸点であった。

　この報告を踏まえ、中教審は、教育基本法の改正に係る方向性について、2003（平15）年3月、「新しい時代にふさわしい教育基本法と教育振興基本計画の在り方について（答申）」を取りまとめ公表した。上記答申を受けて2006（平18）年12月、従来の教育基本法が全面改

正され、それは新「教育基本法」として位置づけられる新たな法律にとって代えられた。

このような教育基本法、学校教育法に係る一連の改正の後に成立したのが、2008年改訂の学習指導要領である。教育基本法及び学校教育法が、道徳教育を一層重視する方向に舵を切ったことに伴い、それを受けて改訂された学習指導要領も、新たな視点を加味してその改訂を行った。その基本的な改訂点は、次の通りである。

第一に、道徳教育は「道徳の時間」を要として学校の教育活動全体を通じ、児童生徒の発達段階を考慮して行われるものであること、第二に、改正を見た教育基本法の趣旨を学習指導要領に反映させるべく、道徳教育の目標として、伝統・文化を尊重するとともにそれを育んだ国と郷土を愛し、公共の精神を尊び、国際協調・国際平和や環境保全に貢献できる主体的な日本人を育成する旨の文言を追加したこと、第三に、小学校の道徳教育においては、道徳性の育成に資する体験学習として集団宿泊活動を追加するとともに、基本的な生活習慣や社会生活上のきまりを身につけ、善悪を判断し、人間としてしてはならないことをしないようにすることなどを重視するとしたこと、第四に、中学校の道徳教育においては、道徳性の育成に資する体験活動として職場体験活動を追加するとともに、自他の生命を尊重し、規律ある生活ができ、法やきまりへの理解を深め、社会の形成に主体的に参画し、国際社会に生きる日本人としての自覚を身につけるようにすることなどを重視することとしたこと、などが大きな改正の眼目とされた(『学習指導要領解説　総則編〔2008(平20)年9月版〕』)。

2014年10月、中教審「道徳に係る教育課程の改善等について(答申)」が公表され、道徳教育の更なる充実を目指すべく、これまでの「道徳の時間」を「特別の教科　道徳」へと制度変更をすることを内容とする提言を提示した。

同答申がこうしたドラスティックな制度変更を提示した背景とし

て、a)道徳教育は人格形成の根幹を成し、民主社会の発展を根底から支えるものであるとともに、b)道徳教育によって育成を目指す「道徳性」は、「確かな学力」や「健やかな体」の基盤であり、「生きる力」を育むものである、にもかかわらず、c)「道徳の時間」がその趣旨に見合った役割を果たし得なかったこと、d)児童生徒の年齢が上がるにつれ、その授業への受け止めがはかばかしくないこと、e)学校や教員の間で道徳教育に係る指導力に格差が見られること、といった弊害が効果的な道徳教育の実施を妨げる壁となっていたことを指摘した。そして、従来の「道徳の時間」を「特別の教科　道徳」へと格上げすることを前提に、a)「特別の教科　道徳」、学校全体で営まれる道徳教育のいずれも、主体的な道徳的実践につながる「道徳性」の育成を目指すものとし、「特別の教科　道徳」、学校全体で行う道徳教育ともに、教育目標をその趣旨に沿うよう分かりやすく定める、b)児童生徒がしっかりと課題に向き合い、多角的に物を考え内省できる授業へと道徳教育の指導法を転換する、c)道徳教育の一層の推進に向け、学校と家庭・地域との連携を強化する、d)「特別の教科　道徳」に検定教科書を導入する、e)児童生徒の一人ひとりの良さを伸ばし、成長を促すことが出来るような充実した学習評価の仕組みを確立する、といった具体的な提案を行った。

　同答申を受けて、「特別の教科　道徳」の制度化を内容とする小学校学習指導要領、中学校学習指導要領の改訂が行われ、2015年3月に公示された。

　さて知識・情報・技術が加速度的に進化・変容を遂げると共に、人工知能の急速な進化が、将来の若者たちのキャリア形成に対して漠然とした不安をもたらしているという現状認識の下、また、変化する国内外の政治的、経済的、社会的な諸課題に適切に対処し有為な貢献ができる人材育成へのニーズ等を踏まえ、2016年12月、中教審「幼稚園、小学校、中学校、高等学校及び特別支援学校の学習指導要領等の改善

及び必要な方策等について（答申）」が公にされた。そこでは、2015年3月の学習指導要領一部改訂後の全面改訂に向けた学習指導要領の在り方として、a)激しい社会の変化に堪えられるよう、「生きる力」の現代的意義を踏まえ、教育課程を通じてこれを確実に育むこと、b)教育課程が学校と社会や世界との接点となり、子供たちの成長を通じて現在と未来をつなぐ役割を果たすことをその内容とする「社会に開かれた教育課程」の理念の下、子供たちが未来社会を切り拓くことができるよう、コンピテンシーを基礎に据えた資質・能力を確実に育んでいくこと、c)知識・理解を豊かにし、資質能力を身に付け、生涯に亘り能動的に学び続けることにつながる「学びの質」の向上に向け、「主体的・対話的で深い学び」を実現すること、など全面改訂に係る基本方針が示された。

　そして9年の歳月を経た2017（平29）年3月、上記教育基本法及び学校教育法の趣旨の一層の徹底化を図るとともに、深刻化するいじめ問題等の解決に向けて道徳教育を行うに当っての配慮事項を学習指導要領の「総則」中で明確化したことなどを含め、小学校学習指導要領、中学校学習指導要領の全面改訂が行われた（2017年改訂小・中学校学習指導要領の背景等の詳細については第1講②を参照）。なお、本全面改訂に伴い、従来より「学習指導要領　第3章　道徳」にあった「道徳教育の全体計画の作成」に係る記述が同「総則」に移動した。その所以が、道徳教育の重要性に鑑み、学校全体の「カリキュラム・マネジメント」の十全な実施に当りその重要な要素として道徳教育を位置づけることにあったことは、第1講中で述べたとおりである。

　こうして「特別の教科　道徳」の創設を内容とする2015年3月の一部改訂並びに2017年3月に全部改訂のなされた学習指導要領に拠って、新制度に基づく道徳教育は小学校については2018年4月より、中学校では2019年4月より実施に移されている。

〈主要参考文献〉

・大森直樹『道徳教育と愛国心』(2018.9　岩波書店)

・江島顕一『日本道徳教育の歴史』(2016.4　ミネルヴァ書房)

・鈴木勲編著『［第8次改訂版］　逐条学校教育法』(2016.4　学陽書房)

・森山賢一編著『教育課程編成論』(2013.4　学文社)

・加藤幸次編『［第2版］　教育課程編成論』(2011.2　玉川大学出版部)

・押谷由夫・内藤俊史編著『道徳教育への招待』(2012.10　ミネルヴァ書房)

・貝塚茂樹『道徳教育の教科書』(2009.3　学術出版会)

・教育政策研究会編著『臨教審総覧』上・下巻 (1987.11　第一法規)

・宮原誠一・丸木政臣・伊ケ崎暁生・藤岡貞彦編『資料　日本現代教育史1 (1945-1950)』
　(1974.3　三省堂)

・宮原誠一・丸木政臣・伊ケ崎暁生・藤岡貞彦編『資料　日本現代教育史2 (1950-1960)』
　(1974.3　三省堂)

・宮原誠一・丸木政臣・伊ケ崎暁生・藤岡貞彦編『資料　日本現代教育史3 (1960-1973)』
　(1974.3　三省堂)

・宮原誠一・丸木政臣・伊ケ崎暁生・藤岡貞彦編『資料　日本現代教育史4 (戦前)』
　(1974.3　三省堂)

・国立教育政策研究所　学習指導要領データベースhttp://www.nier.go.jp/guideline/
　(当初公にされたものから現行の学習指導要領の原文の参照は上記のURLで行った。
　2019.6.17最終確認)

道徳と規範、そして宗教、愛国心

　私たちは、生活実感として、道徳のことを「社会で守るべき約束ごと」として受入れていますよね。それと同時に、「ヒト」として「在るべき姿」を示すものとして道徳のことをイメージしている方がほとんどだと思います。

　そこで本講では、「道徳」と「道徳教育」の関係性についての理解の上に立って、道徳それ自体が上記のような２つの側面をもっていることの意味を、前者の側面が強い「法」、後者の側面が色濃い「宗教」と比較させながら考えていこうと思います。そしてこのことを踏まえて、学校で学ぶ道徳教育では、ヒトを「善」に導く心根や行動についてどう教えようとしているのかについて考えていきたいと思います。

　本講の学習に当たっては、次のテーマに留意してください。

- 社会の約束ごとや決まりである「社会的なルール」の中で、「道徳」は、どう位置づけられているか。
- 比類無き「良心」と善行を率先して求める「宗教」と「道徳」には共通性が見られるが、あらためて両者の異同を整理されたい。その際に「正義」の位置づけに留意のこと。
- 学校で指導する「道徳教育」において、道徳（社会道徳や国民道徳を含む）やその他の社会的ルールを守ること、宗教上の教義、などはどう位置づけられているか。

　本講のテーマはやや抽象的で理解しづらい面もあるかと思いますが、「道徳教育」の意義を考えるに当たって不可欠の課題なので、歯を食いしばってついて来てください。

道徳と規範、そして宗教、愛国心

① 道徳教育と「道徳」

　我が国学校教育の重要な一翼を担う「道徳教育」は、道徳科を軸に、教える者と学ぶ者との間の精神的な営みを通じて、学習者の人格的成長を促すものと位置づけられている。

　さて、ここで「道徳」という概念を取り出して鑑みると、それは、人の良心への義務づけを伴うものであるとともに、人の心や行為における「善」や「美」の実現を高度に要求する点に特徴がある。このように、道徳は人の心や行為に価値序列をつけることを可能とさせている。道徳は人の内面に対し微温的に作用するにとどまらず、心や行為の「在るべき方向性」を指向させるという意味において、実践的作用をもっているのである。

　そして、道徳に則った行為の遵守を要求するという作用に着目して、それを一般に「道徳律」と呼ぶことも少なくない。また、道徳が、「善」や「美」が行われる程度に応じて、人の心や行為の類型に価値序列をつけようとする作用に着目し、そこでの価値の要素を「道徳的価値」と呼ぶこともある。そして前者の「道徳律」が社会に多様に存在する規範と、また後者の道徳的価値が同様に多様に存在する「宗教」と、その各々の有している作用において有機的に連関し合っている。

　学校で展開される道徳教育は、「善」や「美」に基礎づけられた心や行為の発現を奨励するという点において、「道徳」と相当部分において類似性が認められるが、双方の領域が完全に一致しているわけではない。この問題については本講②以降で考えていきたい。

第**3**講 ● 道徳と規範、そして宗教、愛国心

② 道徳、規範、宗教の関係

（1）道徳、規範及び宗教の意義

「道徳」は、これまで見てきたように、人の良心への義務づけを伴うもので、「善」や「美」の実現を、心や行為に対し高度に働きかける。上述の如く、それが「道徳律」として作用するという意味において規範と、また、それが「道徳的価値」における価値づけとして作用するという意味において、宗教と密接な関連性がある。

さて、「規範」とは、人や組織の社会における行動のルールであり、「社会規範」とも呼ばれる。そして、社会規範が行動のルールである以上、それは、通常、「行為規範」という言葉に置き換えて説明されてもいる。行為規範の最も大きな特質は、それが一定の在るべき方向性を指示（「当為の法則」）している点にある。その意味において、人の意思とは関わりなく、自然界に存在する自然科学の法則で、人の意思でその法則に反することは決してできない「必然の法則」と大きく区別される。すなわち、「当為の法則」とは、「かくあるべきこと」を人に対して求めるものであり、社会を秩序づけるルールである行為規範は、人にそのルールを守らせることを大きな目的としている。すなわち、「ルールが破られる可能性がある」ことを前提として、その遵守を求める行為規範が形作られているのである。

一方、「宗教」は、死生観に根差した人間の有限性と超自然的な存在や世界を結びつけるものであり、人間を超えた畏敬の対象となるものにおける「実存」をその中心的な観念に据えるとともに、多くの場合、それが「真」、「善」、「美」の裏付けを伴っているところに大きな特質がある。そして「宗教」では、超越的なものの実存を自身で確認した他者に確認させるため、独自の教義を編み出し儀式を執り行い、それらの流布や布教を組織的に行うべく教団を形成する傾向があることもその特質として導出される。このように宗教は、人の内面において、

59

絶対的なものへの信奉と帰依を強く伴うことから、それはその人の心と行動を秩序づけるという作用があり、その意味において宗教は、道徳や規範との結びつきが強い。こうした理解を前提に、次項ではこれら3者の間の相互関係をさらに詳しく見ていく。

（2）道徳、規範及び宗教の相互関係

　ここでは、道徳、規範、宗教の相互関係を、説明の都合上、規範を軸に考えていく。

　規範の意味・内容の在り方とその適用の仕方を主に探究する学問である「法学」では一般に規範の態様を、ヴィノグラドフ（Vinogradoff、P.G.1854-1925）の分類法を基に強制力の弱いものから強いものへと順に、「流行」、「風習」、「集団内部の掟」、「道徳」、「法」というように分別する。

　ここにいう道徳の範囲は、比較的広く捉えられ、そこには宗教上の教義も含めて理解されることが多い。また、「道徳」が「法」と近い位置にあると考えられているが、それは、道徳と法は、内容的に重複する部分が少なくないことによる。ここにいう「法」とは、いうまでもなく、公権力が定め公権力の行使を根拠づける法令のことを指している。例えば、人々は、日常的な社会関係の中で、些細なお金や物の貸し借りをしている。通常の場合、借りたものはその人に返される。もし返さなかったら、刑法で処罰されることを意識して、人にそうした些細なお金や物を返すのではなく、道徳的責務としてそうした行為を行う。このように、道徳上の要求が、法的義務と重なり合うことによって、換言すれば、当該の法が道徳的裏付けを伴っているが故に、両者相補い合う形で社会的秩序が維持されるのである。このことは、規範の実効性が、道徳的価値によって支えられているとしても、規範が、専ら道徳的価値の実現や履行を企図しているわけではないことを同時に意味している。

第3講 ● 道徳と規範、そして宗教、愛国心

　規範はいくら高い理想を掲げていても、実効性を持たない限り「規範」足りえないので、それは秩序維持のための最小限度の道徳的要請を満たしておくだけで十分である。また法令の中には、その内容が道徳的価値とは無縁のものも存在する。具体的には、道路交通法によって人は右を歩行し、車は左を走行することが義務づけられている。この場合、運転者は左の走行を義務づけられているが、そこでの左走行は道徳的価値判断に基づく義務づけを契機としたものではなく、法の定めがあるが故にこれに従っているのである。すなわちこの場合は、内面における道徳的価値によってではなく、「遵法精神」という道徳律によって、当該の法の実効性が担保される。このように規範と道徳の関係について見ると、規範の実効性が、道徳的な価値づけによって裏付けられているものと、「法令の遵守」それ自体を社会道徳と見做す「道徳律」を契機とするものに大別されるのがわかるであろう。

　もっとも、規範と道徳の関係において、そうした二分論が常に妥当するわけではない。一例を挙げてみよう、飼い主がいるかいないかを区別することなく、動物の愛護や生命尊重などの情操に基づき犬や猫の命をいつくしむという感性が人の内面で働くと仮定しても、1973（昭48）年10月制定の「動物の愛護及び管理に関する法律」の存在によって、そうした感性が働く余地が法令により事実上制限されている。同法は、飼い主のいない犬や猫の自治体による殺処分（飼い主の同意の下、そうした処分が行われることまで制度化されている）の根拠法令ともなっている。そこでは、生き物の命を大切にするという崇高な情操と法を忠実に守り履行する遵法精神の2つの道徳的要請の間に深い葛藤が生ずる場合がある。

　道徳では、「善」や「美」に基礎づけられた心や行為の発現が奨励されるということを上ですでに確認したところであるが、それでは、「道徳」は「正義」の具体的な履行を動機づけるものなのだろうか。

　この問題を考える前提として、まず、規範と正義の関係性について

61

確認をしておきたい。規範が、社会一般において普遍性を持ち得るためには、そこに正義の価値が包含されていることが必要である。規範の目的が、正義の実現に支えられていればこそ、人々はその規範の正当性に納得し、これを遵守しようと努めるのである。しかしここで注意しなければならないことは、「正義」の意味をどう捉えるかは、人それぞれの立場や世界観等の相違などによって、一様ではないということである。

また、道徳と正義は、「善」や「美」といった良きものを指向するという意味において密接に関連し合っているが、正義の観念が多義的、可変的であるが故に、道徳の社会性（社会的通用性）を肯定する限りにおいて、両者の間にも一定の乖離が存することは否定できない。

さらに、道徳と宗教の関係について考えてみると、これまで見てきたように、道徳がその価値原理として、「善」や「美」を希求する点において、宗教と同様の素地を持っている。しかしながら、宗教にあっては、人間を超えた「実存」の存在を確信しこれを畏れ敬うことにその核心が認められる点で（この点に着目して宗教では、「善」や「美」同様、もしくはそれ以上に「真」の要素に極めて高い価値が置かれるといってよい）、社会的通用性に支えられた道徳とは異質の観がある。もっとも、道徳が、現実社会に通用できるような実効性を柱とする規範を超える高い道徳的価値を追求する場合、それは宗教に近似した性格を帯びることになる。このことは、道徳がかなり高い水準で以て「人としての生きる道」を説いた場合について妥当する。

ところで、宗教的教義の体系化は、国や民族の文化や歴史・伝統そしてその国や民族に固有の世界観に大きく作用され行われてきた。そうした宗教的教義の中には、それがその社会の道徳とされ、さらに社会的秩序を維持するための法規範を形成する場合があることも広く知られている。その場合、宗教と道徳は相互に作用し合い広く社会的意識として浸透するとともに、それらが法規範の領域まで昇華されることにより、それは社会を構成する人々の意識の一体化に導き、結果と

して社会秩序を盤石なものとする効果をもたらす。しかし、その一方で、こうした規範と道徳、宗教の一体化が、深刻な人権侵害をもたらしたり、社会の発展や活性化の阻害要因となる場合がある。加えて、ある文化圏で通用する宗教観に根差した固有の道徳律が、異なる他の文化圏の国々では通用しないばかりか、その価値自体が邪悪なものとして否定される場合があることも一般に知られている。

（3）道徳、宗教と愛国心

　封建体制の崩壊後に成立した近代立憲主義に根差した西欧諸国、とりわけフランスにおいては周知の如く、教育を構成する「知育（instruction）」と徳育教育としての「訓育（education）」そして宗教教育について、公教育はそれらのどの部分にまで及ぶのかについて論争が展開され、その時々の政権の教育政策の課題にもなっていた。

　具体的には、フランス革命期に公教育の制度設計にたずさわったコンドルセ（Condorcet, M.J.A.N.C. 1743–1794）は、公教育の対象とすることができるのは、専ら「知育」に係るもののみであって、「宗教教育」に加え「訓育」の教育の任も家庭に委ねるべきであるとの主張を展開した。しかしその一方で、市民革命によって成立した「共和国」が国内外の守旧勢力による侵略によって瓦解することを畏れ、「訓育」を公教育の射程内に取り込むとともに、その一環として共和国精神を鼓舞するための愛国教育を道徳教育的色彩の強い「訓育」へと転化して実施することの重要性を強調する意見も強力であった。オルレアン王政期に成立した教育法制で、「公教育」の確立と「教育の自由」を柱に体系的な近代教育法としての装いをもつものとして一定の評価がなされている1833年6月の「男子初等教育法（Loi sur l'instruction primaire des garçons）」は、そうした意見を法的に具現化したものであった。同法は、当時の文相で後に首相となったギゾー（Guizot, F.P.G. 1787–1874）の主導下で立法化されたも

ので、共和国の防衛と社会秩序の確保のため、「知育」、「訓育」、そしてカソリックなどの守旧勢力を体制内に取り込むべく「宗教」の3者を束ねた教育体制の確立を企図した。

　上記「ギゾー法」は、明治前期の学制、教育令の成立過程に一定の影響を及ぼした。明治憲法体制の成立に呼応して発布された教育勅語では、その内容面において、儒学思想に国体思想が交叉し、これに立憲主義的色彩が付加されていた。そして、修身科の授業で、教育勅語に掲げられた徳目を教えることが教育の基本とされていた。しかしながら、そこでは次第に、天皇・国体といった我が国固有の国家主義思想と結び付いた天皇中心の家族国家観の鼓舞が前面に押し出されることとなった。教育勅語に依拠する国体思想は、修身科の授業にとどまらず、学校内のその他の諸行事の場を利用しその普及・浸透が図られていった。

　このことを、次に道徳と宗教との関連で見ておきたい。明治政府は、学校教育の場から宗教を排除することを政策の柱に据えていた。教育勅語発布の前年の1899（明32）年8月の「一般ノ教育ヲシテ宗教外ニ特立シムルノ件（いわゆる宗教教育禁止令）」（文部省訓令第12号）は、公立学校のみならず私立学校での宗教教育（宗教的儀式を含む）までをも禁止した。しかしその一方で、明治国家の統治権の総攬者が天皇であることの正当性の根拠をその神格性に求めた神社神道の教義が、国家の集権体制を支える思想として確立されていった。このことに伴い、神社神道自体、宗教と見做されないばかりか、教育勅語の精神と一体運用され国民道徳としての位置づけが与えられることとなった。そして、学校教育制度の枠組みの中で、修身科の授業を軸にその浸透が企図されていった。1935（昭10）年には、学校教育を通じて「宗教的情操の涵養」を図ることを求める文部次官通牒「宗教的情操ニ関スル留意事項」が発せられたが、この指令は、実質的には、教育の現場において教育勅語を介した国体思想の一層の浸透を目指す機能を果たすことになった。

第**3**講 ● 道徳と規範、そして宗教、愛国心

　このように明治国家体制の下では、教育と宗教との分離が基本とされていたにもかかわらず、神道が宗教を超越した国民道徳として位置づけられたことによって、教育勅語の精神の浸透に向けて、修身科等の授業を通じそれが学校教育の基本的支柱となった。そして、昭和初期の国粋主義の台頭に呼応し、神道教義が学校教育と一体化される中で、それは軍国主義の精神的支柱ともなり、国内的には熾烈な人権弾圧が惹起されるとともに、対外的には海外侵略を強力に後押しする役割すら果たしたのである。

　第二次世界大戦敗戦後の1945年12月、連合国軍最高司令官総司令部・民間情報教育局（CI&E）は、「神道指令」を発し、我が国政府に対し政教分離を命じるとともに、1946年1月元旦には、放送を通じ、天皇は「人間宣言」を行い自らの言葉で自身の神格性を否定した。1946年11月に公布された日本国憲法も、第20条1項、3項及び第89条で政教分離原則を明確化したほか、3項では、国及び国家機関に対し宗教教育を行うことを禁止する旨が定められた。さらに、日本国憲法の趣旨に則り教育の基本を定めた1947年3月の（旧）教育基本法は、その第9条において、宗教への寛容の態度と宗教の社会生活上の地位を教育上尊重すべきこと（第1条）、国公立の学校は、特定宗教に関わる宗教教育その他の宗教的活動をしてはならないこと（第2条）を規定した。明治立憲体制下では、前述したように、学校教育の目標に「宗教的情操の涵養」を図ることが掲げられていたが、（旧）教育基本法の下でそれが具現化されることはなかった。この問題は、貴族院・教育基本法案特別委員会での審議の過程でも提起された。すなわち、（旧）教育基本法案第9条が「宗教的情操」の重要性を等閑視しているのではないかという疑義に対し、当時の文相であった高橋誠一郎（1884-1982）は、そこに「宗教の社会生活に於ける地位」の尊重が明示されたことを以て、そこから「宗教情操」を涵養する意をくみ取ることができる旨の説明を行った（文科省「教育基本法資料室へようこそ」

65

中の「帝国議会における各条文に関する主な答弁」(http://www.mext.
go.jp/b_menu/kihon/about/003/index.htm 2019.4.9閲覧)より)。

　2006年改正教育基本法では、教育と宗教の関係に関し、第15条第
1項で「宗教に関する寛容の態度、宗教に関する一般的な教養および宗
教の社会生活における地位は、教育上尊重されなければならない」と定
められるとともに、国・公立学校における特定の宗教教育その他の宗
教的活動の禁止があらためて規定された。一方で、(旧)教育基本法に
はなかった「我が国と郷土を愛する」態度を培うことが、2006年改正教
育基本法の重要な教育目標として新たに付加された(2006年改正教育
基本法の内容とその意義については第4講①でさらに詳しく検討する)。

　以上本節では、ヒトの内面に大きな作用を及ぼす「道徳」と、同じ
くヒトの心を「帰依」や「帰属」に導く宗教、さらには社会や国家の法
規範や(規範的裏付けを伴う)国民道徳との異同及びそれらの相互関
係について検討を行った。

　このことを前提に次節では、公教育の場で、文部科学大臣告示であ
る学習指導要領を根拠に、「道徳教育」という学校教育活動の中で、道
徳を軸に規範、宗教そして愛国心がどう位置づけられ、相互に関連し
合うものとされているかについて見ていくこととする(改正教育基本
法の趣旨を踏まえ、学習指導要領が道徳教育の目標をどう設定し、如
何なる教育を行うことを目指しているのかの説明は、第4講②、③で
あらためて行いたい)。

③ 2017年改訂学習指導要領の道徳教育における規範、宗教、愛国心の位置づけ

(1) 学習指導要領「第1章　総則」において
①規範について
　小学校学習指導要領「第1章　総則　第6　道徳教育に関する配慮

事項2」は、道徳教育に係る全学年の重点的配慮事項として、「自立心や自律性、生命を尊重する心や他者を思いやる心」を育てることを目指すことの重要性を強調している。

このことを前提に、小学校学習指導要領「第1章　総則」は、まず最初に「規範」の位置づけについて、「第1学年及び第2学年」、「第3学年及び第4学年」、「第5学年及び第6学年」毎にそれぞれ異なる表現を用いつつも、それが道徳教育における基本的な配慮事項であることを明示する。これを個別に見ていくと、「第1学年及び第2学年」では、基本的な生活習慣を身に付けることや「善悪を判断し、してはならないことをしないこと」と併せ、「社会生活上の決まりを守ること」と定めている。次いで「第3学年及び第4学年」では、善悪の判断に基づき「正しいと判断したことを行うこと」と併せて、「集団や社会のきまりを守ること」を定めている。また「第5学年及び第6学年」では、「法やきまりの意義を理解して進んで守ること」とされ、法令遵守の大切さを直截的に定めている。

中学校学習指導要領も「第1章　総則　第6　道徳教育に関する配慮事項2」において、小学校学習指導要領と同旨の内容が述べられるとともに、社会道徳、国民道徳についてより具体的な記述が示されるとともに、「規範」に関し、そこでは「規律ある生活をすること」や「法やきまりの意義に関する理解を深めること」の必要性が掲げられている。

これら学習指導要領における「規範」の位置づけに関し、小学校学習指導要領においては、第1・2学年では家庭の「しつけ」との強い関係の中で規範が位置づけられているのが、上級年次となっていくにつれ、「個人→集団→社会→国家→国際社会」へと遵守すべき規範の専占領域が拡大されてきている。小学校第5・6学年から接続する中学校段階では、「個人」、「国家」、「社会」（集団、地域社会、国レベルの社会、国際社会の全てを俯瞰）のそれぞれの領域で適用される規範（法やその他の社会的ルール）への理解とその遵守に係る意識を醸成する

ことの大切さを強調する。この点について『中学校学習指導要領解説総則編』は、「中学校の段階では、社会生活を送る上でもつべき最低限の規範意識を確実に身に付けさせるとともに、民主主義社会における法やきまりの意義やそれらを遵守することの意味を理解し、主体的に判断し、社会の秩序と規律を自ら高めていこうとする意欲や態度を育てる指導が大切」である旨を指摘する。ここでは、規範遵守の根拠を我が国が民主政の政体を採用している点に求めようとしている点が重要である。加えて、そこで国民主権を軸とする民主政の一層の発展を標榜していることと相俟って、今次学習指導要領の改訂を契機に、社会の規律を「法」に委ねるという受け身の姿勢に終始するのではなく、社会連帯の中で「公共」空間を切り開いていくことの大切さが説かれている点にも注目したい。但し、その一方で、同『解説』が、「社会生活の秩序と規律」の維持のため、「自らに課せられた義務や責任を確実に果たす」べきであるとし、規範意識の醸成の必要性を義務や責任の履行との関連で論じている点にも注意が必要である。

②宗教について

　一方、道徳教育における宗教の位置づけについて、小・中学校いずれの学習指導要領「第1章　総則」も「生命に対する畏敬の念」をその基本的な柱に据えている。このことについて、『学習指導要領解説総則編』は、ここに言う「生命に対する畏敬の念」とは、「生命のかけがえのなさに気づき、生命あるものを慈しみ、畏れ、敬い、尊ぶ」ことを意味する旨説明する。その上でこうした「畏敬の念」を培うことにより、a)生命の尊さ・生きることの素晴らしさを実感し深めることができる、b)人間の生命があらゆる生命との関係・調和の中で「存在」し「生かされている」ことを自覚できる、c)全ての命あるものへの慈しみの気持ちをもつことで、深く自己を見つめ、人間としての在り方・生き方への自覚を深めていくことができる、とする。学習指導要領「第1章　総則」の道徳教育に係る重点的配慮事項を示した箇所でも、あ

らためてこのことが確認されている。

このように、そこでは、「命」の大切さを自覚し、「命」そのものへの畏敬の念を醸成していく中で、自己の存在や生き方を見つめ直す視点に重点が置かれている。このことに関連して、『学習指導要領解説総則編』は、そうした視点が、児童生徒の「自殺やいじめに関わる問題」、「環境問題」などを考える上で、「常に根本において重視すべき事柄」であることを強調する。昨今におけるともすれば生命のかけがえのなさや環境の保持を軽視する風潮に対し、それらの不可逆性などを前提に、「生命への畏敬の念」をこうした現下の直面した課題と関連づけ道徳指導の基本事項として明定した点に、今次改訂の学習指導要領の大きな意義がある。

③愛国心について

さて、道徳教育における愛国心の位置づけについては、とりわけ中学校学習指導要領「第1章 総則 第1中学校教育の基本と教育課程の役割2（2）」が、先人が造り築き上げてきた「伝統と文化を尊重し、それらを育んできた我が国と郷土を愛」すること、そして、平和で民主的な社会と国家の発展に寄与するとともに、「他国を尊重」し国際社会に生きる「日本人」としての自覚を身に付けさせること、の2点を強調する。併せてそれらは、道徳性の涵養によって成就できるものであることを確認している。ここでは、a）愛国心が、郷土愛と一体のものとして認識されるとともに、そうした郷土愛・祖国愛を伝統・文化の継承の大切さと関連づけて理解していること、b）それらが、道徳教育を通じた「道徳性」の涵養を通じて培うことができるとされていること、c）そうした愛国心や郷土愛に係る教育が決して突出して行われようとされているわけではなく、国民主権を軸とする民主政の発展、国際協調・国際平和それにグローバルなレベルでの環境保全の必要性への理解を促す教育と対をなすものとして捉えられていること、とした点に大きな意義がある。なお「c）」に示すところを、『中学校学習指

導要領解説　総則編』に従って付言すれば、主体性を以てグローバル
に活躍するに当っても「自らの国や地域についての伝統や文化につい
ての理解を深め尊重する態度を身に付けることが重要」視されている
点に留意が必要である。

（2）学習指導要領「第3章　特別の教科　道徳」において

①規範について

　学習指導要領「第3章　特別の教科　道徳」に記されている道徳教
育における規範について、小学校学習指導要領では「A　主として自
分自身に関すること」の中の［善悪の判断、自律、自由と責任］と［正直、
誠実］及び「C　主として集団や社会との関わりに関すること」の中の
［規則の尊重］などにおいて、それに関わる内容項目の設定がなされて
いる。

　このうち「A」の［善悪の判断、自律、自由と責任］では、善悪の判
断が適切にできることや「よいこと」の実践、「自由」と「責任」の相互
関係に係る内容項目が、小学校の低・中・高学年という学年進行に応
じ高次の「行い」として叙述されている。また同じ「A」の［正直、誠実］
でも「正直」で「誠実」であることの大切さが、内容項目の中で、学年
を追う毎に高次の振る舞いとして表記されている。

　さて、小学校学習指導要領「第3章　特別の教科　道徳」の中
で、より直接的に規範遵守の大切さを謳っているのが、「C」にお
ける［規則の尊重］の項である。これを具体的に見ていくと、［第
1学年及び第2学年］では「約束やきまりを守り、みんなが使う物
を大切にすること」、［第3学年及び第4学年］では「約束や社会の
きまりの意義を理解し、それらを守ること」、［第5学年及び第6
学年］では「法やきまりの意義を理解した上で進んでそれらを守
り、自他の権利を大切にし、義務を果たすこと」が明定されてい
る。ここでは、 a)遵守の対象となっている規範が、学年を追う

70

毎に、「約束やきまり」、「約束や社会のきまり」、「法やきまり」
という表現形式に変化し、身近なきまりから、「社会のきまり」、
「国のきまり（具体的には「法」などを指す）」とされその範囲が拡げら
れていることに加え、b)中学校に接続する学年では、権利の尊重と
同時に義務を履行することの大切さ、について述べられている点が特
徴的である。

　また、中学校学習指導要領「第3章　特別の教科　道徳」では、小
学校の場合同様、「A」の［自主、自律、自由と責任］の中で、自律性
の尊重とともに、誠実な判断に基づく行為の奨励とその結果への責任
の重要性が強調されているほか、同じ「A」の［節度、節制］中では「望
ましい生活習慣」を身に付け、節度・節制に心懸けた生活を営むこと
の大切さが併せて強調されている。

　そして規範遵守に関し中学校学習指導要領は、「C」の［遵法精神、
公徳心］の項で、「法やきまりの意義を理解し、それらを進んで守ると
ともに、そのよりよい在り方について考え、自他の権利を大切にし、
義務を果たして、規律ある安定した社会の実現に努めること」とする
内容項目を設けている。規範遵守の内容項目に関し、中学校学習指導
要領が、a)「法やきまり」の「よりよい在り方」を考えること、b)「規
律ある安定した社会」の実現を目指すこと、を明示したことは小学校
学習指導要領との対比において特徴的である。いずれも、「公徳心」概
念の内容をなすものと考えてよいが、とりわけ、前者は「法の担い手
が国民自身である」とする国民主権原理に基づく民主政の実現を指向
したものとして肯定的に評価することができる。この部分は、中学校
学習指導要領の今次改訂に伴って新たに挿入された文言である。

　このほか「公徳心」に関連して、学習指導要領は、正義や平等に係る
概念についても規範遵守と連動させて興味深い視点を提示している。
「C」の［公正、公平、社会正義］の内容項目を手掛かりにこれを具体的
に見ていくと、小学校学習指導要領の［第3年次及び第4年次］では

「公正、公平な態度」について、続く［第5年次及び第6年次］ではこれに加え「正義の実現」に努める心情を育むことを求めている。これを中学校段階について見ると、同学習指導要領では同様の内容項目において「正義と公正さを重んじ、誰に対しても公平に接し、差別や偏見のない社会の実現に努めること」が明示されている。ここに言う「正義」の意について、小・中学校のいずれの『学習指導要領解説　特別の教科　道徳編』も、これを「人として行う道筋」とし、「公正」について『中学校学習指導要領解説　特別の教科　道徳編』は、分配や手続の上で偏りがなく「明白で正しい」ことを意味する、としている。「公正」に係るこうした定義は、法学の領域で、「結果」の平等を意味する「配分的正義」と同義である。また、『小学校学習指導要領解説　特別の教科　道徳編』は、上記の「正義」と「公正」を包含した概念として「社会正義」の用語を用いている。小学校、中学校いずれの『学習指導要領解説』においても、「C」における［公正、公平、社会正義］の内容項目が指向する道徳的価値として、a）「法やきまり」を侵す行為や自他の不公正は決して認めない断固たる姿勢、b）偏った見方・考え方を忌避し、社会の偏見や差別をなくす努力、の2点を挙げてそれを奨励・伸長させるよう求めている。遵法の気持ちとその実践に加え、個人の人格的価値が尊重される平等な社会の実現を標榜する当該内容項目は、「公徳心」などと並んで、「法やきまり」に正統性の根拠を与える個々人の権利・利益の相克に対する調整原理であることも忘れるわけにはいかない。

　さらに、道徳教育を通じた規範意識の涵養の在り方をより詳しく見ていくと、『小学校学習指導要領解説　特別の教科　道徳編』は、総じて小学校段階では、a）「法やきまり」が「個人や集団」の安心・安全を確保するために存在することへの理解と、自他の権利の尊重、義務履行の精神をしっかりと身に付けさせること、b）「身近な集団におけるよりよい人間関係づくり」や人間関係における規範意識について考えさせること、などが教育目標として指向されている。そして、［第5

学年及び第6学年]の段階では、より踏み込んで、社会生活上のルールのほか、「国会が定めるきまりである法（法律）などを進んで守り従うという遵法の精神をもつところまで高めていく」必要性に言及する。同時に、自己の権利主張には他者の権利への理解・尊重と義務履行を伴うことがあらためて確認された。また、『中学校学習指導要領解説　特別の教科　道徳編』は、規範遵守に係る指導において、規範を守るべき所以を、それが自身、他者双方の権利を守るものであることを示しつつ、そこで個々人が社会の構成員であることの自覚を育んでいくことの大切さを教え学ばせるよう訴えた。このことを具体的に見ると、そこでは a)法やきまりは、自分自身並びに他者の生活や権利を守るためにあること、b)自他の権利を大切にし、義務を果たすことで「互いの自由意志が尊重され、結果として規律ある安定した社会が実現する」という認識の上に立って、社会の秩序と規律を自ら高めていこうとする意欲を育んでいくこと、c)遵法精神には、法をしっかり守っていくという「自尊心」とともに、他者の心情に思いを巡らせ、外見からはうかがい知れない人の心情を想像できる思いやりの心が関わっていることに気付かせること、d)規範は決して自由を縛る拘束的なものではなく、安定した社会の実現に向け「積極的に法やきまりに関わろうとする意欲や態度」を育てること、などの点が重視されている。とりわけ「d)」の視点は、今次学習指導要領改訂に伴って新たに明示されたもので、そこでは「法の担い手」が主権を有する私たち「国民」であることへの理解を深化させることが目指されている。

　ところで、『中学校学習指導要領解説　特別の教科　道徳編』は「公徳心」を「社会生活の中で守るべき正しい道としての公益を大切にする心」と定義づけた上で、「遵法精神は、公徳心によって支えられている」旨を明言する。そしてその趣旨の基本に据えられているのが、個々人に保障されている諸権利の相互調整が安定した社会の実現に貢献することと併せ、ここでも、「法やきまり」の遵守とともに、一人一

人が当事者として「その在り方について考える」ことの重要性が指摘されている点に充分留意しておく必要がある。その重要性は、規範遵守の正統性の根拠の一端を「社会正義の実現」にあるとした学習指導要領の趣旨と併せて理解される必要がある。

②宗教について

　道徳教育における宗教の位置づけに関連し、小学校、中学校のいずれの学習指導要領も、4つの視点のうち、「D　主として生命や自然、崇高なものとの関わりに関すること」において、[生命の尊さ]に係る内容項目の指導を通し、不可逆的で有限な生命のもつ不可侵的な尊さへの認識・理解を基礎に、とりわけ [感動、畏敬の念]の内容項目でその意義が明らかにされ指導の方向性が示されている。そこでまず、「D」の [生命の尊さ]に係る内容項目の要点を簡単に押さえておくと、『小学校学習指導要領解説　特別の教科　道徳編』が、a)ここに言う「生命」とは、「生物的・身体的生命」にとどまらず、「人間の力を超えた畏敬されるべき生命」までもが射程に入れられていること、b)「生きることのすばらしさや生命の尊さ」を「自己との関わり」の中で考え、自覚を深めるよう指導すること、を強調した点がとりわけ重要である。また、『中学校学習指導要領解説　特別の教科　道徳編』は、『小学校学習指導要領解説』の上記視点と相俟って、[生命の尊さ]に係る内容項目では、生命の尊さを理解させる上でまず何よりも重要なのが「自己の生命の尊厳、尊さを深く考えさせること」、「生きることのありがたさに深く思いを寄せる」ような指導を行うこと、がとりわけ強調されている。

　さてそれでは、「D」の [生命の尊さ]の内容項目に係る上記・理解を前提に、次に同じ「D」における [感動、畏敬の念]の内容項目が「生命」の尊厳との関連において、その固有の意義をどう展開させようとしているか見ていくこととする。

　そこで具体的に、小学校学習指導要領「第3章　特別の教科　道徳」における「D」の [感動、畏敬の念]の内容項目の記述を見ると、低学

年での「美しいもの」への共感を覚えることから始まり、中等学年では「美しいもの」に加え「気高いもの」への感動、そして上級学年では「美しいもの」、「気高いもの」への感動と併せ、「人間の力を超えたものへの畏敬の念をもつこと」へと指導のレベルを上げていることが分かる。「D」の［感動、畏敬の念］に係る小学校上級学年の内容項目の記述は、ほぼ同文で中学校学習指導要領にも引き継がれている。［感動、畏敬の念］に係る内容項目の大きな特徴は、児童生徒の学年・年次が高まっていくにつれ、「美しいものや気高いものに感動する心」の涵養から、「人間の力を超えたものに対する畏敬の念」を深めることへと、その感動のステージも高めていくよう指導することを要請している点に見られる。ところで、小・中学校学習指導要領いずれも一貫して、「人間の力を超えたものとのかかわり」の重要性を指摘する所以について、『小学校学習指導要領解説　特別の教科　道徳編』では、科学万能の錯覚を生みかねない今日社会において、「人間の力では到底説明することのできない美への感動や、崇高なものに対する尊敬や畏敬の念をもち、人間としての在り方を見つめ直す」契機を提供するのがこの内容項目であることを力説する。一方で、『中学校学習指導要領解説　特別の教科　道徳編』は、こうした内容項目が存在する所以について、人が人間の「有限」性と「自然の中で生かされていることを自覚」する中で「人間の力を超えたものを素直に感じ取る心が深まり、これに対する畏敬の念が芽生え」ることで、生命のかけがえのなさ・尊さ、生きることのすばらしさを認識し「生きとし生けるものに対する感謝と尊敬の心を生み出していく」旨の説明を行っている。中学校段階では、［生命の尊さ］に係る内容項目への理解を基礎に、［感動、畏敬の念］に係る内容項目を通して、事物や事象に対して抱く感動や畏敬の念を、人が生来的に享有する「個人の尊厳」や生命の尊重と密接に関連づけて指導しようとしている点に顕著な特色が認められる。

　ところで、学校の道徳教育における宗教の位置づけについて、小学

校、中学校いずれの『学習指導要領解説　特別の教科　道徳編』にあっても、道徳教育における「宗教」への配慮を強く訴えている部分があることを忘れるわけにはいかない。その部分とは、「C」の［国際理解、国際貢献］に係る内容項目の解説中で両者の関係性について言及した箇所のことを指している。

　そこでは、具体的に「宗教が社会で果たしている役割や宗教に関する寛容の態度などに関しては、教育基本法第15条の規定を踏まえた配慮を行うとともに、宗教について理解を深めることが、自ら人間としての生き方について考えを深めることになるという意義を十分考慮して指導に当たることが必要である」と記述されている。上に引き合いに出されている「教育基本法第15条の規定」をあらためて確認すると、そこで同第1項は「宗教に関する寛容の態度、宗教に関する一般的な教養及び宗教に関する社会生活における地位は、教育上尊重されなければならない」と定めている。同規定を念頭において、上記解説の趣旨を鑑みれば、ここではa）「宗教教育」に係る教育基本法の趣旨に照らし、学校の道徳教育を通じ、宗教に関する寛容の態度・心情を育むとともに、宗教の社会生活における「地位」を尊重するという視点からそれへの一般的な理解を図ること、b）宗教への理解を深めることにより、自身の「人間としての生き方」についての考えを深めることにつながること、の2点が当該内容項目の意義として解釈されていることがわかる。「C」の［国際理解、国際貢献］に関する内容項目の文言から、道徳教育を通じ「宗教」への社会的地位を認め自身の内的思考を深化させることまでをその趣旨とすることについては、やや拡大解釈の観を否めない。とは言え、我が国社会に押し寄せている予想をはるかに超えるグローバル化のうねりの中で、「多様性」に配慮した教育を「社会生活における宗教の地位」の承認という側面から推し進めようとする姿勢自体は積極評価に値する。なお、道徳教育と「宗教」の関係性に係る上記解説・解釈は、今次の学習指導要領の改訂に伴っ

て新たに登場したものである。

③愛国心について

　さて、道徳教育における愛国心の位置づけについて、小学校学習指導要領は、「C」の［伝統と文化の尊重、国や郷土を愛する態度］において［第1学年及び第2学年］では、郷土の文化・生活への親和的な感性を育むことを求めている。そして、それ以上の学年・年次では、郷土愛に加え、愛国心の涵養も求めている。但し、続く「C」の［国際理解、国際親善］では同時に、外国の人々や外国文化への関心・理解への喚起を求めている点も付言しておきたい。中学校学習指導要領も同様の基調で叙述されているが、愛国心の涵養と同時に、国の発展並びに伝統の継承と新しい文化の創造に貢献すること、国際的視野に立脚し、世界平和及び人類の幸福に貢献すること、の必要性も併せ説かれている。

　また、小学校の［第3学年及び第4学年］以降に登場する愛国心教育の位置づけについて、『小学校学習指導要領解説　特別の教科　道徳編』は、まず［第3学年及び第4学年］の場合、我が国の伝統・文化や現在の自分とのかかわりを理解する中でそれが芽生えるものとされ、［第5学年及び第6学年］において、郷土を愛する心が日本全体に開かれたものとして発展し、伝統・文化を育んだ国や郷土を受け継ぎ発展させていく責務への自覚を児童生徒の内面において育てていくことの重要性を指摘する。この点について、『中学校学習指導要領解説　特別の教科　道徳編』は、中学校段階では、まず郷土愛を涵養するための視点として、a)我が国に受け継がれた伝統・文化に固有の価値を認め、時には新しい文化も取り入れながら、これらを次世代に継承させていくこと、b)先人の残した文化遺産の中に優れたものを見出し、それを生み出した精神を学び継承・発展させていくこと、といった事柄が記されている。そして、愛国心教育の意義について、『中学校学習指導要領解説　特別の教科　道徳編』は、「国を愛する心」は、郷土愛と表裏一体をなすもので、祖先から継承した伝統・文化を大切にし、

これに敬意の念を払いつつ、それらを次世代に確かなものとして継承させることに本意があることを力説する。さてその「愛国心」についてであるが、小学校、中学校のいずれの『学習指導要領解説　特別の教科　道徳編』も、愛国心に係る内容項目における「国」や「国家」の意に関し、国の統治構造を意味するものではないこと、換言すれば、それが国家体制（戦前の「国体」とほぼ同義）を示したものではなく、歴史的に形成されてきた国民・国土、伝統・文化などで構成される「歴史的、文化的な共同体」としての「国」を意味していると意義づけている。このことは、今次の学習指導要領が「愛国心」概念を奈辺に位置づけようとしたかを探る手掛かりとして特に重要である。

　さて、上記愛国心や郷土愛の涵養と密接に連関し合って設定されているのが、「C」の［国際理解、国際貢献］に係る内容項目である。

　小学校については、今次の学習指導要領の改訂により、低学年も含め全学年を通して、他国の人々や文化に親しみ関心を持つ態度・心情を育むことの必要性が明記された。また［第5学年及び第6学年］では、従来の学習指導要領同様、「日本人としての自覚」を以て国際親善に努める」ことが内容項目中に明示された。中学校についてもその学習指導要領中で、［第5学年及び第6学年］の内容項目の発展型として「世界の中の日本人としての自覚をもち、他国を尊重し、国際的視野に立って、世界の平和と人類の発展に寄与すること」が明示されている。これら内容項目の意義について、小学校、中学校のいずれの『学習指導要領解説　特別の教科　道徳編』においても、a) グローバル化の進展に伴い、国際理解や国際親善が重要課題であることに伴い、まずは他国の人々や文化を理解し尊重する態度を養うようにすること、b) 環境・資源、食料・健康等に係る問題は地球規模で解決すべき課題であることに気づき、海外に目を向け、国際理解・国際親善の心を育むこと、などが謳われている。これに加え、とりわけ中学校段階では、そこでa) 平和が「全ての国々の万人の心の内で模索すべき道徳的価値の一つ」

であることを理解させること、b）文化や価値観の異なる他国の人々とのグローバルな相互依存関係の中で国際社会において活躍し貢献できるよう、「日本人」としての自覚の下に自らの役割と責任を果たせるようになること、c）どの国の人々も自国の伝統・文化に誇りをもっていることを十分理解した上で、同じ人間として尊重し合い、差別・偏見なしに公正・公平に接することを内容とする道徳的価値を理解させること、などの指導の必要性が強調されている。ここでは、前に見た「愛国心」教育が、偏狭で排他的な自国賛美に終始するものでも、形式的・抽象的に「国際親善」の重要性を求めたものでもなく、いずれの国の人々も「地球」という共同空間の中で共存していることや、自国の伝統・文化に誇りをもつという各国民共通の価値観を、「多様性」の尊重という立場から捉えることを前提としたものであることが理解できる。教育基本法第15条の規定を踏まえ、「宗教」の位置づけへの教育上の配慮に係る記述が、この「C」の［国際理解、国際貢献］中に含まれていることも、上に示すコンテクストの中で理解可能である。

　なお、小・中学校学習指導要領中に共通して登場する「日本人としての自覚」の下で国際親善・国際貢献に尽力するという場合の「日本人」の意については、再考の余地がある。具体的には、ここに言う「日本人」が「国籍保持者の総体」を意味するのであれば、それは狭義に失するであろう。本内容項目全体の趣旨に照らし、それは「日本という国土に生まれ若しくは一定期間定住し、かつ社会的・文化的な共同体の中で日本国への帰属意識をもって生活している人々」というように広義に把握することが適切と考える。

（3）学習指導要領に見る道徳教育における規範、宗教、愛国心の意義と留意点

①規範について

　今時の改定により、学習指導要領は、「自立した一人の人間として

他者と共によりよく生きるための基盤となる道徳性を養うこと」を道徳教育の基本目標として掲げている。

　こうした道徳教育の基本目標の示すように、人々が平穏でよりよい社会的な環境・条件の中で幸せな生活を営んでいく上で、社会一般の人々の意識に支えられた規範を遵守することは必要不可欠である。しかしながら、規範を支える倫理的価値は、人が守ることのできる最小限度のものにとどまるのが通例である。そうした意味から、現行学習指導要領に見られるような、規範遵守を「善悪」の価値判断と直結させる中で、児童生徒の規範意識を高めるということを道徳教育の目標とすることには、一般論として言えば、慎重さが求められよう。

　但し、ここで言う規範遵守の「規範」の中には、法令以外にも、重層的に存在する様々なレベル毎に形成された「社会」のルールなども包含されている。そうしたそれぞれの社会（その中には、「学校」、「学級」なども含まれる）の中で、個人の尊厳と自律性が尊重・保障されるためには相互の権利・利益間の調整が必要であり、そこに社会的ルールの存在を正当化する真の意義を見出すことは是認されるべきである。

　そうした視点から、道徳教育全体を支える価値原理の中軸におかれているのが「公徳心」である。公徳心は、規範を守ることの重要性を認識させる価値原理でもある。私たち一人一人は、憲法の保障する人権の享有主体であり、権利・自由の主張を正当に行うことができる一方で、他人の同種の権利・自由の侵害を許してまで自らの主張を押し通すことは認められない（他者加害禁止の原理）。人権の保障は、他者との調整の上に立って成立するもので、そこに「公徳心」という考え方を正当化できる所以がある。しかし、一方で、学習指導要領のいう公徳心が、個人の権利・利益に優先させる価値をそうした公の秩序の中に見出すよう要求しているとの解釈の下に指導を行うことになれば、「集団」の利益が常に「個」のそれに勝るといった誤解を児童生徒に与えることにもなりかねず、教育指導上、慎重な対処が求められる。

第**3**講 ● 道徳と規範、そして宗教、愛国心

　さて、学習指導要領は、弱者への思いやりや共感を含む人間尊重の
精神とともに、民主社会の実現という価値原理を守ることの大切さを
謳っている。このことは、今次の学習指導要領や同『解説』が、「命」
がかけがえのないものであること、そのこと故に「生命」の尊さや不
思議さをしっかりと理解させることと共に、偏見・差別が駆逐され社
会正義に裏打ちされたよりよい社会を実現すること、民主政の一層の
発展のために法の形成にも参画することなどを含め主権者としての自
覚を醸成すること、などを指導上の重要な視点としていることからも
明らかである。そうした指導上の視点の延長線上において、具体的な
道徳教育上の指導を行うに当っては、a)「法やきまり」が、社会や集
団を構成する人々の明確な承認もしくは暗黙の合意のもとに形成され
ること、b)それは、「人間尊重の精神」に価値づけられた「正義の規範」
であるべきこと、c)以上の諸点が、調和を保ちつつ融合することによ
り、少数者の意見も尊重される健全な民主政発展への道が確保される
こと、などへの理解を深化させる指導上の配慮も大切である。

　道徳教育の指導に当り上述のような指向性を喚起するためには、昨
今その重要性が主張される「シティズンシップ」教育と関連づけつつ、
近代立憲主義思想に支えられた「法の支配」の貫徹が我が国の国是と
されていることや、上述の要素を包含する「公民教育」の必要性がこ
こでとりわけ強調されねばならない。また、他者を価値のある存在と
して尊重し多様な人々と協働するための態度は、いじめ問題といった
社会的課題を解決し、持続可能な社会の担い手となる上で必要である。
それは「シティズンシップ」教育の文脈で言えば、広義の人権教育と
呼んでよいかもしれない。

②宗教について

　学習指導要領は、生命の尊厳、自他の生命の尊重といった「命の
かけがえなさ」を中心軸に据えて、「美しいものに感動する心」をもち
「人間の力を超えたものに対する畏敬の念」を深める指導の必要性を強

81

調する。人間の力を超えたものの実存を信じそれに対する畏敬の気持ちは、命の神秘や命を育む自然のもつ不可思議さと密接な関係性を有しており、それが造物主の存在を確信しそれへの帰依を伴う場合、そこに宗教的な要素を感じ取ることができる。そうした「命」や「自然」の尊さ、偶然性・有限性・不可逆性への至上の敬慕の気持ちがある種の宗教的な「想い」と結びつくことで、それらを慈しみ心を込めて守っていこうとする心情は、より確固としたものになり実践的な意欲にまで昇華していくことにもなろう。また、命の大切さや畏敬の念を培うことは、集団や社会を構成する「個人」の尊重、社会的弱者への思いやりや配慮、動植物に対する愛護の気持ち、自然環境の保全の重要性などを認識させようとする点において、それらが思いやりのある社会を担うことが期待される児童生徒にとって不可欠な素養となっている点も見逃すことはできない。学習指導要領の基本基調として「美しいもの」への気づきを重視している観も見受けられるが、その一方で「生命に対する畏敬の念」の涵養は、美醜に対する価値原理のみでは、時として「真実」に迫ることができない場合があることの気づきを誘因させる効果も期待できる。

　なお、従来の学習指導要領同様、生命尊重の念が、多くの生命の共存の中で私たち自身が「生かされている」ことへの振り返りの気持ちと対になっている旨の記述が存する。その趣旨は、道徳の指導を通し、生命軽視の言動や環境破壊に対して警鐘を鳴らすことを意図していることは十分理解できるが、そこに私たちや他の生命を「生かしている」ものの実存への崇敬の念を含むものであるとすれば、そのような「信条」が道徳教育で育むべき共通的・普遍的な内的価値として首肯できるか否かの考究が将来に亘り必要なのではないかと思慮する。

　さて、信教の自由を保障した憲法第20条を直接具現化した教育基本法第15条第1項の趣旨に沿って、私立学校における宗教教育が道徳教育の一環として認められてきたことと相俟って、これまでも社会

生活における宗教の地位については学校教育の場で承認・尊重されてきた。そうした従来路線の延長線上において、今次の学習指導要領改訂に伴って公にされた『学習指導要領解説　特別の教科　道徳編』は、多様な宗教上の価値観や世界観への寛容の態度とそれへの理解を示すとともに、そうした異なる価値観・世界観を肯定しつつ、一人一人の「日本人」の生き方・考え方の省察の重要性を強く訴えている。我が国社会に急激に押し寄せつつグローバル化の波は、教育基本法上の宗教教育規定に真正面から向き合いこれまでの道徳教育の在り方の見直しを求めたという点において、日本の学校教育の進むべき方向性に一つの画期をもたらしたことは間違いない。

　ところで今日、カルト対策の一環として特定宗教への接近を忌避するよう求めることが、教師の教育的役割として認識されてきている。その場合、個々の宗教の「良し」、「悪し」にかかる価値判断が不可避的に介在することとなるが、果たして道徳教育の場でそうした指導を行うことが許されるのか、それが学校教育の基本とされる「宗教的寛容」や「宗教の社会生活上の地位の尊重」とどう両立できるのか、小学校学習指導要領（［第5年次及び第6年次］）及び中学校学習指導要領における「D　主として生命や自然、崇高なものとの関わりに関すること」に記されている、「人間の力を超えたものに対する畏敬の念」を持ち深めることを重視していることと相俟ってさらに検討を深めていく必要がある。

③愛国心教育について

　愛国心教育は、現行教育基本法の趣旨を受け、道徳教育全体に亘る重要な柱として位置づけられている。それは、郷土愛と密接な関わりを持ちそれを包摂するものとして捉えられている点、我が国固有の伝統・文化に敬意の念を込め次世代に継承させようとする態度・心情の拠り所としてそうした祖国愛・郷土愛を位置づけようとしている点、などに大きな特色がある。そこには偏狭な国粋主義や排他的・独善的

な民族主義の片鱗すら見出すことはできない。それどころか、そこでは、平和と民主主義及びそこから派生する社会的・文化的・宗教的価値観を享有する世界の国々や人々と協調・協働しながら、人類の安寧な生活の保持、環境保全、学術文化・科学技術の進歩に貢献していくことが我が国国民に課された基本的責務として認識されている。

なお、郷土への愛着や国を愛する気持ちの持ち方は、人それぞれが置かれている社会的地位・身分・文化的背景、思想信条や世界観などの影響により、人さまざまである。従って、学校教育の場において、そうした教育を為すに当っては、現行学習指導要領の趣旨に照らし、児童生徒やその父母の考えや立場に配慮しつつ、多様性を受け入れることのできる柔軟な仕方でこれを展開していくことが必須不可欠である。

ところで、今日、国際法や国際関係論の分野において、国際平和の実現に向けた規範的枠組みの在り方を論ずるに当り、国際法秩序を基盤とした「法の支配」の原理の重要性に注目が集まりつつある。高等学校教育への接続を見据え中学校段階で、民主政の健全な発展と基本的人権の尊重の裏付けを伴ういわゆる「シティズンシップ」教育の一環として、国別の国家主権の尊重を軸に、連帯・相互互恵の保障・促進を支える国際法秩序の遵守の大切さを説く教育指導の展開も望みたい。

さてここでは、人の内面に強く作用し、その行為・行動を規律するという点で共通的な側面をもつ道徳、規範、宗教の意義と併せ、そこで道徳教育の果たす役割について見てきた。また、同様の視点から、国民道徳として、学校教育を通じその感性を培うことが政策的課題とされてきた愛国心の位置づけについても検討を行った。

それら内容項目を独立して指導することを基本としつつも、いずれも相関連し合っていることの帰結として、そこに共通する価値概念が包含されていることを念頭に置き、これら内容項目を連動させつつ道徳教育の指導をすることも有効である。小学校、中学校のいずれの学

習指導要領も、「内容項目間の関連を密にした指導」の重要性を訴えている。ここで扱った基本課題は、そうした学習指導要領の要請に適切に応えることのできる好事例でもある。

〈主要参考文献〉

・無藤隆編著『[平成29年版]中学校新学習指導要領の展開　総則編』(2017.11　明治図書)

・永田繁雄監修『[平29年版]学習指導要領改訂のポイント　小学校・中学校　特別の教科 道徳』(2017.4　明治図書)

・柴原弘志編著『[平成29年版]中学校新学習指導要領の展開　特別の教科 道徳編』(2016.2　明治図書)

・瀧川裕英・宇佐美誠・大屋雄裕『法哲学』(2014.12　有斐閣)

・早田幸政『[入門]法と憲法』(2014.4　ミネルヴァ書房)

・樋口陽一『憲法入門 [5訂]』(2013.3　勁草書房)

・田中成明『現代法理学』(2011.11　有斐閣)

・村田昇『道徳教育の本質と実践原理』(2011.10　玉川大学出版部)

・芦部信喜『憲法 [第5版](高橋和之補訂)』(2011.3　岩波書店)

・星野英一『法学入門』(2010.11　有斐閣)

・行安茂『道徳教育の理論と実際―新学習指導要領の内容研究―』(2009.9　教育開発研究所)

・井ノ口淳三編『道徳教育』(2007.4　学文社)

・伊藤正己・加藤一郎編『現代法学入門 [第4版]』(2005.3　有斐閣)

・団藤重光『法学の基礎 [第2版]』(2007.5　有斐閣)

・井上達夫『法という企て』(2003.9　東京大学出版会)

道徳教育の内容

　本書の「本丸」として位置づけられる第4講では、主に道徳教育の要である「道徳科」の指導/学習を扱います。

　本講では、法令における道徳教育の位置づけを確認した上で、学校全体での道徳教育と「道徳科」の関係、道徳性を育むという教育目標の達成に向け、学習指導要領の設定する「内容項目」を中心に展開される「道徳科」の指導並びにそこでの「学び」の中身を見ていきます。

　本講の学習に当たっては、次のテーマに留意してください。

- 法令上、道徳教育はどう位置づけられているか。
- 学校全体の「道徳教育」と「道徳科」における指導は、いかなる関係にあるか。
- 道徳科の授業を通じどのような「道徳性」を育むことが目指されているのか。また、その「学び」の過程における「内容項目」の意義・位置づけはいかなるものか。

　本講では、このほか、昨今学校現場で問題となっている「ネットいじめ」のほか、新たに登場した現代的諸課題やグローバル化の進展に伴う価値観の多様化に道徳教育がどう向き合っていくのか、ということにも詳細に言及しています。

　どうか期待して、読み進めていってください。

第4講

道徳教育の内容

① 教育基本法、学校教育法と道徳教育

（1）教育基本法における道徳教育の位置づけ

　1947（昭22）年3月に制定された旧教育基本法は、日本国憲法の精神に則り、戦後日本の教育の理念と原則を定めた教育に関わる基本法で、諸種の教育関係法令の制定・解釈・運用の基本指針として位置づけられてきた。

　しかしながら、官邸サイドから「新しい時代にふさわしい教育基本法」の制定が提言されるとともに、家庭や地域の教育力の減退や青年層にまで及ぶ子供たちの「学び」に対する意欲の低下、さらには少年事件の多発など青少年層のモラルの問題が解決されるべき社会的な課題であるとする主張が強まる中、2006（平18）年12月、「21世紀を切り拓く心豊かでたくましい日本人の育成を目指す」というキャッチフレーズの下、それまでの教育基本法を全面的に見直し新たな教育基本法が制定された。もとより、こうした改正を経た教育基本法も、旧法同様、各種教育関連法令の基本指針として位置づけられている。

　この教育基本法の主要改正点のうちの重要なものの一つとして、教育目標の見直しを道徳性の涵養という観点から行ったことが挙げられる。教育基本法第1条は、教育の基本目的について、旧法の規定をほぼ踏襲し、「人格の完成を目指し、平和で民主的な国家及び社会の形成者として必要な資質を備えた心身ともに健康な国民の育成」を期すものであることを宣言した。しかしながら、こうした基本目的を達成するための教育目標は、装いを新たに、道徳性の涵養を軸として教育基本法第2条に掲げられることとなった。そこでは、道徳性の涵養に

係る教育目標として、a)豊かな情操と道徳心を培うこと、b)公共の精神に基づき、主体的に社会の形成に参画し、その発展に寄与する態度を培うこと、c)生命を尊び、自然を大切にし、環境の保全に寄与する態度を養うこと、d)伝統と文化を尊重し、それらをはぐくんできた我が国と郷土を愛するとともに、他国を尊重し、国際社会の平和と発展に寄与する態度を養うこと、の諸点が明示された。このことと関連して、義務教育の目的が、個性の伸長を図りつつ自立的な社会人を育成することとともに、国家及び社会の形成者に必要な基本的な資質を養うことにあることが明示された（同法第5条2項）。

（2）道徳教育に関する学校教育法上の規定と道徳教育の位置づけ

　教育基本法が上に見たように全面改正されたことを受け、学校教育法もこれに合わせ改正された。

　すなわち学校教育の目標を定めた学校教育法第21条で、教育基本法の該当条項に直接的に対応させた道徳教育関連の個別具体の規定が設けられたのである。そこで、小学校、中学校のそれぞれの教育は、学校教育法第21条に定めた目標を達成するものとして行われる（同法第30条1項、第46条）が、それらの目標の達成に向け、小学校、中学校の各々の教育課程に関する事項は、文部科学大臣が定めることとされた（同法33条、第48条）。この規定に依拠して、学校教育法施行規則は、小学校、中学校の各々について、「道徳」（現行規定では「特別の教科である道徳」）をその教育課程に組み込む（同施行規則第50条1項、同第72条）とともに、教育の具体的な内容は、文部科学大臣が「告示」形式で公示する「学習指導要領」に委ねられるものとされた（同施行規則第52条、同第74条）。

② 道徳教育の趣旨と「学校全体」の道徳教育

（1）道徳教育の基本的趣旨・目的と「学校全体」の道徳教育

　ここで、まず最初に、直近の改訂である2017年3月改訂版小学校学習指導要領、同中学校学習指導要領を、2008年3月改訂の小学校学習指導要領及び中学校学習指導要領と比較しながら、「道徳科」に関わる事項を軸とした道徳教育の改訂の基本的趣旨と主要改訂点を次に摘示したい。

　今回の学習指導要領を牽引した改訂の基本趣旨は、第1講で既に詳しく見てきたところであるが、これまでの「道徳の時間」を「道徳科」へと制度変更する誘因となったのが、収束の兆しの見えない学校などでのいじめ問題である。すなわち、いじめ問題に対し児童生徒が「主体的に対処することのできる実効性ある力を育成」していく上で道徳教育の強化を図るべく、道徳科への格上げが図られたという経緯をしっかりと押さえておく必要がある。この課題への対処をきっかけに道徳教育の在り方を抜本的に見直すべく、直面する困難な状況とその意味を児童生徒自身が洞察するとともにそこで自らができることを判断し、これを実行・実践に移す資質能力を育むという教育上の役割を「道徳科」を軸とする道徳教育の指導に求めることが目指されたのである（『学習指導要領解説　特別の教科　道徳編』）。いじめの傍観者は、結局のところ、直接、間接にいじめに荷担しているという状況認識に基づき、いじめ問題を直視した道徳教育の新たな枠組み構築が図られた。

　そして、いじめ問題を嚆矢に、現実に生起する様々な課題に直面する中で、個々の児童生徒が、a)道徳的価値への理解を踏まえ、b)広い視野から多面的・多角的な考え方に真正面から向き合いながら、とるべき行動や自身の生き方についての考えを深めていくこと、c)そうした自己省察を繰り返す中で、そこでこれから何をすべきかを考究するという「学び」のプロセスを通して、道徳的な判断力や心情、道徳

第**4**講 ● 道徳教育の内容

実践へといざなう意欲・態度を育むこと、を道徳教育の基本目標と定めたことに今回改訂の大きな意義がある。換言すれば、今次の学習指導要領の改訂に伴う道徳科の創設は、これまでの道徳の授業を「考える道徳」へと転換させることを目指すもので、道徳的価値をめぐって児童生徒が内的な葛藤を続ける中で真の道徳的実践につながるような資質能力の涵養が目指されている点に、改訂の基本的趣旨を見出す必要がある。

　上述のような道徳科の創設を中心とする道徳教育の抜本改革に係る基本趣旨を確認した上で、次に新学習指導要領の主要改訂点をあらためて列記したい。

　第一に、学校の教育活動全体を通じて行う「道徳教育の目標」と「道徳科の目標」における各目標について、従来より、学習指導要領の文章構造が複雑で両者の相互関係が読み取りにくい等の意見が強かったことを受け、そのいずれについても「よりよく生きるための基盤となるための道徳性を養う」ことを目指したもので、両者に差異がないことを明確にした。

　第二に、道徳教育に係る「学び」の意義について、それが道徳的価値の意味を理解させ、その内省を促し、これを道徳的実践へとつなげていくことを趣旨とするものであることを明確化するため、「道徳的価値及びそれに基づいた人間としての生き方についての自覚を深め」ることとしていたこれまでの文章を、「道徳的諸価値についての理解を基に、自己を見つめ、物事を広い視野から多面的・多角的に考え、人間としての生き方についての考えを深める学習」へと表現法を改めた。同趣旨に基づく指導法の転換を図るため、人々の多様な内的価値に触れ、自身の省察を深化させることのできるような学習／教育上の工夫として、アクティブ・ラーニングの授業スタイルの活用が奨励されるところとなった。

　第三に、第二の「人間としての生き方についての考えを深める学習」

を基礎に、よりよく生きていく資質能力の涵養を道徳教育の射程に入れ、従来の「道徳的実践力を育成する」との表現をより具体的なものとすべく、従来の文言が「道徳的な判断力、心情、実践意欲と態度を育てる」ものと改められた。

第四に、内容項目のまとまりを示した後述の「4つの視点」を再整理し、児童生徒の立場から見た「対象の広がり」に即して、「4つの視点」に係る順番の入れ替えが行われた。

第五に、小・中学校における道徳教育の十全な体系性を確保するとともに、指導の効果を高め、かつ学校における道徳教育の意義を家庭・地域とも容易に共有できるよう、表現上の工夫が講じられた（例えば、道徳科での直接的な授業対象である「国際理解、国際親善」や「公正、公平、社会正義」などの内容項目が学年、学校階梯の枠を超え前倒しされたり、これまでの内容項目が整理統合され一つの内容項目に一本化されるなど）。

（2）「学校全体」の道徳教育と「道徳科」における指導の関係性

①学校全体の道徳教育

学校における道徳教育は、児童生徒の発達の段階を踏まえて行われなければならない。とりわけ道徳科にあっては、学校、学年や児童生徒各人の発達の段階を前提に、指導内容と併せ指導方法上の配慮をすることが重要である。

ここでまず、「学校における道徳教育」の基本となる（共通的な）教育目標を、学習指導要領「第1章　総則　第1小（中）学校教育の基本と教育課程の役割　2（2）」に拠って以下に再確認したい。

□道徳教育は、教育基本法及び学校教育法に定められた教育の根本精神に基づき、人間としての生き方を考え、主体的な判断の下に行動し、自立した人間として他者と共によりよく生きるための基盤とな

る道徳性を養うことを目標とすること。

そして同指導要領はそこで、そうした道徳教育を進めるに当り、特に次の諸点に留意するよう求める。

◇人間尊重の精神と生命に対する畏敬の念を培うこと。
◇豊かな心を育むこと。
◇伝統・文化の尊重、国・郷土への愛の涵養。
◇個性豊かな文化の創造、公共の精神を尊重し社会及び国家の発展への貢献、国際協調・国際平和と環境保全への寄与できる未来を切り拓く主体性のある「日本人」の育成への貢献。

さらに道徳科を含め学校における正課教育を通じ、児童生徒に対し「生きる力」を育むために、コンピテンシーをベースとした確固とした資質能力を育むよう要請する。学習指導要領「第1章　総則　第1小（中）学校教育の基本と教育課程の役割　3」は、「学力の3要素」におおよそ対応した資質能力として次の一覧を提示する。

◇知識及び技能が修得されるようにすること。
◇思考力、判断力、表現力等を育成すること。
◇学びに向かう力、人間性等を涵養すること。

さてここで改めて、「学校における道徳教育」の意味・内容について考えていきたい。
ここにいう「学校における道徳教育」とは、道徳教育の要となる「道徳科」のほか、「各教科」、「総合的な学習の時間」、「特別活動」（小学校の場合、さらに、その中等学年に設定される「外国語活動」も含まれる）といった正課教育の中で営まれるものを指している（このほか、

正課外の生徒指導、生活指導や部活、その他児童生徒の学校生活全般を通じ、その指導の趣旨が貫かれる必要がある)。

このうち「各教科」とは、国語、社会、理科、音楽など学校教育法施行規則に指定された教育課程を編成する教育科目のことを示している。同じく制度上の教育活動である「総合的な学習の時間」は、「生きる力」を育むという視点から体験型の学習、問題発見・課題解決型の学習などを通し、児童生徒の自立性や主体性、協調性を培うことが目指されている。また同様に学校の正課として位置づけられている「特別活動」は、「望ましい集団生活」を通じ、相互の人間的な触れ合いの中で個性の伸長を測ると共に、自主的、実践的な態度や協力の精神を培うことを目的とする教育的営為で、学級活動、児童会・生徒会活動、学校行事(儀式的な行事、文化的な行事、体育に関わる行事、遠足(旅行)、奉仕的な行事など)から成っている。

②「総合的な学習の時間」、「特別活動」を通じた道徳教育

「総合的な学習の時間」、「特別活動」はいずれも、「教科」として営まれる授業とは異なり、実体験型の「学び」、児童生徒の相互関係や「集団」の中での協働的な「学習」として展開されるもので、そうした体験活動そのものが社会生活の一環として児童生徒に認識できるよう教育上の編成が成されている。このことから、これらの教育的営為は、児童生徒が道徳的価値への理解を基礎に育んだ「道徳性」を実践の場で発揮できる「道徳指導上の好機」として一般に捉えられている(なお、道徳教育と関連づけられる「体験的学習」の意についてこれを「役割演技(ロールプレイング)」、挨拶や声掛けなどの「スキル・トレーニング」に限定しようとする意見も見られる。しかしながら、理論上はともかく、学校全体の教育活動の中の体験型学習を道徳的実践の場として包括的に理解したとしてもその教育効果を考える当り、何らの不都合も生じないものと考える)。更にそれらは、そこで試される道徳的実践力に対する振り返りと反省の中で、自身の生き方に対する確固とした

第**4**講 ● 道徳教育の内容

自覚を自律的に促すことまでもが目指されている。

　この点をやや具体的に見ると、「総合的な学習の時間」では、道徳性を育むという道徳教育の基本目標に即し「道徳科などとの関連性を考慮」に入れつつ、学習指導要領の設定する内容項目に従い「総合的な学習の時間の特質に応じて適切な指導」を行うよう要請する（中学校学習指導要領「第4章　総合的な学習の時間　第3　指導計画の作成と内容の取扱い1（7）」）。そこでは、a)自然体験やボランティア、生産活動などの体験的活動を学習活動に積極的に取り入れるとともに、他者との協働による学習、グループ学習や異年齢集団による学習等を、地域の人々の協力を得ながら積極的に進めるべきこと、b)社会教育施設などとの連携や地域教材の開発・活用や学習環境の開発を促進すべきこと、c)それらの学習活動は、「主体的・対話的で深い学びの実現を図る」ようなものとして行われるべきこと、などの諸点が強調されている（学習指導要領「第4章　総合的な学習の時間　第3　指導計画の作成と内容の取扱い1及び2」）。

　また「特別活動」においても、「総合的な学習の時間」の場合同様に、道徳性を育むという道徳教育の基本目標に即し「道徳科などとの関連性を考慮」に入れつつ、学習指導要領の設定する内容項目に従い「特別活動の特質に応じて適切な指導」を行うよう要請する（中学校学習指導要領「第5章　特別活動　第3　指導計画の作成と内容の取扱い1（5）」）。そして学習指導要領が特別活動の基本的趣旨を「集団や社会の形成者としての見方・考え方を働かせ、様々な集団活動に自主的、実践的に取り組み、互いのよさや可能性を発揮しながら直面する課題を解決」する指導に求めていることを踏まえ、「特別活動」に関わる各活動や学校行事の計画を行うに当っては、a)これら各活動のプロセスを通し、児童生徒が主体的に行動し、自己の活動等を振り返り、自己の生き方について考える場面を意図的に準備すること、b)集団生活上の課題解決や社会参画を可能とする配慮措置を講じること、

95

c)児童生徒がそれらの活動を通し、自己の生き方を考え自己実現を図ることができるようにするための指導上の工夫を指導計画中に明示すること、等の諸点に留意することが必要とされている（『学習指導要領解説　特別活動編』）。

③各教科を通じた道徳教育

　それでは、「各教科」は、学校における道徳教育の共通的な基本目標である道徳性の涵養において一体どのような位置づけが与えられているのであろうか。次に、「学校全体で営まれる道徳教育」の一翼をなす「各教科」が、児童生徒の道徳性の涵養に向け、果たすことが期待されている教育上の役割を、中学校で教えられる「各教科」を手掛かりに見ていくこととする。その説明に当っては、『中学校学習指導要領解説　総則編』の「第3章　第6節1（4）各教科等における道徳教育」の記述を参考にした。

　まず国語科について見ると、国語の授業により日本語に係る言語能力を高めることは道徳教育を進める基礎として不可欠であるし、道徳的な価値・感性・心情や道徳的心情、道徳的な判断力・実践意欲を養う基本ともなる。加えてその学習を通して、我が国言語の奥深さや後世に伝承していくべき文化・伝統に直接触れる機会ともなっている。社会科の授業を通じて、我が国が辿ってきた歴史を振り返り現代を見つめ直すと共に、各地域の特徴把握の中で、我が国社会の経済・産業・文化に係る諸構造が理解できよう。そうした学習は歴史的、地域的な視点から、我が国社会の産業、学術分野や公共的な様々な分野の発展に寄与するための態度・志向性を育むことに貢献できる。またそこでは、我が国の統治システムとこれを支える民主的な価値原理や国際協調精神の大切さを学ぶことで、我が国「公民」として、また「地球市民」として、我が国そしてグローバルな社会の発展の礎となる気概を培うことに資するほか、社会参画の重要性に気づく重要な契機ともなる。数学科の授業を通じ、粘り強く数的処理に臨む

ことを通じあきらめないで根気よく課題解決に当ろうとする態度を育むことが期待できるし、数字を実社会へ応用しようとする意欲は、社会生活の向上を目指す態度の育成とも連動する。また、系統立った思考に基づいて美しく整序された数式の反復・積み重ねによって一つの解を見出す喜びは、「真理」の探求と発見のすばらしさへの動機付けを提供する。理科の授業を通じ、自然の豊かさとその不思議さ、命の尊さに気づくであろうし、場合によっては、物理の法則や化学式への理解を通じて、また数学的な知識・思考力とも重ね合わせながら、自然や実存を超えたものの存在並びに宇宙や物質を支配する「真理」の存在可能性に目を向けることができるであろう。外国語科の授業により外国語能力を培う過程で、異文化理解やグローバルな視野から国や社会の在り方を再考するという視野を芽生えさせ、国際協調・国際平和を希求する心情を鼓舞し得る契機ともなる。音楽科や美術科の授業においては、その創作や鑑賞、作品の歴史的背景や芸術的価値等への理解を通じ、自身が美しいものに感動し美的かつ斬新なものへの創造意欲を掻き立てられ、「美」や「真」のもつ意味や存在価値について認識を深めることにもつながるであろう。保健体育科の授業は、体育実技の「学び」の中で、「個」としての心身の「強さ」や「成長」を実感しその喜びを自身のものとして噛みしめる機会を提供すると共に、「集団」競技の中でのルール遵守の絶対性、集団の中での自身の位置づけや他者との協調・協力・連帯の大切さを公共の精神や公徳心の涵養のレベルにまで昇華させる機会となり得よう。保健の授業は、健全な生活習慣を身に付け、安全・衛生面から社会の「健全性」を保つことの大切さに気づく大きな動機付けとなり得よう。「技術・家庭科」は、家庭生活を営む上で必須的事項を学ぶ中で、家庭とこれを包含する地域社会の生活面を支える必要な知識・技術を学び複数の人々で構成される社会集団における連帯と相手に対する思いやりの気持ちの大切さを修得することに資するであろう。そうした心情を育む

過程で、同時に、家庭生活、社会生活を営む上でのジェンダー・バランスの重要性を知識やスキルに係る各面でしっかりと理解させる効果があることも、同科の特色として挙げられる。

　各教科では、それぞれの授業を通じ、児童生徒の知識・理解や能力の涵養を図る中で、道徳的実践や実践意欲につながる道徳的価値に接する機会を提供するよう求められている。一人一人の児童生徒が、様々な解決可能性を念頭に置いて各教科固有の課題に向き合い省察を深めていく思考課程において、こうした道徳的価値への自覚を深めていくことも各教科の大きな教育目標とされている。そのこと故に、「道徳教育の全体計画」作成の折に、各教科等の別に、道徳教育の目標設定に係る記述を同計画に含めることを学習指導要領が要請しているのである（「道徳教育の全体計画」の意義・内容等については、本書第5講②を参照）。

第**4**講 ● 道徳教育の内容

<表１> 教科等と道徳科の関係（中学校）

教科等	育むことが期待される道徳的価値	内容項目 [見出し]
国語科	道徳教育の基盤となる国語での言語能力を培うとともに、その学習を通じて育まれる思考力・想像力は、道徳的心情や道徳的判断力を養う基本となる。国語能力向上は、我が国の伝統・文化の尊重と郷土愛・愛国心への志向性を育むことにもつながる。	[相互理解、寛容] [郷土の伝統と文化の尊重、郷土を愛する態度] [我が国の伝統と文化の尊重、国を愛する態度]
社会科	我が国土や歴史への愛着が郷土愛・愛国心への志向性を育む。国民主権を担い、平和で民主的な国家・社会の形成に主体的に参与できる資質能力の基礎を育むことで、社会参画・社会連帯の意識を高め、よりよい社会生活の実現に寄与できる。	[遵法精神、公徳心] [社会参画、公共の精神] [国際理解、国際貢献]
数学科	数値処理力や数学的な表現力は、道徳的判断力の育成に資する。数学への親和性や数学を実社会に生かそうとする態度は、工夫して生活や学習をしようとする態度を養うことにつながる。	[向上心、個性の伸長] [真理の探究、創造]
理科	自然の事物、生物相互の関係や自然界の釣り合い、自然と人間の関わりを認識させることで、生命を尊重し自然環境の保全に寄与する態度の育成を促す。仮説に基づき観察・実験を行うこと、科学的な探求力・態度を養うことは、道徳的判断力や真理を大切にしようとする態度の育成につながる。	[真理の探究、創造] [生命の尊さ] [自然愛護]
音楽科	音楽を愛する心情、音楽への感性は、美しいものや崇高なものへの尊重につながると共に、音楽の育む豊かな情操は、道徳性の基盤を養う。音楽科の教材等を通じ、我が国の自然や文化、日本語等のすばらしさを再認識し、それは道徳的心情の育成に資する。	[我が国の伝統と文化の尊重、郷土を愛する態度] [感動、畏敬の念]
美術科	美術科を通じ造形的な見方・考え方を育み、美術・美術文化へ豊かに関わる資質能力を育成することで、美術愛好心、心豊かな生活創造への志向性、豊かな情操を培うことに資する。	[感動、畏敬の念] [よりよく生きる喜び] [我が国の伝統と文化の尊重、国を愛する態度]
保健体育科	様々な体育の経験を通じ、粘り強くやり遂げる、ルールを守る、集団に参加し協力する、一人一人の違いを大切にするといった態度が養われる。健康・安全に関する理解を通じ、生活習慣の大切さを知り、自分の生活を見直すことにつながる。	[節度、節制] [向上心、個性の伸長] [よりよく生きる喜び]
外国語科	外国語の背景にある文化に対する理解を深めることで、「世界の中の日本人」としての自覚を育むとともに、国際的視野から平和や人々の幸福への志向性を高めることができる。外国語の学習を通して、他者に配慮し受け入れる寛容の精神や平和・国際貢献などの精神を獲得し、多面的思考ができるような人材を育てることができる。	[相互理解、寛容] [思いやり、感謝] [国際理解、国際貢献]
技術・家庭科	生活を工夫・創造する力を育むことで、望ましい生活習慣を身に付け、勤労の尊さ・意義に気づかせることができる。また率先して生活を工夫・創造する資質能力を育むことで、家庭への敬愛の念を深めると共に、家庭・地域社会の一員としての自覚をを以て自身の生き方を考え、生活や社会をよりよいものにしていこうとする態度・志向性を育む。	[節度、節制] [勤労] [家族愛、家庭生活の充実]

[注] 上記<表>は、『中学校学習指導要領解説 総則編』の「第3章 第6節 (4)各教科等における道徳教育」の記述をもとに作成。

99

③ 「道徳科」における道徳教育

（1）道徳科における教育目標

①道徳科における教育目標の位置づけ

　道徳科の教育目標は、「学校全体の道徳教育の目標」同様、「よりよく生きるための基盤となるための道徳性を養う」ことにある。それでは、道徳教育の意義に係る両者の違いはどこに見出されるのであろうか。その違いをあぶり出すことにより、道徳科固有の道徳教育の位置づけが明らかになる。『学習指導要領解説　特別の教科　道徳編』は、その固有の意義を次の３点にまとめている。

> ▶道徳科は、「道徳教育の要」として、a)各教科、総合的な学習の時間及び特別活動を通じた道徳教育では充分に取り扱えない道徳的価値についてこれを道徳科の指導によって補うこと、b)児童生徒や学校の実態等を踏まえ、より深い指導を行うこと、c)道徳的価値に係る相互の関係を捉え直したり発展的な理解を促す指導を行うこと、に留意した指導を行うこと。
> ▶道徳科の教育目標を構成する後述の「道徳性を養うための資質能力」（＝「道徳性を育むための資質能力の３要素」）を踏まえ、「道徳的実践につなげていくことができる」ような指導を行うこと。
> ▶各教科、総合的な学習の時間及び特別活動を通じて行われる道徳教育は、各科目等の特質に応じた「（全体）計画」に即して進められる一方、道徳科は、「道徳的価値」そのものを全体に亘って取り上げ、道徳的実践につながる資質能力の涵養を基礎とした「道徳性」を育むことを指向していること。

　このように、「学校全体の道徳教育」、「道徳科」のいずれもが、道徳的実践を主体的に行うことができ、他者との共生を前提に「より良く

生きるための基盤となる道徳性」を育む点で共通する一方で、道徳科は、そのための固有の目標を掲げ、それに基づいた指導と「学び」を展開するよう求められている点で他と一線を画している。そこで次に、道徳科の目標として何が掲げられそれらが互いに如何なる関係にあるかについて見ていくこととする。

②道徳科における教育目標の意義

　学習指導要領「特別の教科　道徳」は、「道徳性」を養うため、そのための教育目標として、次のような3つの資質能力を育む旨を明示する。その3つの資質能力（＝道徳性を育むための資質能力の3要素)とは、次の通りである。

(A)道徳的価値についての理解を基にする。
(B) a)自己を見つめ、b)物事を広い視野から多面的・多角的に考え、
　　c)人間としての生き方についての考えを深める。
(C)道徳的な判断力、心情、実践意欲と態度を育てる。

　ここでは、道徳科の教育目標を構成する「道徳性を育むための資質能力の3要素」の意義と各要素間の相互関係について考えていきたい。

　社会における道徳的活動は、道徳的価値に対する一般的認識を基礎に、道徳実践に係る判断・意欲に動機づけられて行われる。翻って述べれば、一般的な道徳的価値を適切に理解し得ていても、道徳実践に係る判断・意欲がなければ道徳的活動は実行されない。

　ここで充分考慮を要するのは、通常社会において行われる道徳的活動は、上記3つの要素の内（A)（C)の2つの要素で成り立っていること、そして大抵の場合、(A)への一般的な理解の上に立って（C)という実践的行為が行われるのではなく、換言すれば（A)（C)といった順次的なプロセスを経て道徳的活動が行われるのではなく、その行為者が（A)（C)を一体化させた瞬時の判断（若しくは脳裏でのフラッシュ

101

のような閃き)でそうした行為が実行されるということである。

　ここに、道徳科の指導と社会における道徳的実践の違いがある。道徳科の指導では、道徳実践そのものが取り上げられるのではなく、その活動を誘引する道徳性に係る内面的な資質・能力の涵養が目指されている。社会における道徳的実践ではとかく見過ごされがちな上記(B)の要素こそが、道徳科の指導の核心部分をなしているのである。道徳的価値に対する多面的な理解（上記(A)の要素）に係る学習に基礎づけられた「(B)の要素」の存在意義はこの点にあると言わなければならない。「＜図２＞道徳科の指導を通じた『道徳性』を育むための資質能力の３要素」に即して、このことを更に掘り下げて考えてみよう。

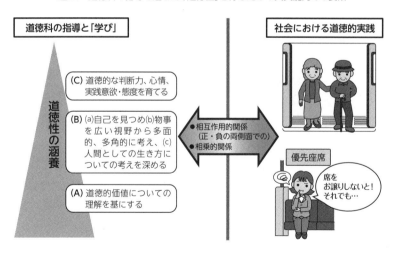

＜図２＞ 道徳科の指導を通じた「道徳性」を育むための資質能力の３要素

「社会における道徳的実践」では、例えば、高齢者や体の不自由な人に座席を譲るに当り、その前提としてそうすることが望ましいことは、一般的な道徳的価値への理解として誰もが熟知していることであり、

第4講 ● 道徳教育の内容

それができるかできないかは、個人の咄嗟の判断に委ねられている（若し判断が遅れると、他の人が席を譲るか、その高齢者等が乗り物から下車するなどして道徳的実践のタイミングを失するかもしれない）。この段階で道徳的価値認識を行動に移すかどうかの葛藤に終始しそれを実行に移せなかった場合、後悔の念が生じ次の道徳的実践に向けた経験学習となることもある。

さて、「人」は生来的に自己存在を主張する権利を有している。それは、天賦人権とも呼べる自然権的権利であり、それ自体否定されるべきものではない。しかしながら、道徳的行為に及ぶ判断を、自我に起因する自己の関心・立場に固執する余りに実践できないこともしばしばである。道徳的実践は自己以外の人々や社会の人々に向けられるものである以上、自己を客体視しつつ他者を思いやり社会に貢献・奉仕することのできる態度・志向性の存在が重要となる。

「道徳科の指導と『学び』」の中では、道徳科の授業を通じ、道徳的価値に対する多面的な理解を前提に、道徳性を社会実践の場に活かすことのできる資質能力、とりわけ自己を客観的に見つめ、他者に寄り添い社会に資する心情や意欲を育むための指導が重要である。『中学校学習指導要領解説　特別の教科　道徳編』もそうした趣旨を敷衍し「様々な道徳的価値について、自分との関わりも含めて理解し、それに基づいて内省」することの重要性を指摘する。そして多くの場合、こうした自己を他者との関係で内省する機会は、道徳的価値への豊富な理解の上に立って、どう道徳的実践につながる意欲を喚起し行動に移すことができるかへの「気づき」を、読み物資料等を媒介にクラス内での児童生徒同士の意見交換や議論し合う中でもたらすであろう。自己を客体視し内省する機会が、広い視野から多角的・多面的な考え方に触れることのできる授業プロセスを通して与えられるのである。『中学校学習指導要領解説　特別の教科　道徳編』は、この点についてグローバル化の進展、科学技術の発展、社会・経済の変化の中で、人々の

103

幸福や社会の調和的発展に向け「人としての生き方や社会の在り方について、多様な価値観の存在を前提に、他者と対話し協働しながら、物事を広い視野から多面的・多角的に考察」する必要性を強調する。そこでは併せて、後述する内容項目に係る4つのカテゴリーを踏まえ、観念的に理解してきた道徳的価値の諸相の存在に気づかせるとともに、これを「様々な角度から考察することの大切さや、いかに生きるかについて主体的に考えることの大切さに気づかさせること」の重要性を指摘する。

　なお、これら一連の説明は、上記＜図2＞が示すように、「道徳科の指導と『学び』」が「社会における道徳的実践」と切除された独立のものとして位置づけられることを意味するわけではない。道徳科は、その本来の在り方として、その教育の成果が社会における道徳的実践へと昇華されることが目指されている。また、社会生活の諸局面で道徳的行動が要請される場面で、実際にどのような対応をしたかが、それを体験した児童生徒の内面における道徳科での「学び」に大きな影響を及ぼす。そして何よりも、道徳科の授業で習得した道徳性に係る資質能力は、各学校の正課教育である「総合的な学習の時間」や「特別活動」の場において、直接、道徳的実践が試されることになるのである。その意味において、「道徳科の指導と『学び』」、「社会における道徳的実践」は相乗的、相互補完的な関係に立っており、道徳的実践に直結する道徳性の質を高める効果をもたらすことにもなるのである。

　道徳科を担当する教員は、以上の点に充分留意し、様々な道徳的価値の存在を前提に、上記（B）の要素を中心に据えながら授業展開をすることが求められる。各回の道徳科の授業を、道徳的価値の実現を視野に入れた所期の目標に即して系統的展開を図っていく上で、（B）を構成する各細項目を踏まえ、従来から指導プロセスの定石として用いられていた「導入」→「展開」→「終末」の各パーツの順に進められる道徳科「指導案」を策定することが要請される所以もこの点にある。

104

（2）「内容項目」の趣旨・内容と指導の観点

①内容項目の趣旨

　学習指導要領「第3章　特別の教科　道徳」の「第2　内容」に掲記された一連の内容項目は、学校の全教育活動の中で指導に活かされるものである。とりわけ、道徳教育の軸となっている道徳科の授業では、内容項目が教育／学習の中心に位置づけられている。

　内容項目の基本的意義について、『学習指導要領解説　特別の教科道徳編』は、小学校若しくは中学校の学習期間の中で、児童生徒が「人間として他者と共によりよく生きていく上で学ぶことが必要と考えられる道徳的価値を含む内容を、短い文章で平易に表現」したもので、児童生徒「自らが道徳性を養う手掛かり」となるものである、とする。すなわちここでは、それらが、倫理学上の価値概念である道徳的価値のうち、学校教育で培うべき「道徳性」に関連するものを、同概念内容に即してできるだけ正確かつ簡潔に文章化したものを指しているとの理解で一貫している。

　ここで、第3講で述べた「道徳」、「規範」、「宗教」との関係を簡単に確認することを通じ、学習指導要領が設定する道徳教育に係る内容項目のもつ意味について考えてみたい。

　既に見たように「道徳」は、人の良心への義務づけを伴うもので「道徳律」として作用するという意味において規範と、また、それが「道徳的価値」における価値づけとして作用するという意味において、宗教と密接な関連性がある。

　このうち、前者の視点から、「内容項目」の性格を見ると、これら内容項目の中には「ルールが破られる可能性がある」ことを前提にその遵守を求めるものとして設定されているものがあることに気づくであろう（ここでは、破られることを仮定してその遵守を義務づけた「当為の法則」が妥当する）。一方、こうした内容項目の中には、社会生活上必ず守らねばならないものに加え、高度な倫理性や正義的観念に支

えられたもの、実存を超えたものへの畏敬の念をもつことを求めるなど「宗教的信条と境界を接する」ような高い道徳的理念を標榜するものも含まれている。そのうち、社会生活を営む上での最低限のルールであり遵守を不可避的に要請する前者の内容項目は、（その違背に対し、刑事罰を以て処断することが認められる場合もあるという意も込めて）法学で言うところの「倫理的最小限度性」を備えた道徳律として位置づけられる（こうした内容項目の例として、小学校1～2学年の「よいことと悪いこととの区別をし、よいと思うことを進んで行うこと」などが挙げられる）。これに対して、後者の内容項目は、高度な道徳的価値の実現を要請しているという意味において、最低限守るべき「道徳律」の域を超えたもので、それらは「倫理的最大限度性」を伴うものとして価値づけられる（こうした内容項目の例として、中学校段階の「真実を大切にし、真理を探究して新しいものを生み出そうと努めること」などが挙げられる）。

　そしてここで重要なことは、学校教育の場で指導の対象となる内容項目は、社会生活を送っていく上で必要不可欠のものに限定されることなく、性格上、高い倫理的価値を有するものもその中に包含されている、否、むしろ後者の性格を併有する内容項目が多数を占めているということに充分留意を要する点である。個々の内容項目に係るそうした特質は、これから見ていく内容項目の4分類の意義を考える上でも一定の有為性が認められよう。

②内容項目の分類

　学習指導要領は、道徳教育の目標を達成するために指導すべき具体的内容項目を、次の4つのカテゴリー（視点）に分けて示している。

　A　主として自分自身に関すること。
　B　主として人との関わりに関すること。
　C　主として集団や社会との関わりに関すること。

D　主として生命や自然、崇高なものとの関わりに関すること。

　この4つのカテゴリーの各々の意義について、『学習指導要領解説
特別の教科　道徳編』は、次のように説明する。

　「A　主として自分自身に関すること」は、「自己の在り方を自分自
身の関わりで捉え、望ましい自己の形成を図ることに関するもの」と
する。「B　主として人との関わりに関すること」は、「自己を人との
関わりにおいて捉え、望ましい人間関係の構築を図ることに関するも
の」とする。「C　主として集団や社会との関わりに関すること」は、「自
己を様々な社会集団や郷土、国家、国際社会との関わりにおいて捉え、
国際社会と向き合うことが求められている我が国に生きる日本人とし
ての自覚に立ち、平和で民主的な国家及び社会の形成者として必要な
道徳性を養うことに関するもの」とする。「D　主として生命や自然、
崇高なものとの関わりに関すること」は、自己を生命や自然、美しい
もの、気高いもの、崇高なものとの関わりにおいて捉え、人間として
の自覚を深めることに関するもの」とする。

　こうした内容項目を構成するカテゴリーの総体的特質として、第一
に、小学校1～2学年では、いずれのカテゴリーについても、自身に
身近な事項が内容項目として設定されているのに対し、上級学年とな
り、更に中学校段階に進むにつれて、「C」、「D」のカテゴリーに属す
る内容項目は、「自己との距離」が次第に遠くなるようなものとして設
定されている。そうした傾向は、中学校段階に特化して言えば、「C」、
「D」にとどまらず「A」、「B」でも強くなってきている。このことは、
低年時の子供を対象とした内容項目で示される道徳的価値が「自身」
に向けられたものであり、そうした道徳的価値をしっかりと守ること
が道徳教育の基本とされているのに対し、上級年次になるにつれ、道
徳的価値による「自己への規制機能」が緩和されてきていることを意
味している。第二に、第一に関連する事象として、小学校上級学年を

107

引き継ぐ中学校段階のとりわけ「C」、「D」については、これらを構成する内容項目の抽象度が格段に強くなっている。このことは、これら内容項目によって表出される道徳的価値への理解に当り、「自己を高度に客体化」することが求められていることに加え、内容項目の解釈の幅が極めて広範に及んでおり、当該内容項目について各人毎に見方、考え方に差異が生じやすいことをも意味している。

　以上の事柄を前提に考えると、道徳的価値が「道徳律」として実質的に規範機能を有する場合（とりわけ小学校の低年次の段階の場合）、上記「道徳性を育むための資質能力の3要素」に即した内容項目に係る指導を行うに当っては、a)道徳的価値の意を一義的に理解することがさほど困難ではないこと、b)当該道徳的価値と「自己との距離」関係が比較的近いこと、などから、多様な意見の存在を前提とした議論を重ねることなく、道徳的価値の実現に至る内的葛藤を児童生徒に生起させ、そうした心理的強制力を動因に道徳的実践に至る判断・意欲の喚起に至らしめることが比較的容易であること、が理解できよう。自己の権利利益の主張に伴う他者加害を禁止する原則を含んだ内容項目の指導に当る場合（換言すれば、道徳的価値の中身が、「行為として行ってはならない」ことを道徳律として求めるなど、当該道徳的価値自体がある行為に対する「消極的規制」作用を及ぼす内容項目の指導に当る場合）においても、同様のことが当てはまるであろう。

　これに対し、抽象的かつ「自己との距離」関係が遠い道徳的価値を色濃く反映した内容項目、具体的には（C)、（D)のカテゴリーに属する「生命の尊さを理解させる」、「公徳心を育む」、「国際理解を高める」などの内容項目の指導に当っては、「倫理」に訴えてそれらの道徳的価値の大切さを説くことに困難が伴う（この領域では、内的葛藤や悔恨などの心理的強制力も有効には機能し得ない）。従って、そこでの指導に当っては、これら道徳的価値そのものへの多様な理解を容認した上で、児童生徒などから多様な意見・主張の提起を求め、意見を交わ

し合う中で、自己を客観的に見つめ直すとともに自身の「在るべき姿」を洞察し、とるべき具体的行動について思いを致すところにまでいざなうことが要請される。そこでは、抽象的内容項目として位置づけられるところの「実存を超えた宗教的価値」に関わるもの、児童生徒の生まれ育った経済的・文化的さらには民族的な背景等に伴うものなど、複数の錯綜した道徳的価値への理解を通じて、同様に抽象的・演繹的な認識を基本とした「個人の尊厳」、民主政の実現、異文化理解と国際協調等の価値実現に向けた実践的意欲を喚起することが究極の目標とされなければならない。上記のような内容項目を通じ道徳性を育む指導に当っては、単一の内容項目によってではなく、複数の相関連し合う内容項目を駆使しながら所期の教育目標の達成を目指すことが必要となる。

　そこで『学習指導要領解説　特別の教科　道徳編』などは、内容項目を通して「道徳性を育むための資質能力の3要素」に即した指導を行うに当り、次の諸点に留意するよう求めている。

◇内容項目の一つ一つの中身を、文言を単になぞるだけの教育手法、教条的かつ知識を詰め込むような手法に拠って指導するという態度は厳に慎むべきこと。同様に、押し付け的で一面的な理解を「最適な正しい理解」であると誤解させるような指導も行うべきでないこと。

◇内容項目に係る4つのカテゴリーの相互関係を充分考慮に入れながら、これら4カテゴリーに含まれる全ての内容項目について適切に指導すべきこと。一つの内容項目を扱う場合、その意義をより分かり易く理解させるため、他の内容項目と関連づけながら指導を行うことも奨励されること。但しその場合、主たる対象として扱う内容項目に包含される道徳的価値に照準を当てた指導において、当初の「ねらい」がかすんでしまうことなく指導の一貫性・

系統性を維持するよう最善を尽くすこと。

◇内容項目を重点的若しくは反復して扱う場合、それまでの指導を踏まえこれを一層深化させていくような指導上の工夫が求められること。

◇児童生徒の発達段階を考慮し、内容項目や道徳的価値の意味・意義を理解できるような効果的指導を行うこと。

◇今日的課題（いじめやそれとも関連性を有する情報モラル等に関わる諸課題）の存在を見据えるとともに、児童生徒や学校・地域の実態を踏まえた内容項目の取扱い方にも留意すること（そうした指導に当っては、学校の道徳教育に係る重点目標や学校全体の道徳教育に関わる「全体計画」、道徳科の「年間指導計画」とも整合させるなどの配慮も必要であること）。

③内容項目の一覧とその意義

(a)内容項目の一覧

　学習指導要領における上記4視点に基づく道徳の内容項目の数・内容は、小学校と中学校で異なるとともに、小学校についても学年の段階毎に差異が設けられている。具体的には、「小学校第1学年及び第2学年」では19項目、「小学校第3学年及び第4学年」では20項目、「小学校第5学年及び第6学年」では22項目が設定されている。また、中学校については、同じく22項目が設定されている。

　これら内容項目は、上級学年になるにつれて項目数が増加し、その内容が精緻化されている。しかし、それら内容項目は、小学校、中学校の別毎に全く異なるものではないことに加え、小学校の場合においても、各学年の段階ごとに異なる内容項目が設定されているわけではない。それらは、児童生徒の心身の発達段階に応じ、内容項目が新規に付加されたり、統合・分離されたりしているが、全体に亘る継続性と発展性及び系統性は確保されている（小学校、中学校における道徳

第**4**講 ● 道徳教育の内容

の内容項目の別、および小学校の学年段階毎の内容項目の詳細につい
ては、本書［関連資料］「No.7道徳教育の『内容項目』に関わる学年段階・
学校段階の比較一覧表」を参照されたい）。

　次に、道徳教育に係る内容項目の発展型が明示されたものとして理
解できる中学校における道徳教育を通して涵養されるべき「道徳の内
容」のアウトラインを、次頁「＜表２＞『中学校学習指導要領』の内容
項目に見る道徳教育の内容」によって簡潔に確認しておきたい。

<表２>「中学校学習指導要領」の内容項目に見る道徳教育の内容

道徳教育の基本的視点	各内容項目の見出し	内容項目に見る道徳教育の具体的内容	小学校からの継続・発展事項（○）	小学校のものを統合（□）若しくは分化（◇）したもの	備考（（※）についての説明）
A 主として自分自身に関すること	自主、自律、自由と責任	1．自律の精神を重んじ、自主的に考え、判断し、誠実に実行してその結果に責任を持つこと。		□	
	節度、節制	2．望ましい生活習慣を身に付け、心身の健康の増進を図り、節度を守り節制に心掛け、安全で調和のある生活をすること。	○		
	向上心、個性の伸長	3．自己を見つめ、自己の向上を図るとともに、個性を伸ばして充実した生き方を追求すること。	○		
	希望と勇気、克己と強い意志	4．より高い目標を設定し、その達成を目指し、希望と勇気をもち、困難や失敗を乗り越えて着実にやり遂げること。			
	真理の探究、創造	5．真実を大切にし、真理を探究して新しいものを生み出そうと努めること。（☆）	○（※）		「美しいものを生み出そうと努めること」の文言付加。
B 主として人との関わりに関すること	思いやり、感謝	1．思いやりの心をもって人と接するとともに、家族などの支えや多くの人々の善意により日々の生活や現在の自分があることに感謝し、進んでそれに応え、人間愛の精神を深めること。（☆）		□	
	礼儀	2．礼儀の意義を理解し、時と場に応じた適切な言動をとること。			
	友情、信頼	3．友情の尊さを理解して心から信頼できる友達をもち、互いに励まし合い、高め合うとともに、異性についての理解を深め、悩みや葛藤も経験しながら人間関係を深めていくこと。（☆）	○		
	相互理解、涵養	4．自分の考えや意見を相手に伝えるとともに、それぞれの個性や立場を尊重し、いろいろなものの見方や考え方があることを理解し、寛容の心をもって謙虚に他に学び、自らを高めていくこと。（☆）	○		

第**4**講 ● 道徳教育の内容

C 主として集団や社会との関わりに関すること	遵法精神、公徳心	1．法やきまりの意義を理解し、それらを進んで守るとともに、そのよりよい在り方について考え、自他の権利を大切にし、義務を果たして、規律ある安定した社会の実現に努めること。	○（※）		「規律ある安定した社会の実現」に努める旨の文言付加。
	公正、公平、社会正義	2．正義と公正さを重んじ、誰に対しても公平に接し、差別や偏見のない社会の実現に努めること。	○		
	社会参画、公共の精神	3．社会参画の意義と社会連帯の自覚を深め、公共の精神をもってよりよい社会の実現に努めること。(☆)		◇	
	勤労	4．勤労の貴さや意義を理解し、将来の生き方について考えを深め、勤労を通じて社会に貢献すること。		◇	
	家族愛、家族生活の充実	5．父母、祖父母を敬愛し、家族の一員としての自覚をもって充実した家族生活を築くこと。	○		
	よりよい学校生活、集団生活の充実	6．教師や学校の人々を敬愛し、学級や学校の一員としての自覚をもち、協力し合ってよりよい校風をつくるとともに、様々な集団の意義や集団の中での自分の役割と責任を自覚して集団生活の充実に努めること。(☆)	○		
	郷土の伝統と文化の尊重、郷土を愛する態度	7．郷土の伝統と文化を大切にし、社会に尽くした先人や高齢者に尊敬の念を深め、地域社会の一員としての自覚をもって郷土を愛し、進んで郷土の発展に努めること。(☆)		◇	
	我が国の伝統と文化の尊重、国を愛する態度	8．優れた伝統の継承と新しい文化の創造に貢献するとともに、日本人としての自覚をもって国を愛し、国家及び社会の形成者として、その発展に努めること。		◇	
	国際理解、国際貢献	9．世界の中の日本人としての自覚をもち、他国を尊重し、国際的視野に立って、世界の平和と人類の発展に寄与すること。	○（※）		「国際的視野に立って、世界の平和と人類の発展に寄与」の文言付加。
D 主として生命や自然、崇高なものとの関わりに関すること	生命の尊さ	1．生命の尊さについて、その連続性や有限性なども含めて理解し、かけがえのない生命を尊重すること。(☆)	○		
	自然愛護	2．自然の崇高さを知り、自然環境を大切にすることの意義を理解し、進んで自然の愛護に努めること。(☆)	○		
	感動、畏敬の念	3．美しいものや気高いものに感謝する心をもち、人間の力を超えたものに対する畏敬の念を深めること。			
	よりよく生きる喜び	4．人間には自らの弱さや醜さを克服する強さや気高く生きようとする心があることを理解し、人間として生きることに喜びを見いだすこと。	○		

(注)☆は、今次学習指導要領によって、その内容が大幅に改められたもの。

113

ここで、まず第１視点としての「主として自分自身に関すること」を構成するのは、［自主、自律、自由と責任］（自律性を身に付け、自主的な考えと判断・実行及び結果に対し責任をもつこと）、［節度、節制］（望ましい生活習慣を身に付け、心身の健康増進を図るとともに節度ある生活を送ること）、［向上心、個性の伸長］（自己の向上と個性を伸長できるような生き方を追求すること）、［希望と勇気、克己と強い意志］（高次の目標に向け強い意志をもって着実にやり抜くこと）、［真理の探究、創造］（真理を探求し新しいものの創造を目指すこと）、といった内容項目である。このうち、［自主、自律、自由と責任］に係る内容項目は、小学校高年次の［善悪の判断、自律、自由と責任］及び［正直、誠実］を統合したものである。また、［節度、節制］、［向上心］、［真理の探究、創造］に係る内容項目は、小学校のそれを発展させたものとなっている。とりわけ［真理の探究、創造］に係る内容項目には、小学校学習指導要領高年次のそれとの比較において、「新しいものを生み出そうと努めること」の文言が付加されている点に特徴が見出される。この部分は、今次の学習指導要領の改訂に伴ってその追加を見た。

　第２視点としての「主として人との関わりに関すること」を構成しているのは、［思いやり、感謝］（思いやりの心で人に接するとともに、家族を含む他者の支えで自分があることに感謝し人間愛を深めること）、［礼儀］（礼儀への理解と時宜に適った適切な言動をとること）、［友情、信頼］（友情をもって友と接し励まし合い高め合うとともに、異性への理解を深め、様々な経験の中で人間関係を深化させること）、［相互理解、寛容］（自身の考えを相手に伝えると同時に、他者の個性や立場を尊重し多様な考え方を理解する中で、寛容の精神をもってそれらを謙虚に学び自身を高めていくこと）、といった内容項目となっている。総じてこの第２視点の内容は、小学校学習指導要領高年次のそれと比べると、それを発展させた観が強いが、それにとどまらずさらに大きな修正が施されているのが分かる。これを＜表２＞に拠って

114

具体的に見ると、[思いやり、感謝]に係る内容項目では、小学校高年次の2つの内容項目が統合されるとともに、小学校高年次にはない「人間愛の精神を深める」旨の文言が提示されている。当該内容項目は、今次学習指導要領改訂により、従来のものに大幅修正がなされたもので「人間愛の精神」の文言のほか、「思いやりの心をもって人と接するとともに、家族などの支えや多くの人々の善意により日々の生活や自分があることに感謝し、進んでそれに応え」るべきことを強調する文章が新規に付加されている。[友情、信頼]の内容項目についても、小学校高年次のそれに比べると、対人関係との関わりについて、「悩みや葛藤も経験しながら人間関係を深めていく」旨の文言が追加されている。この文言は、今次学習指導要領改訂に伴って付加されたものである。[相互理解、寛容]に係る内容項目においても、小学校高年次のものにはない「いろいろなものの見方や考え方があることを理解し、寛容の心をもって謙虚に他に学び、自らを高めていくこと」の文言が提示されている。併せ、今次学習指導要領改訂により、同内容項目の「自分の考えや意見を相手に伝える」ことを強調する文言が付加された。

　第3視点としての「主として集団や社会との関わりに関すること」を構成しているのは、[遵法精神、公徳心]（法やきまりの遵守及び自他の権利尊重と義務履行を伴うことへの理解・実践並びに規律ある安定した社会実現へ努めること）、[公正、公平、社会正義]（正義に裏打ちされた公正で偏見のない社会の実現に努めること）、[社会参画、公共の精神]（社会参画の意識と社会連帯への自覚並びに公共の精神に基づくよりよい社会の実現に努めること）、[勤労]（勤労の尊さや意義への理解を踏まえ、自身の生き方を省察し社会へ貢献すること）、[家族愛、家族生活の充実]（父母や祖父母を敬愛し、充実した家族生活を築くこと）、[よりよい学校生活、集団生活の充実]（教師や学校の人々を敬愛し、協力し合ってよりよい校風を樹立するとともに、集団における自身の役割と責任を自覚しつつ集団生活の充実に努める

こと）、［郷土の伝統と文化の尊重、郷土を愛する態度］（郷土の伝統・文化を大切にし、郷土の先人や高齢者に対する敬慕の念を深め、郷土の発展へ努めること）、［我が国の伝統と文化の尊重、国を愛する態度］（伝統文化の継承と新たな文化の創造に貢献するとともに、日本人としての自覚に基づき国を愛し国家・社会の発展に努めること）、［国際理解、国際貢献］（世界の中の日本人としての自覚を基に、他国を尊重し世界平和と人類の発展へ寄与すること）、といった内容項目である。このうち、［遵法精神、公徳心］、［公正、公平、社会正義］に係る内容項目は、小学校高年次のそれの発展型である。とりわけ「遵法精神、公徳心」に関する内容項目には、小学校のそれにはない「規律ある安定した社会の実現」の文言が提示されている。また小学校高年次の勤労、公共の精神」に係る内容項目は、中学校段階では「社会参画、公共の精神」、「勤労」の2つに分化されている。そして「社会参画、公共の精神」のそれは、今回の学習指導要領改訂に伴う新規項目として位置づけられるもので、そこではとりわけ「社会参画の意識」の高揚の必要性が強調されている。また、小学校高年次の「伝統と文化の尊重、国や郷土を愛する態度」の内容項目も、中学校段階では「郷土の伝統と文化の尊重、郷土を愛する態度」及び「我が国の伝統と文化の尊重、国を愛する態度」の2つに分化されている。「我が国の伝統と文化の尊重、国を愛する態度」に係る内容項目中の「国際的視野に立って、世界の平和と人類の発展に寄与すること」は小学校高年次のそれにはない文言である。そして、今次の学習指導要領改訂に伴い、「郷土の伝統と文化の尊重、郷土を愛する態度」に係る内容項目において、「郷土の伝統と文化を大切」にする旨の文言が付加された。このほか、今次の学習指導要領改訂により「よりよい学校生活、集団生活の充実」に係る内容項目に、学校生活における協力関係の構築とともに、「様々な集団の意義や集団の中での自分の役割と責任を自覚して集団生活の充実に努めること」の文章が付加されている。

第4講 ● 道徳教育の内容

　第4視点としての「主として生命や自然、崇高なものとの関わりに
関すること」を構成するのは、［生命の尊さ］（生命の尊さへの深い理解
を基に、かけがえのない生命を尊重すること）、［自然愛護］（自然の崇
高さや自然環境の大切さへの理解を基に、率先して自然愛護に努める
こと）、［感動、畏敬の念］（美しいものや気高いものへの感動とともに、
人間の力を超えたものへの畏敬の念を深めること）、［よりよく生きる
喜び］（自身の弱さや醜さを克服する強さや気高く生きようとする心の
存在への理解を基に、人間として生きる喜びを見出すこと）、といっ
た内容項目である。小学校高年次段階、中学校段階の内容項目を比較
すると、「感動、畏敬の念」に係る内容項目はほぼ同様の中身である一
方、それ以外のものについては、小学校高年次段階を発展させたもの
が、中学校段階の内容項目として位置づけられているのがわかる。ま
た、「自然愛護」に関する内容項目の「自然の崇高さを知り、自然環境
を大切にすることの意義を理解」する旨の文言、「生命の尊さ」に係る
内容項目中における生命の「連続性や有限性」といった「命の本質」に
関する文言のいずれも、今回の学習指導要領の改訂により新たに付加
された。
　以上見てきたところに基づき、小学校高年次との比較において中学
校段階の内容項目の特徴を述べると、それは次の3点に要約できる。
　第1に、「新しいものを生み出そうと努める」、「人間愛の精神を深
める」といったように、そこでは抽象的な価値概念を道徳的価値とし
て再定義した上で、これを道徳的感性として育むことを指向している
という点を挙げることができる。第2に、中学校段階の子供たちの人
格的な発達段階を考慮し、その各々の対人関係の中での複雑な感情の
交叉を、自己否定につなげるのではなく自己を見つめる好機と捉える
ことを内容とする記述が内容項目中に含まれている点が挙げられる。
そうした例として、［友情、信頼］に関わる「悩みや葛藤も経験しなが
ら人間関係を深めていく」といった内容項目中の文章を摘示し得よう。

117

第3に、将来に亘る我が国社会の担い手としての自覚を喚起するとともに、国際社会の平和的発展に寄与できる人材に求められる資質の涵養を道徳的価値にまで高めようとする内容項目が随所に見られる点が挙げられる。こうした内容項目中に包含される上記視点を端的に表象する文章・文言の例として、［社会参画、公共の精神］に係る内容項目中の「社会参画の意識と社会連帯の自覚」、［国際理解、国際貢献］に関する内容項目中の「国際的視野に立って、世界の平和と人類の発展に寄与すること」、などを示すことができる。

　また、今次学習指導要領改訂に伴って修正され若しくは一新された中学校学習指導要領に関わる内容項目上の特質として、次の2点を簡潔に指摘しておきたい。

　その第1点として、今次改訂が、学校現場などを中心に頻発するいじめ事案に対し道徳教育の充実を通じてこれに対処する観点から、多くの内容項目について、その観点を踏まえた記述が付加されたことが挙げられる。そうした内容項目として、［思いやり、感謝］、［友情、信頼］、［より良い学校生活、集団生活の充実］などが挙げられるほか、生命の尊さを訴える内容項目に係る加筆修正（生命の「連続性や有限性」を強調した文言の付加）もその延長線上において理解し得よう。第2点として、中学校段階で設定された内容項目に係る上記特徴の記述でも言及したことであるが、我が国及び我が国社会の安定化に資するとともにその意思形成過程に能動的に参画できる資質の涵養を目指す内容項目の充実化が図られたことがその特質として指摘できる。［遵法精神、公徳心］、［社会参画、公共の精神］に係る内容項目がその端的な例である。

　なお、小学校学習指導要領に依拠した内容項目についても、その改訂に係る総体的傾向・特質として、「A　主として自分自身に関すること」では、主体性をもって行動することの大切さが説かれたほか、「B　主として人との関わりに関すること」では、人への感謝の念を深

めることや他者の立場・考え方を受容する姿勢の重要性が強調された。そして、「C　主として集団や社会との関わりに関すること」では、偏見・差別を許さない態度、よりよい学級・学校づくりの大切さ、諸外国の人々や文化への理解・尊重、の諸点の重視が謳われた。さらに「D　主として生命や自然、崇高なものとの関わりに関すること」では、生命のかけがえのなさがこれまで以上に強調されたほか、「よりよく生きようとする人間の強さや気高さ」への理解や「人間として生きる喜び」の大切さが、とりわけ小学校高年次で力説されるところとなった。

(b)内容項目の一覧の意義

　今次の学習指導要領の改訂等に伴う中学校学習指導要領に依拠する内容項目を軸に、ここで、あらためてこれら内容項目の中身に関わる意義の検証を行いたい。

　現行学習指導要領の道徳教育の内容項目ではとりわけ、改正後の教育基本法の趣旨を踏まえ、我が国の伝統・文化の尊重、郷土愛と愛国心、国際平和・国際協調と環境保全に貢献できる主体的な日本人の育成、といった点が強調されている点に特徴が見られる。加えて、中学校段階の道徳教育にあっては、a)自身の存在価値の自覚に基づく、将来に向けた飛躍への確信、b)より強固な遵法精神、規範遵守の精神の涵養の必要性、c)公共の精神、社会連帯への自覚を背景とした社会参画、d)「日本人」としての自覚に基づく愛国心の強調と併せ、国際理解・国際貢献への希求とその実現に向けた努力、などの諸点においてその内容項目に固有の特質が認められる。

　道徳教育において、日本国憲法及び現行教育基本法の精神に依拠しつつ、自己が「ヒト」としてかけがえのない存在であり、「個人の尊厳」に基づき天賦のものとして保障された権利自由の享有主体であること、そうであるが故に、他の人々の権利自由にも必要な配慮を払うとともに、そうした権利自由の調整を目的とする規範を守ることの大切さを教えることは重要である。関連する事項として、「正義」の概念を

法の遵守や社会秩序の維持に偏ることなく、多様な意見や態度・志向性を受容する寛容さ並びに社会正義の実現に向けた「平等」取扱いの大切さをも包含させながら同概念を道徳的価値原理として捉えている点にも賛同できる。また、将来の選挙権者となることを見据え、法の形成・運用の過程に主体的に参加できる民主政の価値実現の大切さを道徳教育の場を通じて育もうとすることにも大きな意義がある。上記2点と関連させて、自己がかけがえのない価値ある存在であることを再認識させ、有為な社会の成員としての一層の成長を促す指導を行うことも、児童生徒の発達可能性を引き出すことを目的とする教育上の営為として理に適うものである。そして、自身のアイデンティティを自覚させる源泉ともなる郷土愛や愛国心に関わる教育を道徳教育の一環に組み込むことにも、相当程度の説得力がある。それは、郷土や自国への帰属意識を育むにとどまらずそのことを通じて、他の地域や他国への理解・信愛や連帯の情を喚起させる源泉としても効果があるからである。さらに、人の力を超えたものへの畏敬の念を抱きこれを深化させるよう指導することも、自分及び他者の命がかけがえのないものであることを強く自覚させるとともに、生きるもの全てに対する慈しみの情を培い、自然愛や環境の保全に思いを馳せさせる上で重要である。

　そして何よりも、当初、学習指導要領改訂に係る大きな目的に据えられた「いじめ問題」の対処方策としての道徳教育の充実・強化という側面について、今次改訂に伴う「内容項目」が、個人の尊厳に根ざした人権や人格的利益の尊重、学校等の集団生活における人の「和」の重視、不可侵的で不可逆的な「生命」のかけがえのなさの強調、などを重要な道徳教育の柱に据えて設定されている点を見逃すことはできない。

　このように現下の情勢を踏まえた道徳性の涵養に向け、これら内容項目の一覧が、学校教育の場で大きな役割を果たすことが期待される

ことを承認する必要がある。その一方で、これら内容項目に基づいて道徳教育を展開するに当っては、次に示す諸点への一定の留意も必要と考える。

その第一が、小学校、中学校いずれにおいても、「美しい」ものへの感動を「気高さ」などに投影させながら、その重要性を、人の力を超えたものへの「畏敬の念」を持つことの大切さとの関連において強調している点についてである。美の普遍性を説くことが必要であることは言うまでもないが、美醜の認識ができることを道徳的な価値原理とすること、「美」を「真」や「気高いもの」などと正の側面から結び付けて指導することに対しては、美や「気高さ」などの概念が個人の審美観や世界観・宗教観などの主観的要素に作用される面が少なくないことに鑑み、その指導に当たっては謙抑的態度が求められる。加えて、そこでは、「美」の規格には当てはまらない「形状」や「心根」に対する思いやりの感性を育むこと、そうしたものの中にこそ真に守るべき価値がある場合もあることに思いを至らせるような指導も必要である。

第二は、現行学習指導要領が憲法の基本原理に呼応し、道徳教育の基底に人権の尊重擁護を据えている一方で、社会の秩序を維持し規律を高めるため規範の遵守が不可欠である旨が強調されているきらいがあるという点である。社会ルールを守ることの大切さは一般論として肯定されるべき内容のものである。しかしながら、個人の権利自由の保障・尊重や社会正義の実現と乖離したルールはもはや「法やきまり」足りえないこと、といった民主主義の基本的価値原理の重要性についても、中学校学習指導要領の設定する「社会参画、公共の精神」等に係る内容項目の指導を通じて確固とした理解を図るべきである。その指導に当り、人々の規範意識から遊離し「悪法」の感すらある「法やきまり」に対し民主政の視点からその在り方を検証させるという観点も、そこに含めてこれを行うことが理想である。

第三は、［家族愛、家庭生活の充実］に係る内容項目が、伝統的な家

族像・家庭像を前提に、望ましい家族関係の在り方やそこでの自己の役割を、励行すべき道徳的価値として提示している感が否めないという点についてである（近年、伝統的家族観に基づく民法規定の一部（非嫡出子に対する法定相続分の差別的取扱いに関する規定）に対し、海外の人権擁護組織から我が国政府に勧告等が提示されたことなどを背景に、差別撤廃を内容とする所要の民法改正を余儀なくされた経緯にも思いを致すべきである）。『中学校学習指導要領解説　特別の教科　道徳編』は、その指導に当り「まず、父母や祖父母を敬愛する気持ちをより一層深めることが大切」である旨を強調する。そして同『解説』の記述を見る限り、父母、祖父母に敬慕の念を抱く必要性の所以を、人が「過去から受け継がれてきた生命の流れの中で生きている」ことに求めているようにも見受けられる。これらの説明が、「家」制度を中心に据えた血統主義を基に「父母への尊重報恩の情」を至上の道徳的価値と位置づけた戦前の「修身科」の「本義」への回帰を指向するものでないことは、そこで「今日、家族を取り巻く状況も様々であり、その姿は一様でない」と記していることから理解できる。とは言え、グローバル化の進展等と相俟って、親子の関係や家族形態が多様に変化している昨今の状況を肯定的に捉える視点も大切である。そして、そうした環境・条件の中で生まれ育った子供たちが胸を張って成長し羽ばたいていくためにも、これら子供たちの誇りや人格的尊厳を守ることができるような指導をしていくことが求められる（小学校、中学校の同『解説』のいずれもが、そうした「家族構成」や「家庭状況」を踏まえ、各児童生徒の「実態を把握し十分な配慮」を欠かさないよう求めているが、そうした消極的な対応にとどまらず、より積極的に親子関係や夫婦関係等を含め、多様な家族・家庭の在り方を肯定し受容する指導を行うことが必要な時期にきていると思慮する）。その意味から、現行の内容項目の文言およびその解釈の幅はやや狭きに失するものと考えるものであり、当該内容項目に沿った指導を行うに当り、上

記諸点への十分な配慮が必要となる。

　第四は、郷土愛、愛国心を培うことの大切さが力説されている点についてである。これに関しては、小学校、中学校のいずれの『学習指導要領解説　特別の教科　道徳編』も、児童生徒に培ってもらいたい郷土愛が地域連帯や地域貢献に道を開くものであること、愛国心が偏狭で排他的なナショナリズムを指向したものでは決してなく、「日本人」としての自覚を基礎に国際理解と国際親善の精神を育み、国際平和や国際貢献ができる有為な国際人の育成を目指したものであることを強調している。そうであれば、この内容項目こそ、「道徳科を要」としつつ、「学校の教育活動全体を通じて行う道徳教育」を通しその意識と感性が育まれていくべきものとする道徳教育の基本的要請が最も適切に妥当する項目であると考える。従ってこれら内容項目は、道徳科の授業に偏ることなく、民主政の価値原理と国際協調の精神に即しながら、学校の教育活動全体、とりわけ国語、社会、音楽、美術（小学校では「図画・工作」）、外国語（小学校では「外国語活動」）などの各教科並びに自然体験活動や社会体験活動等を含む「総合的な学習の時間」における様々な機会を捉え、多様な方法でその意識と感性を育んでいくことが必要である。そしていずれの場合であっても、［国際理解、国際貢献］の内容項目に関わる指導を行うに当り、グーローバリゼーションの波が学校・学級の単位にまで波及し、児童生徒やその親／保護者の国籍が多様な分布を呈している場合が少なくないことなどを考慮し、「日本人」としての自覚を喚起する「学び」の機会の提供に当ってはその状況等を勘案し、様々な教育指導上の工夫をすることが求められよう（これらの点については、本書第3講③を併せ参照）。なお郷土愛の涵養に当っては、地域社会との教育上の連携が重要である。

　第五は、［生命の尊さ］に係る内容項目の指導の観点として、『中学校学習指導要領解説　特別の教科　道徳編』が、生命のかけがえのなさや侵し難い尊さを説く中で、私たちが「生かされている」という表

現が用いられている点についてである。多くの人々が「日々生きている」ことに感謝の念を抱いていることに何らの違和感はない一方で、科学を超えた「実存」を信じることのできない人々の中には、こうした信条を肯定できない人も数多くいるものと推測される。道徳教育を通じ、自他の命の大切さを深く自覚させる中で、生きることのすばらしさや自身の人生を生き抜くこと、などその自尊意識を高めることは極めて重要である。そうであればここでは、そうした強く生き抜くことの大切さを語る際の拠り所として、同『解説』が説く「生命あるものは互いに支え合って生き」ていることこそが強調されてしかるべきだと考える。「『ヒト』は必ず誰かから愛されている、誰かがどこかで、困難に横着した人に対しいつでも支援の手をさしのべる用意をしている」ことなどを十分理解させ指導することを通じ、「いじめ」等が原因で自死に向かおうとする子供の命を救うことにもつながるのではないか、と思料する。

④ 学校における重要目標の設定と指導内容の重点化

　学習指導要領は、各学校において、児童生徒の「発達の段階や特性等を踏まえ、指導内容の重点化」を図るものとしている（同要領「第1章　総則　第6道徳教育に関する配慮事項　2」）。また、各学校に対しては、道徳教育の全体計画の作成に当り、児童生徒や学校、地域の実態を考慮しつつ、「道徳教育の重点目標を設定」するよう求められている（学習指導要領「第1章　総則　第6道徳教育に関する配慮事項　1」）。

　学習指導要領は、道徳教育における指導内容の重点化の対象事項を、小学校、中学校の別に定めている。

　このうち小学校については小学校学習指導要領により、学年全体を

通じた重点的配慮事項とともに、第1〜2学年、第3〜4学年、第5
〜6学年に区分けして、各区分の別に次の諸点を提示し項目毎にそこ
での留意点について解説を加えている。

[小学校における重点領域と指導上の配慮事項]
(a)6年間を通じて指導上、配慮すべきこと
　・自立心や自律性、生命を尊重する心、他者を思いやる心、の育成
　　に配慮すること。
(b)第1学年及び第2学年での配慮事項
　・基本的な生活習慣を身に付けること、してはならないことをしな
　　いこと、社会生活上のきまりを守ること。
(c)第3学年及び第4学年での配慮事項
　・善悪を判断し正しいと判断したことを行うこと、身近な人々と協
　　力し助け合うこと、集団や社会のきまりを守ること。
(d)第5学年及び第6学年
　・相手の考え方や立場を理解し支え合うこと、法やきまりの意義を
　　理解し進んで守ること、集団生活の充実に努めること、伝統・文
　　化を尊重し、それらを育んできた我が国と郷土を愛するとともに、
　　他国を尊重すること。

　これに対して、中学校学習指導要領では、中学校は「小学校におけ
る道徳教育の指導内容を更に発展」させるという視点から、5つの重
点領域を定め、その領域毎に指導上の留意点を明らかにしている。次
に、『中学校学習指導料解説　特別の教科　道徳編』に即してそれら領
域と指導上の留意点を提示することとする。

<表3>中学校における道徳教育の重点領域と指導上の留意点

重点領域	指導上の留意点	中学校学習指導要領の内容項目 [見出し]
(1)自立心や自律性を高め、規律ある生活をすること	自己を振り返って深く見つめ、人間としての生き方について考えを深める中で、自立心や自律性を高め、規律ある生活が送れるような指導を行うこと。	・[自主、自律、自由と責任] ・[節度、節制] ・[向上心、個性の伸長]
(2)生命を尊重する心や自分の弱さを克服して気高く生きようとする心を育てること	生命の尊さを深く考えさせ、かけがえのない生命を尊重する心を育成する指導、人間尊重の精神と生命に対する畏敬の念を培う中で豊かな心を育むような指導を行うこと。	・[生命の尊さ] ・[自然愛護]
(3)法やきまりの意義に関する理解を深めること	社会生活を送る上でもつべき最低限の規範意識を身に付けさせるとともに、法やきまりの意義とその遵守の意味を理解させ、社会秩序と規律を自ら高めていこうとする意欲・態度を育てる指導を行うこと。	・[遵法精神、公徳心]
(4)自らの将来の生き方を考え主体的に社会の形成に参画する意欲と態度を培うこと	地域社会が大切な生活の場であるとの認識の下、地域社会の一員としての自覚を深め、社会の形成に主体的に参画しようとする意欲や態度を身に付けさせる指導を行うこと。	・[社会参画、公共の精神]
(5)伝統と文化を尊重し、それらを育んできた我が国と郷土を愛するとともに、他国を尊重すること、国際社会に生きる日本人としての自覚を身に付けること	郷土・国で育まれた伝統・文化への理解を深め、それらを育んだ国・郷土を愛するとともに、他国の習慣・文化を尊重する態度を養うこと。併せ、国際社会の平和と発展並びに地球環境の保全に貢献できる日本人として、主体的に生きようとする態度を身に付けさせる指導を行うこと。	・[郷土の伝統と文化の尊重へ、郷土を愛する態度] ・[我が国の伝統と文化の尊重、国を愛する態度]

※『中学校学習指導要領解説　総則編』に基づき作成。

[中学校における重点領域と指導上の配慮事項]

(a)自立心や自律性を高め、規律ある生活ができるようになること。

・道徳科の授業を通じ、生徒が自己を振り返り自己を深く見つめ、人間としての生き方について考えを深め、生徒の自立心や自律性を高め、規律ある生活が送れるようにすること。

第4講 ● 道徳教育の内容

(b)生命を尊重する心や自分の弱さを克服して気高く生きようとする心
　を育てること。

・人間尊重の精神と生命に対する畏敬の念を培っていくという視点
　に立って、医師などから生命に関する話を聞く機会をもったり、
　生命倫理に関する問題を扱ったりするなど生命の尊さを深く考え
　させ、かけがえのない生命を尊重する心を育てること。

(c)法やきまりの意義に関する理解を深めること。

・法やきまりの意義について理解を深め、社会生活の秩序と規律を
　維持する上で、自身の義務と責任を確実に果たすことの重要性を
　自覚させること。

・社会生活上求められる最低限の規範意識を確実に身に付けさせる
　とともに、民主社会における法やきまりの意義及びそれらを遵守
　することの意味を理解させ、主体的に判断し、社会の秩序と規律
　を自ら高めていこうとする意欲や態度を育てること。

(d)自らの将来の生き方を考え主体的に社会の形成に参画する意欲と態
　度を養うこと。

・地域の人々との人間関係について考え、職場体験活動を通して自
　身の将来の生き方を思い描き、地域についての学習を通して将来
　の社会の在り方を協働して探求し、ボランティア活動等の体験を
　生かすことなどを通じ、社会の形成に主体的に参画しようとする
　意欲や態度を身に付けさせること。

(e)伝統と文化を尊重し、それらを育んできた我が国と郷土を愛すると
　ともに、他国を尊重すること、国際社会に生きる日本人としての自
　覚を身に付けること。

・郷土や国で育まれてきた優れた伝統・文化の価値への理解を深め
　させること。

・そうした伝統・文化を育んできた我が国や郷土を愛するとともに、
　国際的視野に立って、他国の生活習慣・文化を尊重する態度を養

うこと。
・国際社会の平和と発展や地球環境の保全に貢献できる「国家の発展に努める日本人」として、主体的に生きようとする態度を身に付けさせること。

　学習指導要領に基づく中学校段階の重点領域は、小学校高年次（第5学年～第6学年）のそれの発展型として位置づけることができる。ここで、小学校高年次の重点領域との比較で中学校段階の同領域の特質を挙げれば、自立心や自律性を高めるようとするもの、生命の尊さや生命への畏敬の念を育もうとするもの、社会参画への意欲・態度を育てようとするもの、などが中学校固有の重点領域として提示されていることが理解できる。
　ここで、＜表3＞に拠って、中学校の道徳教育での重点領域を内容項目に着目して詳細に見ると、「A　主として自分自身に関すること」の［自主、自律、自由と責任］、［節度、節制］、「C　主として集団や社会との関わりに関すること」の［遵法精神、公徳心］、［社会参画、公共の精神］、［郷土の伝統と文化の尊重、郷土を愛する態度］、［我が国の伝統と文化の尊重、国を愛する態度］、「D　主として生命や自然、崇高なものとの関わりに関すること」の［生命の尊さ］［自然愛護］などがそうした重点指導の対象項目として挙げられる。これらの内容項目を通じ、中学校における重点指導の対象として奨励される道徳教育の特質の概括的傾向として、a)自主性、自律的に自己を省察し実践できること、b)社会の規律を率先して守ることができること、c)地域社会の連携・協働に積極的に取り組むことができること、d)郷土愛や愛国心を高めるとともに、国際理解を深め国際貢献に寄与できること、e)命の尊さを深く理解し、自然愛護の精神を高めること、などに関わる「道徳性」の涵養がとりわけ重視されていることが看取できる。
　さて、学習指導要領は、道徳教育の「全体計画」の作成に当り、児

童生徒や学校の状況、地域の実態などを考慮することを求めるとともに、『学習指導要領解説　特別の教科　道徳編』は、道徳教育に係る指導内容の重点化を図るに当り「学校、地域社会等の実態や課題」に応じてこれを行うことの重要性を強調する。すなわちその学校の児童生徒の実態やその学校が置かれている環境・条件（例えば、その学校が市街地に置かれているのか、過疎地にあるのか、市街地の中でも、住宅地、商業地のいずれに所在するのか、といったこと等）、さらには、当該の学校で最近、何らかの問題事案が発生してはいないか（「いじめ問題」や少年犯罪事件など）などの様々な事案や諸要素を考慮して、学校としての指導上の重点を明確化し「全体計画」に即して所要の指導を行うことになる。従って、道徳教育の指導上の重点化を図るに当っては、学習指導要領の「指導内容の重点化」に係る重点領域を極力重視するとともに、そのなかでも特に指導の重心を置くべき領域を見定めて授業に臨む（例えば、校内で「動物虐待」の事案が発生した場合に、生命の尊さへの道徳的価値を強く喚起するため［生命の尊さ］や［自然愛護］に係る指導を強化するなど）ことを原則としつつ、児童生徒や学校を取り巻く地域社会の実態などの様々な要因を考慮し、重点領域には含まれない他の内容項目をも視野に収めながら、道徳教育における重点指導項目を絞り込むことも可能となる。

　ここで最後に、『中学校学習指導要領解説　特別の教科　道徳編』が、上記重点領域のうち、a）「（1）自立心や自律性を高め、規律ある生活をすること」を内容とする道徳性を育むための指導は、とりわけ「道徳科」の「学び」の場で行うこと、b）「人間としての生き方について理解を深める」ことを目的とする学習／教育は、中学校の全学年を通じ「学校教育のあらゆる機会を捉えて、全ての内容項目と関わるように配慮しながら指導」すること、に留意するよう求めていることを指摘しておきたい。

⑤ 「情報モラル」と関連づけた 「ネットいじめ問題」の指導

　学習指導要領「第3章　特別の教科　道徳　第3　指導計画の作成と内容の取扱い　2（6）」は、児童生徒の「発達の段階や特性等を考慮し、第2に示す内容との関連を踏まえつつ、情報モラルに関する指導を充実」するよう要請する。

　科学技術の発展に伴う情報化社会の到来を背景に、インターネット等を通じてアクセスできる「知」の領域は拡大の様相を呈している。こうした状況を背景に、そのような情報アクセスの仕組みを適切かつ効果的に活用することによって、「知の世界」への扉が開かれ、自ら積極的に真理を探究しようとする態度・志向性を育んでいく中で、それは、人々の創造性を触発・昂進させるにとどまらず、革新的な営みや実践的試行に導く大きな動因ともなりうる。のみならず、自ら認識できる生活空間の幅を広げ、国際理解、国際貢献において積極的な役割を果たすことも期待できる。こうした昨今の情報システムの利便性を考慮すれば、徒にそこでの負の側面を強調しすぎることにより、無用な恐怖心をあおらないようにすることも重要である。

　しかしその一方で、小学校、中学校の双方の現行学習指導要領が、道徳教育を通じて「情報モラル」に係る指導の徹底化を訴えている背景にある様々な教育上の現代的課題が深刻の度を増しつつあることも事実である。

　情報化社会の進展に伴い一人一人が情報端末を持つ今日、情報端末上のアプリを通じ多くの人々の間での情報を目的としたSNSに代表されるオンラインサービスは、Webサイトやスマートフォンアプリを用いることで誰もが利用可能となっている。

　こうした人々の間での情報交流・共有の仕組みがインターネット上に構築されることにより、不特定多数の人々を含む他者との交友の場が広がる、広範多岐に亘る莫大な情報の共有が可能となる、最適のタ

イミングで最新情報の獲得・交換を可能ならしめる、など多くの利便性を人々にもたらしてきた。しかしその一方で、元には戻せない不可逆的な個人情報の流出に加え、ネット空間の中で、現実を超えて「自己」をよく見せようとし「理想型としての自分」を現出させ、時として人を欺くような行為にはしってしまう、故意若しくは過失によって、特定個人を誹謗中傷する内容の情報拡散を許してしまう、などの負の側面が指摘されているほか、「ソーシャル・ハラスメント」、「性被害」などの反社会的事案・事件が発生する温床ともなっている。こうした中、子供たちの間でのインターネット上の匿名性を悪用した「なりすまし」によるいじめ、友人・知人関係をつなぐ情報端末上のアプリの場での「無視」、「暴言」などによるいじめなど「ネットいじめ」が、教育上の大きな社会問題として急浮上してきている。

　上述のような状況を踏まえ、『学習指導要領解説　特別の教科　道徳編』は、情報教育を「学校の教育活動全体で取り組むべきもの」としつつ、「道徳科においても同様に、情報モラルに関する指導を充実」する必要性を強調する。併せて、同『解説』は、「道徳科は、道徳的価値の理解を基に自己を見つめる時間であるとの特質を踏まえ、例えば、情報機器の使い方やインターネットの操作、危機回避の方法やその際の行動の具体的な練習を行うことにその主眼をおくのではない」旨の注意喚起を行っている。

　このうち、前者の情報教育を「学校の教育活動全体で取り組む」ことの意について、「総合的な学習の時間」での探求的な学習の過程で「コンピュータや情報通信ネットワークなどを適切かつ効果的に活用して、情報を収拾・整理・発信」するなどの学習活動が適切に行われる」ための工夫を講じること（学習指導要領「第4章　総合的な学習の時間　第3　指導計画の作成と内容の取扱い　2（3）」）や、「特別活動」において「目標をもって、生き方や進路に関する適切な情報を収集・整理し、自己の個性や興味・関心と照らして考える」こと（中学校学

習指導要領「第5章　特別活動　第2　各活動・学校行事の目標及び内容　2（3）ウ」）、など、これら正課教育の中で、情報機器の適切かつ効果的な活用のための教育や情報モラルに関する実践指導を行う必要性が示されている。

　一方、上記後者の趣旨について言えば、道徳科の授業の目的が道徳的価値への認識・理解を基礎とした道徳性を育むことにあることを踏まえ、そこでの指導は、「情報モラル」そのものの理解に注力させるものでなければならないとされている。このことは、道徳科の指導により、a）道徳的価値について認識・理解する、b）広い視野から多角的に省察し、自身についての考えを深める、c）道徳実践につながる判断力、心情、意欲・態度を育てる、という「『道徳性』を育むための資質能力の3要素」に係る「学び」の基軸が「情報モラル」に関する道徳教育上の指導にも妥当することを意味している。従って、「情報モラル」に係る道徳科の指導においては、不特定多数の人々との意思交流を目的とするインターネットの活用に随伴する負の側面への理解を踏まえ、それと境を接する人間尊重、個人の人格権・人格的利益の保護、など様々な道徳的諸価値への気づきを嚆矢に道徳性を育むための指導を多角的な視点から展開することが求められることになる。

　ところで、小学校、中学校のいずれの『学習指導要領解説　特別の教科　道徳編』も、「情報モラル」を「情報社会で適正な活動を行うための基となる考え方と態度」と意義づけた上で、道徳科の授業では、とりわけ「情報社会の倫理」、「法の理解と遵守」といった内容を中心に扱うことを提案する。

　このうち、後者の「法の理解と遵守」の学習においては、その不適切な利活用が時として、個人の尊厳や人格権などの基本的人権の侵害につながる危険性にとどまらず、それが名誉毀損、肖像権侵害、業務妨害などの具体的な法令違反に及びかねないことをしっかりと理解させる指導が行われる必要がある。また、そこでは、単に法規の遵守に

132

第**4**講 ● 道徳教育の内容

照準化した道徳的価値の理解へと子供たちをいざなうにとどまらず、なぜ法がそうした行為を禁止しているのか、という法の保護法益（例えば、人の心の「安寧」の確保、「自己及び自己の生活を衆目にさらされない」という視点からのプライバシーの保護、自己の姿・写真を拡散させないという視点からの肖像権の保護、自身の情報に対する自己コントロール権、などの憲法13条の保障する「幸福追求権」に根拠づけられた人格的利益等）と関連づけて、情報モラルと遵法精神に係る指導を行うことも大切である。

　また前者の「情報社会の倫理」に係る指導に当っては、情報モラルの中に包含される道徳的課題を、学習指導要領が設定する様々な「内容項目」の提示する多角的な道徳的価値と関連づけながら、児童生徒にそこに内包された課題を省察させ、道徳的実践につながる判断・心情、意欲等を育むことが指向されるべきである。そうした指導は、中学校学習指導要領の内容項目で言えば、差し当たり［自主、自律、自由と責任］、［思いやり、感謝］、［礼儀］、［友情、信頼］、［相互理解、寛容］、［遵法精神、公徳心］、［よりよい学校生活、集団生活の充実］、［生命の尊さ］などを通じて行うことが考えられる。そして、これら内容項目のほか、他の項目も活用しながら、若しくはこれら内容項目を横断させたり統合させるなどの工夫を施しながら、多面的、重層的視点から、道徳性を育むための指導を効果的に行うことが必要となる。そのための指導上の工夫としては、道徳科の「学習指導過程」を構成する「展開」の段階で、その授業回で扱う内容項目と関連づけながら、「ネットいじめ」等の事案を手掛かりに道徳的価値の省察を更に深めさせる等の方法を採ることなどが考えられる（「道徳科の学習指導過程」の説明については、第6講④を参照のこと）。

　また、SNSなどを使って情報のやりとりをする過程で生じたトラブルや「いじめ」の実情を肌で感じているのが、実は児童生徒一人一人である場合も少なくない。情報交換・交流の相手方の匿名性の確保を

133

前提に、そうした個々の児童生徒の体験談を道徳科の指導に活かして
いくことも大切である。

　情報社会の進展に呼応するかのようなインターネットの普及に伴
い、今日、児童生徒は、多様なコミュニケーション手段を日常的に駆
使して顔の見えない他者と情報の交換・交流を頻繁に行っている。こ
うした状況の中で、「ネットいじめ」の発生頻度は、更に高まっていく
ことも予想される。「ネットいじめ」がネットという「仮想空間」で行
われるとは言えそれは現実の世界と確実につながっていること、「い
じめ」の加害者とは、その行為に直接手を染めている者にとどまらず
「中立」立場を装っている者や「傍観者」までもが間接的な加害者であ
ることが少なくないことに加えて、そうした間接加害者の範囲が際限
なく広がる危険がこの種のいじめに潜んでいること、を私たちは忘れ
るわけにはいかない（なお、そうした行為が収拾のつかない段階に達
し、被害者に心身が害される危険が差し迫っていると判断される場合、
学校は外部の関係諸機関と連携して迅速に事態に対処する必要がある
ことは言うまでもない）。

⑥ 現代的課題に対処するための「内容項目」に即した指導の在り方

　道徳教育、とりわけその要となっている道徳科の指導において、従
来の内容項目では対応の難しい新たな課題並びに科学技術の進展や社
会構造の急激な変化を背景に、これまでの内容項目の枠組みに収まり
きれない課題に向き合うことが不可避的な状況になりつつある。ここ
では、こうした新たな課題に対し、学校教育が総力を挙げて取組むべ
き教育上の課題の中で、道徳教育に対して一定の役割が与えられてい
る事項について、如何なる指導によってどのような道徳的な気づきを
もたらすことが企図されているのかを見ていくこととする。

第**4**講 ● 道徳教育の内容

　今日、国による文教政策上の要請等による後押しもあり、学校現場
では、「特別活動」などの機会を捉えて、食習慣に関する指導、健康教育・
保健学習、生活改善、防犯学習など様々な実践指導に係る教育が行わ
れている。それらは、児童生徒の社会の成員としての役割や将来のキャ
リア等を見据え、自身や家族、集団全体が共有すべき安全で安心でき
る家族生活並びに社会生活を送る上で必要な知識や心構えを育むこと
を目的としている。そしてそこでは、「望ましい生活習慣」や「充実し
た家族生活」さらには、「自身の役割と責任」を自覚し協働で「集団生活」
を送ることの大切さを道徳的価値として措定する学習指導要領の内容
項目と関連づけることにより、その指導がより高い効果を発揮できる
ものと認識されている。

　以上の視点から、小学校、中学校いずれの『学習指導要領解説　特
別の教科　道徳編』も、「食育、健康教育、消費者教育、防災教育、福
祉に関する教育、法教育、社会参画に関する教育、伝統文化教育、国
際理解教育、キャリア教育」などを例に挙げ、これら教育課題につい
て、各教科、「総合的な学習の時間」、「特別活動」などとの関連の中で、
「様々な道徳的価値の視点」に立って学習を深めていくための工夫を講
じることを求めている。

　また、2013（平25）年の「障害を理由とする差別解消の推進に関す
る法律」の制定を契機に、小学校、中学校のいずれの『学習指導要領
解説　特別の教科　道徳編』も、障害の有る無しに拘わらず「互いの
よさを認め合って協働していく態度」を育てるための道徳指導上の工
夫を図るよう要請する。

　さらに、小学校段階の道徳教育では、特に中学校への道徳性の継承・
発展を確保していく視点から、「規則の尊重」などのほか、主権者とし
て自立的に行動し、地域社会の課題解決のために主体的に行動する力
を育むような指導を行うことを求めている。

　ところで、中学校学習指導要領「第3章　特別の教科　道徳　第3

指導計画の作成と内容の取扱い　2（6）」は、上に見た「情報モラルに関する指導」の充実の必要性に言及した後に、道徳教育の役割の一として「科学技術の発展と生命倫理との関係や社会の持続可能な発展などの現代的な課題の取扱いにも留意し、身近な社会的課題を自分との関係において考え、その解決に向けて取り組もうとする意欲や態度を育てるよう努める」指導の実施を求めている。これを受けて、『中学校学習指導要領解説　特別の教科　道徳編』は、学術の発展や科学技術の進展に伴い惹起されている「生命倫理」や「社会の持続可能な発展」をめぐる解決課題にも真正面から向き合い、そこで守られるべき道徳的価値についてしっかりと理解させ、自身の考えを深めていく指導を行うことの必要性を強調する。

　さて、学術の発展や科学技術の進展は、人々の生活に大きな変化をもたらしつつも、生活上の利便性をこれまで以上に加速させている。しかしながら、「飢餓と貧困」から解き放たれた豊かな国際社会の実現を名目とした諸種の開発行為、人口知能（AI）、仮想現実（VR）、拡張現実（AR）などの新たな技術革新に伴う産業構造や人々の社会生活の劇的変容、ICTやIOTなどの情報通信手段の発展に伴うビジネス環境の変貌とそれらを基礎とした貨幣経済システム、商取引に係るシステム（契約行為に係るものを含む）の制度改変、生殖医療の発達等を誘因とする生命倫理に係る問題の惹起、などそれらは、快適な暮らしや環境の実現、「命」の営みの持続への飽くなき探求と引き替えに、地球環境の保全の在り方を抜本的に見直す必要性とともに、誰もが普遍的・不可侵的に共有できるはずの「ヒト」の人格権・人格的利益、生命の尊厳等の意義を根本から問い直すような大きな倫理的課題を私たちに突きつける事態となっている。このほか、グローバル化の進展に伴い、我が国の民族・文化に係る社会の人口構造が急激に多層化の様相を呈しつつある中、人々の多様な文化・生活習慣や信条等を認め合うための道徳教育の充実策も喫緊の検討課題である。

これらの新たな現代的課題においては、そうした革新に伴って登場する新たな「価値」と、失われ若しくは衰亡の危機に瀕する伝統的な「価値」の調和的共存は可能なのか、いずれかの選択が私たち人類の栄えある発展と幸福につながるのか、ということについて、見解が対立し深い葛藤がもたらされることもしばしばである。『中学校学習指導要領解説　特別の教科　道徳編』は、こうした課題を道徳的価値との関連において、道徳教育で取り上げることが期待される内容項目として、[相互理解、寛容]、[公平、公正、社会正義]、[国際理解、国際貢献]、[生命の尊さ]、[自然愛護]の5点を挙げている。

　以上のような現代的な課題に対応させた道徳教育の展開に当り、『学習指導要領解説　特別の教科　道徳編』は、a)児童生徒が、これら課題を自己との関係で捉え、解決に向け考え続けようとする意欲と態度を育むような指導を行うこと、b)児童生徒の発達段階に応じ、それに見合った課題を積極的に取り上げること、c)多様な見方・考え方の存在を理解させ、答えが定まっていない問題を多面的・多角的な視点から考える姿勢を育むようにすること、d)「c)」との関連において、性急に結論を迫ったり、特定の見方・考え方に偏った指導を行わないようにするとともに、自身と異なる考えや立場にも理解を深めることができるような指導を行うこと、などの諸点に配慮するよう要請している。これら一連の配慮事項は、上に見た「情報モラル」に係る指導の際にも妥当する。

〈主要参考文献〉

・柴原弘志・荊木聡『[中学校新学習指導要領]道徳の授業づくり』(2018.7　明治図書)

・天笠茂監修/第一法規編集部編『[中学編]改訂学習指導要領×中央教育審議会答申』
　(2017.5　第一法規)

・「考え、議論する道徳」を実現する会『考え、議論する道徳を実現する』(2017.6
　図書文化)

・永田繁雄監修『[平成29年版]学習指導要領改訂のポイント　(小学校・中学校)特
　別の教科　道徳』(2017.4　明治図書)

・早田幸政『教育制度論』(2016.4　ミネルヴァ書房)

・永田繁雄編著『小学校　新学習指導要領の展開　特別の教科道徳編』(2017.12　明
　治図書)

・柴原弘志編著『中学校　新学習指導要領の展開　特別の教科道徳編』(2016.11　明
　治図書)

・松下良平編著『道徳教育論』(2014.4　一藝社)

・佐野安仁・荒木紀幸編著『[第3版]道徳教育の視点』(2012.6　晃洋書房)

・田沼茂紀『人間力を育む道徳教育の理論と方法』(2011.4　北樹出版)

・赤堀博行『道徳教育で大切なこと』(2010.7　東洋館出版社)

・広岡義之編著『新しい道徳教育―理論と実践―』(2009.10　ミネルヴァ書房)

・行安茂『道徳教育の理論と実際―新学習指導要領の内容研究―』(2009.9　教育開
　発研究所)

138

道徳教育の指導計画

　今日、学校が道徳教育の担い手であることに異存は無いでしょう。そこで、学校は、そうした社会の負託に応えて、道徳教育を系統的に進める必要があります。また、学年毎にどの学級も、道徳の指導を他学級と同じように進めていくことが求められています。

　その意味から、道徳教育の指導計画をきちんと立て、それに沿った実際の指導／学習の実施が大切です。また、計画通りに進め、所期の効果を上げることができたかどうかの検証・評価も、今後の指導改善に役立てる上で重要です。

　そこで本講の学習に当たっては、次のテーマに留意してください。

- 道徳教育の「全体計画」には何を記述し、その作成に当りどのような点に留意すべきなのか。
- 道徳科の「年間指導計画」には何を記述し、その作成に当りどのような点に留意すべきなのか。
- 学校における道徳教育及び道徳科の指導の改善に向け、学校としてどのような計画実行の評価に取組むべきか。

　本講の一連のテーマを考えるに当っては、「計画の策定」→「実行」→「評価」→「評価結果に基づく改善・向上」というPDCA循環サイクルの存在を念頭に置いてください。

第**5**講

道徳教育の指導計画

① 道徳教育の指導計画の意義

　道徳教育の目標は、「道徳科」を要として、学校の教育活動全体を通じて達成されなければならない。その目標の達成のため、系統性の確保された計画に即した教育上の取組が求められる。すでに見てきたように、学校教育法施行規則の諸規定により、学校の教育課程は、学習指導要領によって展開される（同法施行規則第52条、同第74条）。

　そして、各教科、道徳教育の指導のいずれもが、学校単位で作成される計画書に基づいて実施される。もっとも、教科指導が、教科毎に定められた標準授業時数に即して行われるのに対し、道徳教育の場合は、道徳科に充てられた標準授業時数と併せ、学校の教育活動全体を通して児童生徒の道徳性の涵養を図ることを制度化している点で、教科指導の場合とは異なっている。そこで、道徳教育の実施に当っては、学校の教育活動全体で行う道徳教育の指導計画とともに、道徳科における毎週の授業の指導内容とその年間工程を具体的に示した指導計画の双方が必要とされる。前者の指導計画が、学校の道徳教育の基本計画として位置づけられている「道徳教育の全体計画」であり、後者が「道徳科の年間指導計画」である。

② 道徳教育の全体計画

（1）「全体計画」の意義とその有効性

　『学習指導要領解説　総則編』は、道徳教育は、各学校が設定する「道徳教育の基本方針」を中軸に、全教育活動を有機的に関連させながら

進めるべきものとする。児童生徒の豊かな人間性を育み道徳的実践力を涵養するものとして道徳教育を展開させるためには、各教科等を含む教育の領域毎に完結したものとしてではなく、a)各教科等の中でなされる道徳教育において十分に取り扱うことのできない道徳的価値に関わる指導を補う、b)児童生徒や学校の実態などを踏まえ指導を深めていく、c)相互の関連を捉え直したり発展させたり統合させたりすることに留意して指導を行う、といった役割を担う「道徳科」を軸に全体として系統性、一貫性を保ったものとして行われる必要がある。

　そのためには、a)各学校がどのような基本方針の下、多様な教育活動の中で道徳教育を行い、それらが「道徳科」の中に総合され収斂されるのか、b)それらを通じて、如何にして学校が標榜する道徳教育の目的・目標を達成しようとするのか、c)その目的・目標を達成するために、家庭や地域社会とどのように連携していくべきか、が予め計画的に構想されていることが大切である。『学習指導要領解説　総則編』は、「道徳教育の全体計画」を、「学校における道徳教育の基本的な方針を示すとともに、学校の教育活動全体を通して、道徳教育の目標を達成するための方策を総合的に示した教育計画」と定義づけているが、それは上記のような趣旨において理解されるべきである。同『解説　総則編』は、「全体計画」を上のように意義づけた上で、その有効性を次の諸点に求めている。

(a)人格の形成、国家・社会の形成者として必要な資質の育成を図る場として、各学校の特色や実態及び課題に即した道徳教育が展開できる。
(b)学校における道徳教育の重点目標を明確にして推進することができる。
(c)道徳教育の要としての「道徳科」の位置づけや役割が明確になる。
(d)全教師による一貫性のある道徳教育が組織的に展開できる。
(e)家庭や地域との連携を深め、保護者や地域の人々の積極的な参加や協力を可能にする。

上記5つの視点に見られるように全体計画の有効性、利点として、a)各学校の特色やその置かれている諸条件を踏まえた課題に即した道徳教育の展開が期されること、b)道徳教育の基本方針や重点目標を見据えた道徳教育の実施が可能になること、c)学校毎に行われる道徳教育の中での「道徳科」の位置づけが明確に認識できること、d)全教師参加型の組織的かつ系統的な道徳教育の展開が担保できること、e)学校を軸に行われる道徳教育への家庭や地域社会への参画の期待と見通しを立てることができること、などの諸点が挙げられる。

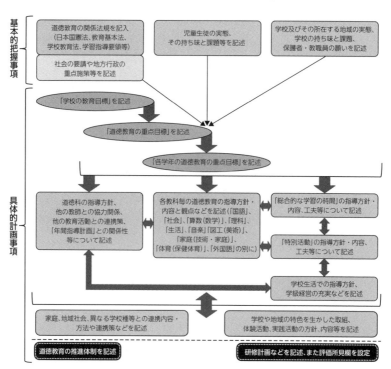

<図3>道徳教育の全体計画＜構造（例）＞

第5講 ● 道徳教育の指導計画

（2）全体計画の内容

　全体計画は、学校単位毎に標榜する道徳教育の目標の達成に向けた基本方針を示すとともに、学校の教育活動全体を通じた道徳教育の年次横断的な基本構想であることから、そこには、当該学校の道徳教育の方向性を基礎づける基本的事項とともに、道徳教育の目標の達成に向けた戦略上の視点が具体的に示されていることが必要である。『学習指導要領解説　総則編』が、「全体計画」に盛り込む内容を、概念上、「基本的把握事項」と「具体的計画事項」に区分している所以である。

　次に、その両者のそれぞれについて、同『解説　総則編』に即してその中身を列記するとともに、同じく同『解説　総則編』を参考に適宜簡単なコメントを付すこととする。なお、そこで示された諸事項は、全体計画中に盛り込むことを高度に要請されるものであるとともに、各学校の判断で独自の事項を追加設定し所要の記載をすることを妨げるものではない。

①基本的把握事項

(a)教育関係法規の規定、時代や社会の要請と課題、教育行政の重点施策

　「教育関係法規の規定」とあるが、個別規定まで列記の必要はなく、関係法令、条文名等の記載で足りる。ここに言う「課題」とは、社会的要請に即した課題のことである。「教育行政の重点施策」中の「教育行政」とは、地方教育行政を踏まえたものである必要がある。

(b)学校や地域の実態と課題、教職員や保護者の願い

(c)児童の実態と課題（『中学校学習指導要領解説　総則編』では、「生徒の実態や発達の段階等」）

　児童生徒の実態とその課題を記すに当っては、その道徳性を規定づけている要因の把握を中心に、「優れた部分」と「課題の指摘」のバランスに配慮するものとする。

143

②具体的計画事項(上記「基本的把握事項」を踏まえたものであること)
(a)学校の教育目標、道徳教育の重点目標、各学年の道徳教育の重点目標

　「学校の教育目標」とは、それぞれの学校の教育活動・教育指導に関わる全体の目標を意味する。「道徳教育の重点目標」の明確化に当っては、それが学習指導要領の定める道徳教育の「目標」並びに「学校の教育目標」と整合したものであることが求められるほか、児童生徒の発達段階に応じた実態に十分配慮したものであることが要請される。

(b)「道徳科」の指導の方針

　「道徳科」の指導方針は、各学校の道徳教育の重点目標並びに各学年の道徳教育の重点目標を踏まえたものとなっていなければならない。ここでは特に、「年間指導計画」を作成する際の観点や道徳教育の重点目標に関わる内容の指導上の工夫、校長や教頭等の参加、他の教師との連携関係の中での指導等について記述するものとする。

(c)年間指導計画を作成する際の観点や重点目標に関わる内容上の工夫、校長や教頭等の参加、他の教師との協力的な指導(『中学校学習指導要領解説　総則編』は、これを「(b)道徳科の指導の方針」中に記載するものとする)。

(d)各教科、外国語活動、総合的な学習の時間及び特別活動などにおける道徳教育の指導の方針、内容及び時期(中学校の場合、「外国語」は「教科」の位置づけなので、この文言は存しない)。

　各教科における道徳教育の方針・内容・時期の記載に当っては、道徳教育に関わる学校の重点目標や学年の重点目標を踏まえ、それぞれの教科指導を通じどのような「道徳性」を育もうとするのかが明確化されることが求められる。具体的に見ると、ここでは、重点目標・重点内容項目との関連性や各教科等の指導計画を作成するに際しての道徳教育の観点に加え、各教科等の方針に依拠して進める「道徳性」の涵養を図るための教科指導等の内容及び時期を整理して提示する。

(e)特色ある教育活動や豊かな体験活動における指導の方針、内容及び

144

時期（『中学校学習指導要領解説　総則編』では、「特色ある教育活動や豊かな体験活動における指導との関連」）。

学校や地域の特色を生かした取組や児童生徒への指導との関連性、職場体験活動、ボランティア活動、自然体験活動など児童生徒の内面に影響を及ぼすような道徳性の涵養に関わる豊かな体験活動との関係性、などを記述する。

(f)学級、学校の人間関係、環境の整備や生活全般における指導の方針

『学習指導要領解説　総則編』は、この項で「日常的な学級経営を充実させるための具体的な計画等を記述する」よう求めている。同『解説』の記述には、学校における道徳教育を「方針」等に即し系統的に展開していく上で、「全体計画」に基づき、個々の学級の道徳教育に係る指導を効果的に進めていくための方途を検討・策定する必要性が含意されている点に留意しておく必要がある。

(g)家庭、地域社会、関係機関、他の学校（小学校・高等学校・特別支援学校等）との連携の方針

学校が道徳教育を推進していくに際しての家庭や地域社会、異なる学校種等との連携策を具体的に明示することが求められる。『中学校学習指導要領解説　総則編』は、そこで、道徳教育講演会、道徳科の授業公開、地域教材の開発・活用、広報活動、保護者や地域の人々の積極的な参加や協力を得るための具体的な計画や方策、小学校・高等学校・特別支援学校等との連携方針などを記述するよう求めている。

(h)道徳教育の推進体制

「道徳教育推進教師」を含む学校の全教師による道徳教育の推進体制等を示す。

(i)その他

この部分（もしくは別建て）で、各学校の判断で建てた独自事項に即した記述が展開される。『学習指導要領解説　総則編』は、ここに記述する事柄として、次年度の計画に生かすための評価の記入欄、研

145

修計画、重点的指導に関する添付資料などを挙げている。とりわけ「計画の改善につなげるための評価所見記入欄」については、同『解説 総則編 第3章 第6節(2)(ウ)「全体計画作成上の創意工夫と留意点」(カ)』において、「全体計画」作成に当って留意すべき事項の一つとして、「計画の実施及び評価・改善のための体制を確立」することが挙げられている。そこで、計画の改善を目的とした評価の実施に向けた体制に関する記載を求めているとみられることから、これを計画の中に含めることが特に要請されていると考えねばならない。また、『学習指導要領解説 総則編』は、作成した「全体計画」について、「家庭や地域の人々の積極的な理解と協力を得るとともに、様々な意見を聞き一層の改善に役立てるために、その趣旨や概要等を学校通信に掲載したり、ホームページで紹介したりするなど、積極的に公開」することを強く推奨している。

(3)「全体計画」作成上の創意工夫と留意点

　道徳教育を効果的に行うためには、学校全体の教育目標や道徳教育の重点目標の具体的実現に向け、道徳教育推進を主導する校長、その核となる道徳教育推進教師並びにその他の教員を軸に、全教育活動における各教科や「道徳科」等の責任と役割分担を全ての教師が共有し、全員一丸となってその営為を進めることが必要である。2019(平28)年7月の道徳教育に係る評価等の在り方に関する専門家会議「『特別の教科 道徳』の指導方法・評価等について (報告)」は、この点に着目し、道徳教育の「全体計画の作成に当たっては、校長や道徳教育推進教師のリーダーシップの下にカリキュラム・マネジメントの観点から組織的な取組」を行うことの必要性を力説する。従って、学校の道徳教育の道標となる全体計画の作成に当っては、道徳教育を牽引する中軸的な教員の下で、そうした道徳教育の効果的実施を担保できるよう、これを具体的に推進できる教育指導体制を整えるとともに、全て

の教師が創意工夫をしながら作業に当たることが求められている。

『学習指導要領解説　総則編』は、そうした工夫と留意点として以下の諸点を列記している。

(a)校長の明確な方針の下に道徳教育推進教師を中心として全教師の協力・指導体制を整える。

　校長のリーダーシップの下、道徳教育推進教師を中心とする全教師が全体計画の作成に主体的に参画できるようにするためには、学校内の様々な分掌組織との連携関係の中で、道徳教育推進のための協力・指導体制を整え、これに計画的に取り組むことが大切とされる。

(b)道徳教育や道徳科の特質を理解し、教師の意識の高揚を図る。

　道徳教育と道徳科への理解を深め、それらへの意識の高揚を図る上で、関係する教育法規や教育課程の仕組み、時代や社会の要請、児童生徒の実態、保護者や地域の人々の意見等について十全な研修を通じてその知識を育み、教師自身の日常的な指導の中で課題を明確化させていく機会が確保されることが重要とされる。

(c)各学校の特色を生かして重点的な道徳教育が展開できるようにする。

　全体計画の作成に当っては、a)学校や地域の実態を踏まえ各学校の課題を明らかにすること、b)道徳教育の重点目標や各学年の指導上の重点を明確にすること、が大切とされる。その上で、各学校はその各々の実態に合わせ、学習指導要領「第3章　特別の教科　道徳　第2　内容」に掲記の一連の内容項目の指導の充実策について工夫することの必要性を強調する。

(d)学校の教育活動全体を通じた道徳教育の相互の関連性を明確にする。

　各教科、総合的な学習の時間及び特別活動（小学校はこれらに加え「外国語活動」も）を通じて営む道徳教育に対し、道徳科が「道徳教育」の要としての役割を果たせるよう、計画上の工夫をすることが必要とされる。加えて、全体計画中に体験活動を組み込むことを通じ、体験

活動で得た道徳的価値への気づきや道徳的実践が道徳科の教育の有為性を一層高めるようにしていくことが大切であるとされる。こうしたことからとりわけ、道徳教育の「全体計画」の作成に当たっては、自己への理解を深め将来の生き方を考えさせること等を目的に社会体験活動などを介して営まれる「総合的な学習の時間」及び健全な生活態度や課題に立ち向かうことのできる実践的態度を養うこと等を目的に学級活動、児童会・生徒会活動や学校行事などを通じて営まれる「特別活動」との関係性を重視し、道徳科を要に各教科等で育んだ道徳的価値を「総合的な学習の時間」、「特別活動」などの場での実践活動を「道徳的実践」へと連結させるための教育的配慮について一定の見通しを立てておくことも重要である。

(e)家庭や地域社会、学校間交流、関係諸機関などとの連携に努める。

　全体計画の具体的な実施に当り、保護者や地域の人々の協力が不可欠であることはもとより、異なる学校種との交流の中で共通の関心事を基に指導を行い、さらには福祉施設、企業との連携等も必要であることから、それらの活動を円滑に進められるような体制構築の工夫も必要とされる。

(f)計画の実施及び評価改善のための体制を確立する。

　学校における道徳教育の基本を示す全体計画の頻繁な変更が適切でない一方で、評価結果を踏まえ、改善の必要性に応じこれを実行に移す体制を整えておくことも大切とされる。そのために、道徳教育推進教師を中心とした全教師参加の指導体制の構築、全体計画に「次年度の計画に生かすための評価欄」『中学校学習指導要領解説　総則編』などを加えることが推奨されている。関連して、「校内の研修体制を充実させ、全体計画の具体化や評価、改善に当たって必要となる事項についての理解を深める」必要性が強調されている。

第5講 ● 道徳教育の指導計画

③「道徳科」の「年間指導計画」

(1)「年間指導計画」の意義と有効性

　ここに言う「年間指導計画」は、学校における道徳教育の要である「道徳科」の指導が児童生徒の発達段階に応じて計画的、発展的に行われるよう、各学校における道徳教育の「全体計画」に基づいて策定される全学年に亘る年間の指導の大要である。

　年間指導計画の目的は、a)学習指導要領の示す道徳科での指導内容について、各学校の重点内容項目や児童生徒の実態、多様な指導方法等を考慮して、学年毎に主題を構成すること、b)その主題を年間に亘って適切に位置づけ配列し、学習指導過程等を示すこと、による円滑で効果的な授業を確保すること、にある。「道徳科」の「年間指導計画」は、上のようなものとして意義づけられるが、『学習指導要領解説　特別の教科　道徳編』は、その意義を次の諸点に求めている。

(a)6年間（中学校は3年間）を見通した計画的、発展的な指導を可能とする。

　児童生徒、学校や地域の実態に応じ、年間に亘りまた6年（3年）を見通した重点的指導や内容項目間の関連を重視した指導を可能とする。

(b)個々の学級が「道徳科」の「学習指導案」を立案する際の拠り所となる。

　道徳科の授業は、年間指導計画に依拠して実施することが基本である。そして各学級の児童生徒の実態に即し、年間指導計画における主題の構想を具体化し、学習指導案を具体的に考案する拠り所となる。

(c)学級相互、学年相互の教師間の研修の際の手掛かりとなる。

　年間指導計画を踏まえ、授業前の指導方法等を検討し、情報交換を行い、授業参観をし合う際の基本情報としての役目を果たさせることができる。

149

（2）年間指導計画の内容

　学校全体で行われる道徳教育の要であり各教科等の架橋となって、豊かな道徳性を育みこれを道徳的実践意欲や実践力につなげることが目指される「道徳科」がその所期の目的を完遂する上で、児童生徒の発達段階に応じた計画的な授業の実施を可能とする年間指導計画が策定されることが必要不可欠である。

　年間指導計画は、各学校において校長が明確にした道徳教育の基本方針の下、道徳教育推進教師を中心とする全教師の参画を得て構築される指導体制の下で策定される必要がある。またそれは道徳教育の「全体計画」に即し、各学年別、各学級別に個別に展開される「道徳科」の授業の具体的な道標となるものでなければならない。

　『学習指導要領解説　特別の教科　道徳編』は、以上の点の確認の上に立って、年間指導計画に明記することが望まれる事項として次の諸点を挙げている。なお、全体計画の場合同様、各学校の判断で独自の事項を追加設定し所要の記載をすることを妨げられるものではない。

①各年度の基本方針

　全体計画に盛り込まれた学校の教育目標や道徳教育の重点目標、各学年の道徳教育の重点目標を踏まえた上で、同じく全体計画に掲記された「道徳科」の指導方針に即し、学年毎の「道徳科」における基本方針が具体的に明示される。

②各学年の年間にわたる指導の概要

(a)指導の時期

　学年毎の「道徳科」の実施予定時期を記載する（『中学校学習指導要領解説　特別の教科　道徳編』はこれに加え、「学級毎」の実施予定時期の記載を求めている）。

(b)主題名

　「道徳科」の「主題」とは、その指導に当っての「ねらい」とそのため

の「教材」をどう選定しこれを如何に活用していくかが「指導のまとまり」として示されたもので、「ねらい」とその達成のために用いられる「教材」の2つで構成される。ここには、上記「ねらい」と「教材」で構成される「主題」を、授業の内容が概観できるよう端的に表したものとして記述される。

(c)ねらい

　道徳科の内容項目を基に、「ねらい」とする道徳的価値や道徳性の様相を端的に表したものが記述される。

(d)教材

　教科用図書のほか、授業で用いる副読本等の中から、指導の際に用いる教材の題名が記される。なお、出典等の併記も必要である。

(e)主題構成の理由

　「ねらい」を実現するため、なぜその「教材」を用いることとしたのか、その理由が記される。

(f)学習指導過程と指導の方法

　予め設定した「ねらい」を実現するため「教材」をどう活用しようとするのか、どのような学習指導過程や指導方法で学習を進めていくのか、が記述される。

(g)他の教育活動等における道徳教育との関連

　道徳科の授業で取り上げる道徳的価値に関連して「総合的な学習の時間」や「特別活動」その他の教育活動においてどのような指導が行われるのか、日常の学級経営の中で如何なる配慮がなされるのか、が記される。

(h)その他

　ここでは、校長その他の教師の参加・協力の下での指導計画や保護者・地域の人々の参加等の予定・計画などが記されるほか、複数時間に亘って取り上げる内容項目に係る各時間で行う指導の相互関係、等を示すことが例として挙げられる。なお、全体計画の場合同様、そこ

151

に計画の改善に関わる事項（評価に関わる事項）を備考欄に記述することなどが考慮されてよい。

<表4>「道徳科」の年間指導計画（抄）（例）

「道徳科」の年間指導計画			
	□□□□□□□□		
月	3	週	2
主題名	いのちをつなぐ	内容項目	□中 D- (1)
ねらい	「命」の営みが継承されるものであることをあらためて認識し、「生」がかけがえのないものであるという心情を育む。	教材名 （出典）	クロマツ いせひでこ 『わたしの木、こころの木』 （平凡社、2014）
主題構成の理由	震災により根こそぎ流され朽ちゆく倒木の許を訪れる人の移ろいの中で、その倒木の目を通して、「命」と「生」の営みのダイナミズムと「死」へと向かうものの心の動きについて考えることができる		
展開の大要	1．生きること、命を大切にすることの意味について話し合う（幼児を含む未成年者の命が軽視されているかのような社会事象についても、意見交換をする）。 2．資料「クロマツ」を読んで話し合う。 　（1）震災のために倒木となった「クロマツ」は、周りの景色を見て何を感じたか。 　（2）「クロマツ」の許を訪れた「あの人」がその翌年、子供を伴って再訪した時にその木は何を思ったか。 　（3）朽ちゆく「クロマツ」の周り一帯に「あの人」がまいた種が菜の花畑へと変貌していく様子を見たその木の心情はどのようなものだったか。 3．普段見過ごしがちな生死の流転の中で、命が継承されることの意味をノートにまとめ意見のやり取りを行う。 4．生きることの大切さを自覚し、「生」への慈しみの気持ちを持つに至った動機や思いについて教師の説話を聞く。		
他の教育活動等との関連	○○○○○○○○○		
その他［備考］			
主題名	学級法廷	内容項目	□中 B- (4)

第5講 ● 道徳教育の指導計画

（3）「年間指導計画」作成に当っての創意工夫と留意点

　「年間指導計画」では、法令によって「道徳科」に配当される年間総授業時間の授業時間単位毎に予め設定した「ねらい」をどのような指導プロセスで達成するのかが明らかにされるとともに、その具体的履行を通じ「道徳科」の所期の基本方針並びに学校全体の道徳教育の目標が段階的かつ発展的に実現されていくことが企図される。その道標となる年間指導計画の作成に当っては、道徳教育の所期の目的・目標に即した「道徳科」の指導の効果的実施を担保できるような創意工夫と留意が求められる。

　『学習指導要領解説　特別の教科　道徳編』は、そうした創意工夫と留意点として以下の(a)〜(g)に係る諸点を列記している。さらに同『解説』は、これらに諸点毎に詳細な注釈を付している。併せこれらも列記したい。

(a)主題の設定と配列を工夫する。
　・主題に関わる道徳教育の状況、児童生徒の実態などを考慮する。
　・「ねらい」については、道徳的価値への理解を育むべく、自己を見つめ、「物事を多角的視点から捉え、人間としての生き方についての考えを深める」（この部分は、中学校に固有のもの）ような学習に資するものを設定する。
　・「教材」は「ねらい」と関連づけられたもので、生徒の心に響くようなものを選択する（小学校の場合、「児童が自己との関わりで考えることができるもの」を選択するとなっている）。
　・主題の配列に当たっては、主題の性格、他の教育活動との関連、地域社会の行事や季節の変化などを考慮に入れることが望まれる。
(b)計画的、発展的指導ができるように工夫する。
　・6学年間（中学校では3学年間）を見通した計画的、発展的な指導が行えるよう工夫する。小学校及び中学校での道徳科との関連性

を考慮した工夫を行う。

- 家庭や地域社会との連携を図るような工夫も望まれる（中学校に固有の記述）。

(c)重点的指導ができるように工夫する。

- 「重点的指導」ができるような工夫の例として、a)重点的に取り上げようとする内容項目の指導時間数を増やす、b)期間の間隔を設けつつも、繰り返し取り上げる、c)複数回に分けて指導する、d)内容項目の性格に応じ、「ねらい」や「教材」の質を深めていく、e)問題解決的な学習に児童生徒をいざなうことができる指導上の工夫を図る、等が挙げられている。

(d)各教科等や体験活動等との関連的指導を工夫する。

- 各教科等との関連を図ることで道徳科の指導の効果を高めようとする場合、具体的な関連の見通しをもって、年間指導計画において指導の内容・時期の設定を行う。
- 職場体験活動、ボランティア活動、自然体験活動等（小学校の場合、「集団宿泊活動やボランティア活動、自然体験活動など」の例が挙げられている）の道徳性を培うための活動の活用や保護者や地域住民の授業への参加等を含め、多様な指導方法や学習形態の工夫を図る（保護者を含む学外者の授業への積極的参加を期待する記述は、中学校に固有のもの）。
- 道徳科、特別活動の役割の異同点に係る確固とした認識を踏まえつつ、両者の連携を密にしながら計画的な指導を行う（中学校に固有の事項）。

(e)複数時間の関連を図った指導を取り入れる。

- 道徳科において、一つの主題を1単位時間で扱うことが一般的であることを前提に、a)道徳的価値に対する理解の深化に向け、そのための学習を充実させる、b)重点指導を行おうとする内容を複数の教材を用いこれらと関連づけながら進める、など内容に応

じ、複数の時間を相互に関連付けた指導上の工夫を年間指導計画に反映させる。

(f)計画の弾力的な取扱いについて配慮する。

- 年間指導計画は、学校の教育計画として意図的、計画的に作成されるものである以上、これに恣意的な変更や修正を加えることはできない。
- 変更や修正を行う条件・手続としては、a)児童生徒の道徳性を育むという観点に立脚し、より大きな効果をもたらすと判断できること、b)学年会議などでの検討を経た上で、校長の了解を得ること、が必要とされる。そしてそうした変更や修正を加えた場合、変更等の理由を計画の備考欄に記入し、次期計画に向けた検討課題とすることが大切とされる。
- こうした前提の下、『学習指導要領解説　特別の教科　道徳編』は、年間指導計画の弾力的な認められる事案として、a)児童生徒の実態に即しての指導の時期、時数の変更、b)主題の「ねらい」の一部変更、c)主題に対応させて主として用いる「教材」の変更、d)、学習指導過程、指導方法の変更、の4つのケースを想定している。

(g)年間指導計画の評価と改善を計画的に行うようにする。

- 年間指導計画に基づく授業を一層効果あらしめるため、既に実施した授業を振り返り、そこでの検討課題を踏まえた上で、年間指導計画の評価と次期に向けた改善の方途を明らかにすることが必要とされる。
- 上記目的を達成するため、経常的に既に行った授業に対して検証を行い今後の検討課題を評価欄に記入すべく、そのための資料の収集に心掛けることが大切とされる。

このほか、道徳科の「年間指導計画」の作成に当っては、道徳科等で育まれた道徳的価値への「気づき」を具体的にどう道徳的実践につ

なげるのかが試される「総合的な学習の時間」や「特別活動」に関わる
「年間指導計画」の学習スケジュールと関連づけながら、内容項目に係
る道徳科の重点指導が時宜に適うようなものとして展開できるための
仕掛けを講じておくことも求められよう。

④ 重点的な道徳教育を行うに当っての配慮

　学習指導要領は、道徳教育の「全体計画」の作成に当り、児童生徒や
学校の状況、地域の実態などを考慮し、学校毎に設定した道徳教育の
重点目標をそこに反映させることを求めている。このことを受け、『学
習指導要領解説　総則編』は、全体計画作成の際の留意事項として、
各学校や地域社会の実情を考慮しつつ、学校としての道徳教育に係る
重点目標における指導上の重点を明確化することの重要性を指摘する。
　同様に学習指導要領は、「道徳科」の「年間指導計画」の作成に当り、
児童生徒や各学校の実情を踏まえ、小学校の場合は2学年間毎（第1
学年〜第2学年、第3学年〜第4学年、第5学年〜第6学年）を見通し、
中学校の場合は3学年間を見通し、個別の内容項目の重点的指導を行
うよう要請している。この点について、『学習指導要領解説　特別の
教科　道徳編』は、既述の如く、あくまでも各内容項目の指導が全体
に亘り確実に行われることを前提とした上で、全教員の判断として特
に必要と思慮される内容項目について指導時間を増やし適宜指導の質
を深めたり、あるいは当該内容項目を反復的に取り扱う（何回かに分
けて指導することも含む）などといった主題の配列の工夫を通じ、各
学校毎に創意工夫された指導展開の必要性を強調する。
　そして、それぞれの学校の特性や児童生徒の発達段階に配慮すると
ともに、社会的な要請や今日的課題についても考慮し重点的な指導を
行う上で留意すべき観点として、学習指導要領を基に、同『解説　総
則編』は、小学校、中学校の別に幾つかの重点領域を提示するとともに、

その領域毎に指導上の留意点について解説を加えている。これらを含め、「重点的な道徳教育」の中身に係る詳細な説明は、第4講④に譲りたい。

⑤ 「全体計画」、「年間指導計画」の策定主体と「道徳教育推進教師」の役割

（1）「全体計画」、「年間指導計画」の策定主体

学習指導要領は、校長の方針の下で、道徳教育推進のための主担当者である「道徳教育推進教師」を中心に、道徳教育を展開する全教員が協力して計画を策定すべき旨を明示している。

ここに言う校長の示す「方針」とは、「学校の道徳教育の基本的な方針」である「道徳教育の全体計画」を方向づける「指針」の意である。その「方針」は、校長のリーダーシップの下、道徳教育の充実・改善の方向を視野に置きつつ、a)児童生徒の道徳性に関わる実態、b)学校の道徳教育推進上の課題、c)社会的な要請、家庭や地域の期待、などを踏まえ、学校の教育目標と関連づけられるものとして明示される必要がある。

道徳教育が、学校の教育活動の全体を通じて行われる営為である以上、学校における個々の教師の総体として教師集団が、計画の具体的な策定に当り「校長の方針」を充分に理解することが不可欠である。そうした意味において、計画の立案・決定の段階にとどまらず、その前段階である校長の「方針」が示される段階から、全教師の協力体制を構築することが求められる。

（2）「道徳教育推進教師」の役割

学習指導要領は、全教師による協力の下、道徳教育推進教師が「中心」となって、「道徳教育の全体計画」と道徳科の「年間指導計画」を策

定することを要請する。ここに言う「中心」とは文字通り活動の中核的存在であることを意味する。すなわちそこには、「校長の方針」に対する一致した合意体制の確立を図ることに始まり、計画作成プロセスにあっても、全教師の理解と協力を基礎にその全員の参加の下で計画を完成できるよう、そのための主導的な役割を果たすことへの期待が込められている。

　『学習指導要領解説　総則編』は、道徳教育推進教師が果たす役割として、次のような事柄を例に挙げている。

(a)道徳教育の指導計画の策定に関すること。
(b)全教育活動における道徳教育の推進・充実に関すること。
(c)道徳科の充実と指導体制に関すること。
(d)道徳用教材の整備・充実・活用に関すること。
(e)道徳教育の情報提供や情報交換に関すること。
(f)道徳科の授業公開など家庭や地域社会との連携に関すること。
(g)道徳教育の研修の充実に関すること。
(h)道徳教育における評価に関すること。

　上記に見られるように、道徳教育推進教師に求められる役割は、道徳教育に関する「計画」の作成に特化されているわけではない。「計画」の効果的な実施が確保できるよう絶えず目配りをするとともに、「計画」の実効性が担保できるよう道徳教育を支える諸条件の整備、学校の担う道徳教育の有効性を高める上で必要とされる家庭や地域社会との連携策の企画・実施、道徳教育の組織的な研修・研究の支援、道徳教育の実施状況の評価など、その役割は多岐に亘っている。

　このように重要かつ多様な役割を担う「道徳教育推進教師」の職を学校に置くことを学習指導要領は高度に期待しているが、その設置が必ずしも義務づけられているわけではない。学校によっては、教科の

枠組みの中で行われる道徳教育の円滑実施や道徳科（かつての「道徳の時間」）の学年進行に応じた指導の効果的な実施を確保するという視点から、学校教育法によって必置の職制とされる教務主任や学年主任が、学校全体の道徳教育の調整役として立ち回っている場合や、専ら任意設置の「道徳主任」が従来の「道徳の時間」の指導と併せ道徳教育全体についての大きな責任を担っている場合も少なくなかった。

しかしながら、法制度上、「主任」は教師に対し指揮監督権をもつ職とは見做されていないことに加え、道徳教育推進教師が「道徳科」に限定されることなく、学校の道徳教育の全体に亘って十分目配りをすることを学習指導要領が強く求めていることにも十分留意すべきである。教務主任に加え生徒指導や進路指導の主任等との意思疎通を密にするとともに、学年の壁を越えた全教師の横断的な連携を俯瞰し、分掌・学年の一体性が確保される中で、教職員及び保護者や地域社会と「道徳教育推進教師」の連携と役割分担が明確化された体制を構築し、その円滑運用を支える条件整備を図ることは必須と考える。

以上見てきたことから、学校に「道徳教育推進教師」若しくはこれに相当する役割と責任をもつ職を置き、その専門的知見を背景に、これに道徳教育全体の企画立案・実施並びに評価さらには研修・研究に関わる広範な領域で指導性を発揮させることが強く要請される。とりわけ、全体計画、年間指導計画の実効性を確保するとともに、それ以降の計画と活動の改善・向上に資することのできる評価を牽引していく上で果たすべき道徳教育推進教師の役割と責任は極めて大きい。

⑥ 道徳教育に関わる「計画」の評価

（1）「計画」の評価の意義

『学習指導要領解説　総則編』は、道徳教育の「全体計画」中の「その他」の柱の中に、次年度計画に生かすための評価欄の設定を求めてい

るほか、『学習指導要領解説　特別の教科　道徳編』は、「道徳科」の「年間指導計画作成上の創意工夫と留意点」を列記している中で、特に「年間指導計画の評価と改善を計画的に行う」必要性を強調している。

　このように学校全体で営む道徳教育並びにその要としての役割を果たす道徳科の教育上の実効性を確保すべく、道徳教育の全体計画、道徳科の「年間指導計画」の双方に亘り、各計画の適切性や展開状況を評価するとともに、その結果を次年度計画の改善へとつなげていくことが求められているのである。

　その一方で、同『解説』は、その「全体計画」、「年次計画」のいずれについても、計画内容が適切であることを前提にその実施や実現の状況を評価しこれを記載する方法、評価欄記入様式等について、特段の指示を行ってはおらず参考例も示してはいない。そして同『解説』はこれに代わるものとして、道徳科の担任教師が自身の授業を振り返り、以後に行う授業の改善につなげていく上で必要と考えられる「振り返り」の観点・留意点やそのための方途などについて言及している。

　道徳科を担当する教師は、教師自らの指導を振り返り、その結果を更なる指導に生かすための方途を考究することによって、道徳性を育むことを目指す道徳科に係る自身の指導の改善につなげることができよう。こうした各教員による道徳指導の振り返りの営為は、学校全体の道徳教育の大枠の下、学年別、学級別で個別に営まれる指導の展開過程とその結果に対する「個別の検証」としての性格が濃厚である。その帰結として、こうした各教員の教育上の営為に対する「全体を俯瞰した総合評価」は、学校全体の道徳教育に係る「全体計画」を踏まえた道徳科の「年間指導計画」に対する評価として具現化できるものと考える。

　そこで本講では、道徳教育の「全体計画」の評価の在り方について論述した後、「道徳科を担任する教師を軸とする評価の内容・方法」について具体的な言及をし「道徳科の『年間指導計画』に対する評価の在

第5講 ● 道徳教育の指導計画

り方」についての私見を提示することとする。

（2）道徳教育の「全体計画」に対する評価の在り方

　学校における道徳教育の目標は、「ヒト」としての生き方を考え、主体的に判断・行動するとともに、他者ともうまく共生できる基盤となる「道徳性」を育むことにある。そのために、道徳科を要に、各教科、総合的な学習の時間及び特別活動のそれぞれの特質に配慮するとともに、児童生徒の発達段階や地域・学校の諸条件等も考慮しつつ、教科等間の相互的な連携関係の上に立って道徳性の涵養に向けた適切な指導を行うことが求められている。

　こうした道徳教育の目標の達成を視野に入れ、道徳教育の「全体計画」は、a)各学校が見定めた道徳教育の基本方針や重点目標などに即し、多様な教育活動の中で道徳教育が展開され、それらが「道徳科」の中に総合され収斂されていること、b)そうした方針・重点目標を受け、道徳科、各教科、総合的な学習の時間及び特別活動が、その固有の教育目標の成就を図ろうとする中で、道徳教育の目標である「道徳性」の涵養のための指導が適切に行われ、かつ教科間等を架橋する系統的な営みとしての道徳教育の指導が展開されていること、c)学校全体の道徳教育の目的・目標を達成するために、学校を軸とした家庭や地域社会との密接な連携関係が構築され適切に機能していること、の確保を目指すものとなっている必要がある。

　上記3つの視点に照らして、全体計画の実効性や有効性を評価するに当っては、学校全体の道徳教育の目的・目標の達成に向けての基本方針・重点目標並びに道徳教育の要となる道徳科、各教科、総合的な学習の時間及び特別活動における教育指導やそれら相互の連携関係等の有効性を問う「機能評価」に加え、方針・重点目標を策定する組織・手続や道徳教育の系統性を確保するための組織体制さらにはそうした一連の教育上の営為を効果的に実施するための仕掛け、などといった

161

組織体制面での有効性の検証を中核に据えた「組織評価」の視点がとりわけ重要となる。以上の基本的視点を踏まえ、以下に、「全体計画」を評価し、それを文書化するに当っての基礎となる観点を簡潔に示しておきたい。

a)道徳教育の基本目的に即し、かつ各学校の特色やその置かれている諸条件を踏まえた課題に対応した道徳教育の基本方針、重点目標が示されていること。そうした方針・目標が学校全体でしっかりと周知されていること。
b)道徳教育の基本方針や重点目標等の具体的な実現に向け、全教師参画の下で道徳教育の系統性が十全に確保されつつ適切に実施されていること。また、学校全体の道徳教育の中での「道徳科」の位置づけ・役割が明確に認識できるものとして営まれていること。
c)校長のリーダーシップの下、道徳教育推進教師を中心とする全教師参加型の組織的かつ系統的な道徳教育の展開が担保できていること。
d)学校を軸に行われる道徳教育への家庭や地域社会の参画が、所期の期待どおりになされていること。
e)道徳教育を効果的に推進し改善・向上につなげる体制が適切に整えられ、かつそれが十分に機能していること。

　「全体計画」の評価に当っての視点や留意点については、本節のほか、本講「（5）『計画』を評価する際の留意点」（166頁）の記述も参照されたい。

（3）道徳科を担任する教師を軸とする評価の内容・方法
　『学習指導要領解説　特別の教科　道徳編』は、道徳科を担任する各教師による「学習指導過程」と「指導方法」の2つの要素からなる道徳科の授業に対する「評価」の観点例として、次の4つを示している。

(a)学習指導過程は、道徳科の特質を生かし、道徳的諸価値への理解を基礎に、自己を見つめ「自己」（中学校の場合、「人間」と表記）としての考え方を深められるよう、適切に構成されていたか。指導手順は、「ねらい」に即し適切なものとなっていたか。

(b)児童生徒への「発問」は、児童生徒が「広い視野から」（小学校では、この表記はない）多面的・多角的に考える問いであったり、道徳的価値を自分のこととして捉える問いであるなど、指導の意図に基づいて的確になされるものとなっていたか。

(c)児童生徒の発言を熱心に受け止め、「発問」に対する児童生徒の反応を適切に指導に生かすことができたか。

(d)児童生徒自身との関わりの中で、物事を「広い視野から」（小学校では、この表記はない）多面的・多角的に考えさせる上で、教材・教具の活用は適切であったか。

(e)「ねらい」とする道徳的価値についての理解を深めるための指導方法は、児童生徒の実態や発達の段階に相応しいものだったか。

(f)特に配慮が必要な児童生徒に適切に対応し得ていたか。

　道徳科の授業に対する評価は、担当する教師自身の自己評価が基本となるが、これを客観的に検証していく上で、他の同僚教師による評価も効果的である。『学習指導要領解説　特別の教科　道徳編』は、「授業者自らによる評価」と「他の教師による評価」に分けて、解説を行っている。

[授業者自らによる評価]
　・授業者自らによる評価・分析の方法として、私見によれば、a)観察などによる方法、b)面接による方法、c)質問紙などによる方法、d)作文やノートなどの学習者の作成物による方法、などの検証方法を用いることが有効である。ほかに児童生徒の成長の記録の綴りである学習ポートフォリオや、道徳指導の記録を綴った教師

ポートフォリオなど自己評価に基づく資料の活用なども考えられる。同『解説　特別の教科　道徳編』も、児童生徒各人の学習指導状況を確かめる手立て（例えば、授業者自身の記憶やメモ、板書の写真、録音、録画など）を用意し、それに基づく評価の実施を提唱する。なお、上記方法の活用に当っては、児童生徒の一人一人の個性やその置かれている環境・条件に配慮するとともに、その「良さ」を引き出すことができるよう多面的な視点からこれを行うべきである。そして、その活用に際しては、個人のプライバシーや内的な心情（例えば、宗教的な心情など）に細心の注意を払うなど、個人の尊厳の保障に十分配慮してこれに臨むことが要請される。

・なお同『解説　特別の教科　道徳編』が、学習指導過程や指導法に対する自身の「振り返り」の方法として提示する録音・録画などは、これまで気づかなかった傾向・状況に応じた適切な対応の仕方に気づく、などの効果があるとされる。

[他の教師による評価]

・他の教師による評価の方法として、同『解説　特別の教科　道徳編』は、道徳科の公開授業を参観した同僚教師からの指摘やティーム・ティーチングの協力者による評価所見等をその例として挙げている。そしてそこで、事前に重点的な評価項目を提示しておくことにより、具体的なフィードバックが得られやすい旨を指摘する。

（4）道徳科の「年間指導計画」に対する評価の在り方

　「計画」とその有効性を機能面、組織面から検証する評価では、その評価対象は、各計画や方針の整合性、計画内容の系統性、計画を実行するためのマネジメント体制の確立状況、計画の実効性を担保する推進体制の整備状況、評価結果を踏まえて改善を促進するための仕掛け

など、複数の分野・領域に亘っている。

そこで道徳科の「年間指導改革」に対する評価において、特に照準化されねばならないのは、学習指導要領が指示する道徳教育に係る内容項目の指導を通じて育むことが目指される児童生徒の「道徳性」の達成度に対する道徳科担任教師による実際の指導に即した評価・検証である。

そしてとりわけ重要なのが、学習指導要領が、「主として自分自身に関すること」、「主として人との関わりに関すること」、「主として集団や社会との関わりに関すること」、「主として生命や自然、崇高なものとの関わりに関すること」の4領域で構成する「内容項目」に係る指導の有効性評価である。指導の有効性評価は、指導方法や指導の具体的プロセス、指導に伴う「ラーニング・アウトカム（学習成果）」の達成度や発現状況が対象となるが、その中軸を為すのが、その達成度や発現状況の測定・評価に関わるものである。測定・評価の結果如何によって、指導方法や指導プロセスに改善が求められることに加え、計画自体の在り方について再考が必要とされる場合も想定されるからである。

これまで見てきたように、学習指導要領 「第1章　総則　第1 小（中）学校の基本と教育課程の役割　2（2）」は、学校における道徳教育の目標について、それが「人間としての生き方（小学校の場合、「自己の生き方」と表記）を考え、主体的な判断の下に行動し、自立した人間として他者とともによりよく生きるための基盤となる道徳性を養う」ことである旨を明言する。そして、学習指導要領「第3章　特別の教科　道徳　第1　目標」は、道徳科の目標について、上記「道徳教育の目標」を基礎に据え、「よりよく生きるための基盤となる道徳性を養うため、道徳的諸価値についての理解を基に、自己を見つめ、物事を広い視野から（「広い視野から」の表記は、中学校に固有）多面的・多角的に考え、人間としての生き方（小学校の場合、「自己の生き方」

と表記)についての考えを深める学習を通して、道徳的な判断力、心情、実践意欲と態度を育てる」旨を明示する。

このように学習指導要領は、「総則」、「特別の教科　道徳」のいずれもが、その指導を通して「道徳性」を育むことを標榜しているが、そうした「道徳性」を構成する要素となるコンピテンシーや志向性として学習指導要領「特別の教科　道徳」が具体的に提示したのが、「道徳的な判断力」、「道徳的心情」、「道徳的実践意欲と態度」である。こうしたことから、「年間指導計画」の実施状況の評価に当り、学習指導要領により「道徳性」の中身を構成するとされるこれら各要素を上記「ラーニング・アウトカム（学習成果）」として位置づけ、その達成度や発現状況の測定を軸に、道徳科を担当する教師の教育上の営みを総体として把握すべく、そのための具体的な分析・評価に臨むことが望ましいと考える。

なお、学習成果の測定・評価の主目的は、あくまでも指導内容・方法と具体的な指導プロセスの改善にあり、そこでは授業改善を目指した教師相互の組織的な研修活動との連動性が追求される必要がある点にも留意すべきである。

（5）「計画」を評価する際の留意点

最後に、道徳科の「年間指導計画」を念頭に置きつつ、それと密接に連関する道徳教育の「全体計画」を射程に収め、道徳教育の計画を対象とする評価をするに当っての基本的な留意点を押さえておくこととする。なお、参考例として、＜表5＞「『全体計画』の評価書面様式（例）」、＜表6＞「学年別『年間指導計画』書面の評価様式（例）」、＜表7＞「『成果の評価』書面様式例―『年間指導計画』書面の評価様式（例）［別葉］―」を一括掲記しておく。

第**5**講 ● 道徳教育の指導計画

〈表5〉「全体計画」の評価書面様式（例）

評価項目		全体計画の記述	実施状況	分析・評価	当面の方向性	備考
目標	学校の道徳教育の基本方針・重点目標					
	各学年の道徳教育の重点目標					
方針	道徳科の方針					
	各教科の方針					
	「総合的な学習の時間」の方針					
	「特別活動」の方針					
	その他体験学習等の方針					
各教師の役割と教師間連携						
家庭、社会等との連携						
道徳教育の推進体制						
その他						

＜表6＞学年別「年間指導計画」書面の評価様式（例）

評価項目			学年の年間指導計画	実施状況	特徴と課題		次年度以降の方策	備考
					特徴	課題		
指導方針	学校全体の「道徳科」の指導方針							
	学年の「道徳科」の指導方針及び学校全体の方針との関係							
指導内容・方法	「主題」に即した「ねらい」と「教材」	「ねらい」に対する「教材」の適切性						
		「ねらい」を踏まえた「教材」の活用手順						
	指導の方法	年間授業時間数						
		「主題」に対する配列上の工夫						
		重点的指導の状況						

＜表7＞「成果の評価」書面様式（例）
― 「年間指導計画」書面の評価様式（例）〔別葉〕 ―

「学習成果」としての「道徳性」の要素	内容項目	学年の「年間指導計画」	「学習成果」の測定・評価方法	特徴と課題		改善へ向けた方策	備考
				特徴	課題		
道徳的な判断力							
道徳的心情							
道徳的実践意欲と態度							
学校・学年が独自に設定したもの							

167

まず第一に、「全体計画」、「年間指導計画」の評価に当っては、それぞれ独立のものとして別個にこれらを評価するのではなく、両者の有機的関連性を重視してこれを行うことが要請される。とりわけ「年間指導計画」の評価は、「全体計画」を踏まえつつ、全体計画に即してそれがどう効果的に展開されていったか、という観点からの分析・検証が不可欠である。

　第二に、評価を行うに当っては、道徳教育推進教師の主導の下、学年主任や教務主任など（さらには道徳主任や生徒指導主事等も含めて）が中核となり学校を構成する全ての教職員が一丸となってその衛に当ることが求められる。「道徳科」の指導が学級単位に行われることや道徳性の育成が各教科等の指導を通じてもなされることが求められている以上、全ての教職員による評価活動への参画は不可欠である。もとより、評価に着手するに際し、評価の目的・目標について全教職員間で認識が共有されていることが強く求められる。なお、道徳教育の目標の実現に当り、家庭や地域社会との共通理解を深めながら相互連携を図ることが要請されていることに鑑み、地域や家庭の意見を汲み取る方途を評価プロセス中に組み込むことも効果的である。

　第三に、的確な現状把握を基に、一層伸長させるべき特質と課題を明らかにした上で、改善方策を考究しこれを具体化させることのできるような改善・改革の循環サイクルが機能できる評価の仕掛けを構築・運用することが必要である。そうした意味において、計画の構想がどう現状に反映され、そこでどのような成果が得られ如何なる課題が現出したのか、そのような現状に対して当面どのような対処方策を講ずればよいのかが浮き彫りとなるような評価の企画・実行が求められる。加えて、評価の結果が研修・研究と連動するような配慮措置を講ずることが、道徳教育推進教師の重要な役割となる。

　第四に、ここに言う評価の営為が「計画」に対する「評価」であることから、当該計画がどう履行されたかという観点から検証していくこと

が基本とされるべきである。前記3つの評価様式例の表も、こうした視点に立つものである。しかし、評価の仕方に定式があるわけではない。各学校や学年の状況、評価計画の内容や指導方法等の差異等に応じ、評価の態様も多様なものとならざるを得ない。とりわけ指導方法や具体的な指導プロセスの評価に当っては、学習指導要領の趣旨を踏まえた実効性ある指標を設定しその評価を行うことも一方策である。

　第五に、指導の成果の測定・評価が「計画」に対する評価の基本軸となることは当然としても、その部分に極端に偏った評価を行うことは本評価の趣旨と乖離する結果をもたらす。指導に伴う児童生徒の「道徳性」の涵養の把握・検証を専らの目的とする活動は、「計画」の評価と一応切り離して、道徳教育推進教師等の企画・支援の下で、学級の担任教師の下で進めることのほうがより効果的である場合が少なくない。

　第六に、道徳教育の指導を内容とする「計画」の評価に当っては、他の評価の場合同様、極力評価負担のかからないための工夫をすることが大切である。評価負担は、評価疲れの原因となるのみならず、評価の形骸化につながる惧れすらあるからである。こうしたことから、評価書面を簡潔に仕上げるための工夫として、例えば前記3表に即して言えば、各評価事項・項目に対応する一つの枡目に記入する文字数を限定するなどの縛りをかけることなども考えられる。

〈主要参考文献〉

・押谷由夫・内藤俊史編著『道徳教育への招待』(2012.10　ミネルヴァ書房)

・高橋勝編著『道徳教育論』(2011.10　培風館)

・永田繁雄・島恒生編『道徳教育推進教師の役割と実際─心を育てる学校教育の活性化のために─』(2010.8　教育出版)

・窪田祥宏編著『[改訂]新版　道徳教育』(2010.4　啓明出版)

・林忠幸・堺正之編著『道徳教育の新しい展開─基礎理論をふまえて豊かな道徳授業の創造へ─』(2009.10　東信堂)

・小寺正一・藤永芳純編『[3訂]道徳教育を学ぶ人のために』(2009.4　世界思想社)

・村田昇編著『[第2版]道徳の指導法』(2009.4　玉川大学出版部)

・貝塚茂樹『道徳教育の教科書』(2009.3　学術出版会)

「特別の教科 道徳」の指導

　本講では、週1時間営まれる道徳科の指導の問題を取り上げます。

　今、道徳科の指導の現場では、「対話し考える道徳」、「深い学びにいざなう道徳」への転換が求められています。

　本講では、まず、道徳科に求められる意義・役割の確認を行った後、その政策課題に対応するために、道徳科に対し如何なる指導上の工夫が求められているのかを考えていきます。その際に、道徳科の授業で新たに教科書使用が義務づけられたこととの関係で補助教材の選定・活用の在り方についても見ていきます。最後に、そうした道徳科指導の基本趣旨に整合した各回授業を系統的に進めるための「学習指導案」の作成方法の概略についても説明します。

　本講の学習に当たっては、次のテーマに留意してください。

- 道徳科の指導の基本的趣旨はどの点に求められるか。
- 道徳科指導の基本的趣旨に即した教材の選定方法、具体的な指導の際の教材・教具の活用方法はいかに在るべきで、児童生徒を道徳科の「学びにいざなう」ためにどのような指導上の工夫をすればよいか。
- 「ねらい」に即した指導上の効果を上げるため学習指導案をいかに構成し作成することが適切か。

　今、大学や小・中・高の教育現場、とりわけ道徳科の指導の場で「アクティブ・ラーニング」の導入が強く求められています。上記テーマを考える際も、このことに充分意を払ってください。

第6講

「特別の教科　道徳」の指導

① 「特別の教科　道徳」の指導の意義

（1）「特別の教科　道徳」の基本的在り方

　「特別の教科　道徳」すなわち道徳科は、道徳性を育むことを目的とする学校の教育活動全体の要となるものである。そこでは、道徳的価値並びにそれに価値づけられた人間としての生き方についての自覚を深め、道徳的実践力を培うための指導・学習が展開される。道徳科で営まれる道徳教育は、学校全体で取り組む道徳教育と画然と区別されるものではなく、道徳性を育むという共通の目標の実現に向け、各教科、総合的な学習の時間及び特別活動における道徳教育の要として、それらを補完し深化させ相互を関連づけて発展・統合させる役割が求められている。

　従って、道徳科は、児童生徒に対し、個々の教師それぞれが内的に確信する「社会的に推奨される行動や生き方」の具体的かつ直接的な指導をすることを第一目的とするものではない。

（2）「考え、議論する道徳」への転換と「主体的・対話的で深い学び」の確保

①「考え、議論する道徳」への転換

　今次の学習指導要領の大きな眼目は、「学び」の質の向上策の一環として、「主体的・対話的で深い学び」を実現すべく、教員自らが、成長段階にある児童生徒にしっかりと向き合いながら、その資質能力を育むために必要な「学び」の在り方を探求し、授業の工夫・改善を重ねていくことを求めた点にある。

第**6**講 ●「特別の教科　道徳」の指導

　こうした方針の下、2016（平28）年12月の中教審「学習指導要領
等の改善及び必要な方策等について（答申）」は、「道徳の時間」から
「特別の教科　道徳」へのカリキュラム上の位置づけの変更が、従来の
それを「考え、議論する道徳」へと転換させることにある旨述べている。
ここに言う「考え、議論する道徳」の意義について同答申は、a）多
様な価値観が時には対立がある場合を含めて誠実にそれらの価値に向
き合い、道徳としての問題を考え続ける姿勢こそ道徳教育で養うべ
き基本的資質である、b）「a）」に示す認識に立脚し、発達段階に応じ、
答えが一つではない道徳的課題を児童生徒それぞれが自身の問題とし
て捉え向き合うことができるような指導を指向すべきである、と説明
し、こうした2つの視点から子供の内的発達を主体的に促すような教
育展開を目指すことに道徳科の指導上の重心を置くことが企図される
ことになった。
　『学習指導要領解説　特別の教科　道徳編』は、道徳科の内容を構成
するものとして学習指導要領に設定された「内容項目」に即した指導
に当り、児童生徒自身が「道徳的価値の理解を基に自己を見つめ」る
こと、そして物事を広い視野から「多面的・多角的」に考え、自己若し
くは「ヒト」としての「生き方についての考えを深めることができる」
ようなものとして、これを実態に即して行う必要性に言及している。
そこでは併せて、道徳的価値への認識を深める指導を通し、児童生徒
自らが「成長を実感したり、これからの課題や目標」を見出し、自己
若しくは「ヒト」としての「生き方についての考えを深める学習ができ
るよう工夫」することの大切さも強調されている。
　こうしたことから、道徳科を「考え、議論する道徳」へと教育指導
上の転換を図ることの意は、a）「内容項目」を手掛かりに、自己を省
察しその存在意義を確認することを起点に、自己と他者との関係、自
己と集団や社会等との関係において、自己の行為を「善」へと導く内
的な道標としての道徳的価値を見出す思考プロセスへといざなう指

173

導、b)自己以外の人々や集団との間に異なる多様な価値観が広く多面的・多角的に存在することを念頭に、そうした中においてなお普遍的に価値づけられる「ヒト」の命のかけがえのなさ、それを育む自然・文化を守り継承させることの大切さ、個人の尊重を基礎に置いた社会における民主政原理の遵守や国際協調の必要性、などを児童生徒が広い視野から様々な視点で捉えることができるようにする指導、c)児童生徒一人一人が自身の道徳性を育みそれを道徳的実践につなげていく学習プロセスに主体的、能動的に参加できる教育上の手立ての確保、の3点に要約することができよう。

②「主体的・対話的で深い学び」とアクティブ・ラーニング

改訂学習指導要領が現下の学校教育における教育指導の基本的趣旨の一端として、「考え、議論する道徳」の具現化に向け、教科指導の場合同様、道徳教育についてもその中心軸をなす道徳科の「学び」を「主体的・対話的で深い学び」へとあらためることが求められている。

前記中教審「学習指導要領等の改善及び必要な方策等について（答申）」は、道徳科における「主体的・対話的で深い学び」の意義について、「主体的な学び」、「対話的な学び」、「深い学び」の3つの視点に区分し、その指導の在り方についてそれぞれ次のように説明している。

まず「主体的な学び」にいざなう指導の在り方について、同答申は、a)道徳的価値を自己との関係で捉え自己の生き方を学習すること、b)各教科で学んだことや自己の体験を道徳的価値に関連づけて考えることができること、c)自己の道徳的成長の度合いを振り返る機会を提供できるようにすること、といった諸点を挙げている。次いで同答申は、「対話的な学び」につながる指導として、子供同士の協働、教師や地域の人々との対話等を通し、また道徳的価値について考えたり、多様な意見に向き合い議論すること等を通じ、自身の道徳的価値への理解を広げ深めることの大切さに気づかせること、を指摘する。さらに、「深い学び」へと導く指導の意に関して、同答申は、道徳的価値へ

の理解を基礎とした自己の生き方についての学習を通して、具体的な社会関係の中で道徳的実践が求められる課題を理解し、それを実践に移すことのできる資質能力を育む学習へと誘引する指導の重要性、を指摘する。

このように道徳科の指導においては、多様で多角的な考え方をめぐって議論を交わし道徳的価値に関わる自身の認識・理解を広げ深めていく中で、自己の生き方を見つめ直すよう求めながらその道徳的成長を促し、道徳的実践に必要な資質能力を育むことに主眼が置かれている。

こうした道徳科の指導の有為性を高める手立てとして、近年その積極活用が奨励されている教育の方式が「アクティブ・ラーニング」である。

「アクティブ・ラーニング」という用語が公的文書において最初に登場したのが、2012（平24）年8月の中教審「新たな未来を築くための大学教育の質的転換に向けて（答申）」である。そこで、大学教育を通じ、「生涯に亘って学び続ける力」、「主体的に考える力」をもった人材を育成するためには、従来の講義中心の授業から「能動的学修（アクティブ・ラーニング）」への転換が必要であるとの提言がなされたのである。

「アクティブ・ラーニング」は、教える側と学習者の間の双方向的、多方向的な意思疎通の中で、相互に刺激し合いながら学習者の知的、人格的な成長を図るという趣旨の下、学習者が主体的に考えこれを相手方に伝え議論を交わし合うことを通じて効果的な授業展開をめざす学習／教育の方法のことを指している。

そこでは、グループ・ディスカッション、ディベート、グループワークの手法が駆使されるが、ロール・プレイングもそうした手法の一つとして位置づけられよう。そうした手法は、言語を通じての活動にとどまるものではなく、実験や観察、実体験活動をも広範に包摂しながら営むことが可能である。

さて、「アクティブ・ラーニング」には、知・徳・体を横断する「生き

る力」を育み転変する環境・条件の変化にも順応できるよう能動的に学び続ける力を涵養すること、単に知識を集積することを教育の目標にするのではなく、コンピテンシーを育むという視点から「何ができるようになるか」に重点を置く教育へと学校教育を転換すること、という今次の学習指導要領の基本趣旨を実現するための重要な方途としての位置づけが与えられている。そこではとりわけ課題を発見しそれに真剣に取り組みこれを解決に導く力、そうした一連の活動を他者と共有するためのコミュニケーション能力、プレゼンテーション能力、などを培うことに重点が置かれる。

　それは各教科、道徳科の区別なく、学習／教育の効果的手法として奨励されるものであろう。もっとも教科については、事実関係や概念、原理・原則に関わる確固とした知識・理解を前提としない限り、いくら「アクティブ・ラーニング」を導入・活用しようとしても、その効果が空疎なものになる可能性もないではない。しかしその一方で、道徳教育の場合、「生きる力」を確かなものにする上で必要な基盤となる道徳性の涵養こそが道徳科の教育目標である以上、「アクティブ・ラーニング」を効果的に用いることによって、そうした所期の目標を実現することが見込まれよう。その意味において、それは道徳科の授業と親和的な学習／教育の形態であると言うこともできる。但し、道徳科が、公教育における正課としての学校教育を構成するものである以上、その授業に「アクティブ・ラーニング」の方式を導入し活用するに当っては、次のような点に留意して授業を進めることが必要である。

　　◇道徳科を通じて育成しようとする資質能力が、よりよく生きるための基盤を形成する「道徳性」である以上、そうした道徳科の目標達成を射程においてこれを進めること。

　　◇道徳科の授業の単元毎に扱う「内容項目」の意図や「ねらい」との関連性を重視し若しくはそれに充分意を払いながら、議論や話し合いを進行させていくこと。

◇読み物教材等の机上資料を対象とした議論に終始するのではなく、現代的な課題、身近な問題を視野に入れながら議論の裾野を広げていくこと。

◇特定の「内容項目」を扱う場合であっても、当初から一定の方向性を目指して議論を進めるのではなく、広い視野からの多角的、多面的な意見を集約し相互に異なる道徳的価値が提示される中で、学習者が葛藤し自身が主体的にその解を見いだせるような授業展開に導くよう心がけること。

◇話し合いや議論の進行過程に、学習者が主体的・能動的に参加し得ているかをしっかりと見極めること。

◇議論や話し合いが散漫になったり、一定方向に偏ることのないよう、常に全体的な調整を図りながら授業を進めること。教師は、授業進行のイニシアティブを保持すると同時に、時宜に応じ、（議論の帰趨に画然とした影響を与えない程度に）自身の意見を述べるようにすること。

◇議論や話し合いが表層的なものに終始し終りを迎えてしまったのか、それとも学習者一人一人に道徳的価値に触れるような余韻を残して授業を終結させることができたのか、教師自身が検証し改善・向上のための振り返りの機会を必ず確保しておくこと。

③「特別の教科　道徳」の指導に当っての留意点

　道徳科は、これまで見てきたように、道徳性を育むという共通の目標の実現に向け、各教科等の正課の学習活動における道徳教育の要として、それらを補完し深化させ相互を関連づけて発展・統合させる役割が求められている。そこでは上に見たように、「主体的・対話的で深い学び」の確保を図るという視点から、「アクティブ・ラーニング」の方法などを用い、自身の思考プロセスの中で道徳的価値に触れる機会を高めることができるよう、指導上の工夫を行うことが指向されている。

　そうした道徳科の基本的な目的・役割を見据え、創意工夫をしなが

ら有為な指導を行うに当っては、幾つかの点に配慮してこれを進めることが求められている。学習指導要領は、道徳科の指導に当り、概ね次の諸点に留意するよう要請する。

(a)その指導は、学級の担任教師が行うことが原則。但し、その指導に当り、校長や教頭の参加などを含む他の教師との協力関係が大切。道徳教育推進教師を中心とした指導体制の充実を図ること。

(b)道徳科が、学校全体を通じて営まれる道徳教育の要としての役割を果たすことができるよう、計画的・発展的な指導を行うとともに、教科等で充分に取り扱えない内容項目に係る指導を補充すること。また、生徒の実態等を踏まえ指導を深化させたり、内容項目の相互関係に留意した指導を行うこと。

(c)児童生徒自身が道徳をどう高めているかを振り返りその成長目標を見出すことができるような指導上の工夫を行うこと。成長目標に向けた道徳性の一層の涵養に向け、教師が生徒と共に考える姿勢を大切にすること。

(d)児童生徒が多様な感じ方や考え方に接する中で、自身の考えを深め判断し表現する力などを育めるよう、自分の考え方を基礎に充実した「言語活動」を展開できるようにすること(⇒「アクティブ・ラーニング」の活用)。

(e)児童生徒の発達段階や特性を考慮し、指導のねらいに即し、問題解決的学習、体験的学習を取り入れるなどの指導方法上の工夫をすること。特別活動等における実践活動や体験活動も道徳科の授業に生かすようにすること。

(f)児童生徒の発達段階や特性を考慮し、情報モラルに関する指導を充実すること。また、現代的課題の扱いにも留意し、身近な社会的課題を自分との関係において考え、その解決のための意欲・態度を育むことができるようにすること。こうした指導を行うに当り、特定の見方、考え方に偏した指導を行わないようにすること。

第**6**講 ●「特別の教科　道徳」の指導

(g)道徳科の授業公開、授業実施、地域教材の開発や活用に当り、家庭
や地域の人々や専門家の参加・協力を得るなどして、家庭・地域との
共通理解を深め相互連携を図るようにすること。

② 道徳科で用いる教材

（１）「教材」の意義と選定のガイドライン

　道徳科の指導にあっては、道徳性の涵養を目指し道徳的価値並びに
「ヒト」としての生き方に対する児童生徒の自覚を深め道徳的実践力を
培うため、児童生徒の発達段階や特徴に適い、その内面的省察を喚起
できるような魅力ある「教材」を効果的に活用することが大切である。
そして、そうした教材は、学習指導要領に記された「内容項目」のど
れに「ねらい」を照準化して指導を行い、児童生徒の心に確かな余韻
を残せるのか、という指導の目的・目標に応じて開発・選定され授業
の場で活用されることになる。

　ところで、各教科の指導においては、教科書の使用が制度化されて
いるが、従来の「道徳の時間」の場合、そうした縛りはなく、各学校
の方針に沿って主体的に選択される「資料」などの教材が用いられて
きた。しかしながら、「道徳の時間」が道徳科へと格上げされたことに
伴い、検定教科書を用いずに従来の取扱を維持することは制度上、認
められないところとなった。

　そこで、『学習指導要領解説　特別の教科　道徳編』は、道徳科で用
いる教材は「教育基本法や学校教育法その他の法令はもとより、学習
指導要領に準拠したものが求められる」ことと併せて、他教科同様、「道
徳科においても、主たる教材として教科用図書を使用しなければなら
ないことは言うまでもない」旨を明記しているのである。

　このため道徳科の授業では、従来の扱いとは異なり、義務教育諸学
校教科用図書検定基準を充足した「教科用図書（＝（検定）教科書）」を

主たる教材としてこれを進めていくことが必要とされる（これまで文部科学省が全国の小・中学校に無償配布してきた『心のノート』（後の『私たちの道徳』（小学校では、『わたしたちの道徳』）は、教科用図書ではなく、「道徳の時間」で用いることが高度に奨励される補助教材として位置づけられるものにすぎなかった）。但し、上記「主たる教材」の文言に見られるように、それ以外の補助教材の使用を拒むことが企図されていないことは、学習指導要領が「多様な教材の活用」を努力義務（「第3章　特別の教科　道徳　第3指導計画の作成と内容の取扱3（1）」）として設定していることに加え、『学習指導要領解説　特別の教科　道徳編』が、道徳科の授業で教科用図書の使用を義務づける一方で、「道徳教育の特性に鑑みれば、各地域に根ざした郷土資料など、多様な教材を合わせて活用すること」の重要性を強調していることからも明らかである。従って、そこでは、道徳科の目標・特質を踏まえつつ、教科書以外に、児童生徒の実態や地域の特性・伝統・文化、さらには現下の諸課題や社会のニーズ等を参酌しながら、多角的・多面的視点に依拠した多様な教材を開発しこれを活用することがこれまで同様、大切である。

　以上のことを踏まえ、『学習指導要領解説　特別の教科　道徳編』は、教科書を軸とするこれら「教材」の開発・選定及びその活用に当り、次の点に留意するよう求めている。

（ⅰ）児童生徒の発達段階や特性、地域の実情等を考慮し、多様な教材の活用に努めること。特に、生命の尊厳、自然、伝統・文化、先人の伝記、スポーツ、情報化への対応（中学校学習指導要領は、これら事項に加え「社会参加」も列記）等の現代的な課題を題材とし、児童生徒が問題意識をもって多面的・多角的に考え感動を覚えるような充実した教材の開発・活用を行うこと。

（ⅱ）開発・活用しようとする教材は、教育基本法、学校教育法その他の法令と抵触しないものであって、なおかつ以下の観点に照らし

適切と判断されるものであること。

⒜児童生徒の発達段階に即し、ねらいを達成するのにふさわしいもの。

⒝人間尊重の精神に適うものであって、悩みや葛藤等の心の揺れ、人間関係の理解等の課題も含め、児童生徒が深く考え人間としての喜びや勇気を与えられるもの。

⒞多様な見方や考え方ができる事柄を取り扱う場合、特定の見方、考え方に偏った取扱いがなされていないもの。

　また、道徳科において教科書（教科用図書）等を使用しての授業の実施が求められることとなったことなどに伴い、2017（平29）年8月、義務教育諸学校教科用図書検定基準が改正され、道徳科の教科書として使用するに当っては、学習指導要領に掲記の次の「基本的条件」とその他の要件を充足していることが厳格に求められるところとなった。

　すなわち、「基本的条件」として、教材の開発・選定・活用の留意点として上に示した諸点のうち、「（i）」及び「（ii）の（a）（b）」の要件を過不足無く完全充足していることが必要とされた。また「選択・扱い及び構成・排列」については、a)学習指導要領における道徳科に係る前記「指導に当たっての留意点（d）」の示す、自身の考え方を基礎とした他者との「言語活動」への適切な配慮、b)同「指導に当たっての留意点（e）」に示す道徳的行為に係る問題解決的な学習や体験的学習への適切な配慮、c)「（ii）の（c）」に照らし事項の取扱いにおける公正性の確保及び児童生徒の発達段階に応じ多面的な考え方を許容することへの配慮d)「図書の主たる記述」と学習指導要領の設定する「内容項目」との関係性の明確化、の各要件の全てを充たすことが要請された。

　また、『学習指導要領解説　特別の教科　道徳編』は、教科書以外の補助教材についてもその開発・活用に当り、「学校における補助教材の適正な取扱いについて（平27.3.4初中等教育局長通知26文科初第

1257号）」の求めるところにより、それらがa）教育基本法、学校教育法、学習指導要領の趣旨に対応していること、b）児童生徒の心身の発達段階に即したものとなっていること、c）見方、考え方に偏りがないこと、といった要件が課されることとなった。但し、道徳科の教科書の場合に比べると、内容に係る要件及び選定手続とも弾力的運用を認めるものとなっていることを踏まえ、児童生徒の特性や学校・地域を取り巻く諸条件を斟酌し、上記枠組みの範囲内で、道徳科の基本目標を踏まえた補助教材の研究・開発に取組みその活用を図ることが積極的に考慮されてよい。

（２）教材の種類・内容

　道徳科の授業で用いる教材の種類・内容の検討に当っては、これまで見たように「主体的・対話的で深い学び」を実現すべく、児童生徒の発達段階や地域の要請等を考慮しつつ、教師自らが一人一人の子供としっかりと向き合いながら、その人格的成長を促すことのできる「学び」の在り方を探求していくことが必要である。

　従来の「道徳の時間」が道徳科に格上げされたことに伴い、道徳科の授業は、基本的には検定教科書を用いて展開されることになる。しかしその一方で、そうした教科書を唯一の教本として道徳科の指導に当るのではなく、同科の教育目標の成就を見据え、教科書を補う補助教材を用いながら、児童生徒の魅力や興味を引きつけ全体として整合性のとれた参加型の「学び」の場を創り出すことも極めて重要である。以上のような基本的視点に立脚し、とりわけ道徳科の指導で用いる補助教材の種類・内容について、次にやや詳しく説明を行いたい。

　道徳科の授業で用いられる補助教材は、大きく「読み物教材」と「視聴覚教材」の２つに分けることができる。

　このうち「読み物教材」の種類は、寓話、小説、民話・昔話、古典、伝記、日記・エッセイ、論説、詩歌、作文、新聞・雑誌の記事、政府

や自治体の広報、自治会やマンション管理組合の貼紙など広範に亘っている。「視聴覚教材」としては、テレビ、ラジオ、VTR、DVD、録音テープ、映像ソフト、映像メディア、インターネットなどの情報通信ネットワークを利用した教材のほか、写真、劇、漫画、紙芝居など、多岐に及んでいる。

　これら教材は、教科書を補うものとして、学校の教育方針・目標、道徳教育の全体計画、「道徳科」の年間指導計画の趣旨が生かせるよう、工夫して用いる必要がある。そしてそれらは、「考え、議論する道徳」に結びつくような参加型の「学び」の場の創出にプラスに作用するものであることが要請される。加えて、各回の指導・学習の目的に即し、児童生徒による道徳的価値への内省を喚起し道徳的実践に結びつくような持続性を担保できるようなものとして、柔軟かつ多様な方法（ときには複数の資料を組み合わせて用いることも含め）で活用できるものであることが望ましい。

　その活用に当り重要なのが、教材の開発・選定のための諸要件である。これら諸要件の中には、二律背反するものや「要件」を充たすかどうかに当り相当程度の主観的判断を随伴するものなど、慎重な考慮が求められる場合もある。

　その検討に当っては、教師間の連携・協力が求められることは言うまでもないが、一般論として、上述の「学校における補助教材の適正な取扱いについて（平27.3.4初中等教育局長通知26文科初第1257号）」の定める要件を十二分に参照することが鉄則とされる。但し学習指導要領自身、「地域の実情等を考慮」し、「社会参画、自然、伝統と文化、先人の伝記」を題材とした教材の開発・活用を奨励していることにも留意する必要がある。地域の自然や伝統・文化、先人の遺業を理解するとともに、地域社会の活動への能動的参加の方途を学ぶことは、地域に対する愛着を醸成させるにとどまらず、自然環境を大切にすることやそこで生まれ育った自己の存在価値を再認識する契機ともなる。こ

うしたそれぞれの「地域」を題材とした教材は、「補助教材」である場合が少なくないものと考えられることから、ここにも道徳科における補助教材の開発・活用の意義がある。

　ところで、今日の社会的状況との乖離が相当程度見られる教材の活用に当っては、教材と児童生徒の間に存する年代格差に対する十分な配慮（歴史的背景などを補説するなど）をすることの重要性が説かれてきた。学習指導要領が、地域の伝統・文化や「先人の伝記」を学ぶことの重要性を指摘していることと相俟って、その指導上の効果を高める上で、こうした点に留意することが大切である。

　なお、読み物教材の開発・活用に当り、著作権保護や文献の提示・引用等の扱いについて慎重な配慮が求められる場合があることを付言しておきたい。

③ 「道徳の時間」の指導方法の工夫

（１）話合い

　上述した「読み物教材」などの「教材」を生かした「話合い」活動は、道徳科の指導・学習の中心であり、指導の過程にあって欠かすことのできないものである。

　既に見たように、今次の改訂学習指導要領は、コンピテンシーの涵養を基礎に据えた「考える力」を身に付けさせるための教育／学習を重視する路線を打ち出すとともに、その一環として道徳科の授業を通じ「主体的・対話的で深い学び」の場を提供する必要性を強調した。その視点から、アクティブ・ラーニングの活用が、とりわけ道徳科の指導の局面で求められ、「話合い」による授業進行がこれまで以上に重要視されるところとなった。

　「話合い」の方法としては、教師と児童生徒との間の双方向で進めるものや、児童生徒が自由に意見交換を述べ合う一方で、議論の一貫性

を保ち全体議論の調整役の任を教師が引き受ける双方向・多方向型のものなどがある。また、5人〜6人のグループを構成し、そこでのグループ内討論を基に、グループ間討論もしくは全体討論を行うという方式や2人1組のペアを作りそこで意見を出し合った後に全体討論に移るという方式も効果的とされている（そのプロセスの要所で、気づきをメモ書きさせる方式も多用される）。

　さて、そうした「話合い」活動の起点は、教師が予め用意した「発問」にあることが一般的である。そして、授業が先に進むにつれ学級内で活発な議論を展開させ、道徳的価値への気づきとその考究に学級全体を導いていく上での教師の役割は重要である。

　『中学校学習指導要領解説　特別の教科　道徳編』は、対話や討論などを通じ、a）内省し熟慮し自身の考えを深めていくこと、b）いろいろな見方、考え方に接し、それらの根拠や前提条件の違い・考え方の特徴などを把握し、それらとの比較において自身の考えを多面的視点から振り返って考えること、c）互いの考え方の異同を整理し、他者の考え方を受入れたりそれを発展させるとともに、他者の考え方を考慮・尊重できるようにすること、を「話合い活動」の根幹に据えるよう提案する。また、教師は、こうした「話合い」のプロセスで、互いの考え方や意見を尊重し合うことによって、児童生徒の自尊感情や自己への肯定感を高めることができるよう、「学校や学級内の人間関係や環境」を整えるとともに、児童生徒一人一人が「安心して意見を述べ、互いに学べるような場の設定」という役割を果たすよう求めている。

　その一方で、『中学校学習指導要領解説　特別の教科　道徳編』は、「話合い」活動によるアクティブ・ラーニングの表層的な「成功」を以てその指導に効果があったと即断してはならず、道徳科が「内面的資質としての道徳性を主体的に養っていく時間」である以上、「人生の意味をどこに求め、いかによりよく生きるかといった人間としての生き方」をめぐって、児童生徒の間や児童と教師の間での対話を深める工夫を

そうした能動的学習の中で行う必要性についても言及している。

　このほか、「話合い」活動による参加者の意見の交叉の中で、各児童生徒が道徳的価値の考究につながる内省を深めていけるよう、「話合い」の方式を固定化することは避け、各単元で扱う内容項目の特質、児童生徒の発達段階、各学級の特徴や他の教育活動との関連性などの諸要因を考慮して、複数の方式に依拠することも含め柔軟に対処することが大切である。

（2）視聴覚教材の利用

　画像や音声などの利用は、内容を直接、児童生徒の視聴覚に訴えるもので、その興味・関心を著しく高める効果がある。教師は、多様な視聴覚機器・機材の活用を含め、これら資料の特質を生かしながら、児童生徒の心に芽生え強められた興味・関心を、道徳性の育成につながる感性にまで高めることができるよう、指導上の工夫を図ることが求められる。

　なお、視聴覚教材は、各授業の単元で扱う内容項目への児童生徒の問題関心を高め能動的な学習にいざなう上で大きな効果を発揮しうる。ただその指導に当っては、これら教材は道徳科の目標を達成するための教育上のツールとして位置づけられるもので、その活用技法の習得を「授業の目的」としないよう注意を払う必要がある。併せて、教材の活用に当っては、著作権を含む無体財産権、個人の情報・プライバシーに対して十全な配慮をするよう求められる。

（3）「書く」活動

　「書く」活動には、児童生徒に、道徳科の指導・学習の過程における「気づき」をメモ書きさせるものと、教師の板書によるものの2つに大別される。

　このうち、指導・学習過程での児童生徒の気づきをメモ書きさせる

方法は、学習指導過程の各段階毎になされる教師による発問や双方向・多方向の討議のプロセスで、比較的多く用いられる手法である。

　メモ書きの方法は、指導の各段階における児童生徒の反応や考え方を自身で振り返り整理することができる点で効果がある。すなわち児童生徒は、「メモ書き」という営みを通して、自身の意見・考え方の根拠・理由を明らかにするとともに、他者の意見・考え方との比較の中で自身の価値観を確認しこれを見つめ直す契機を見出すことができる。

　そして、そうした意見や考え方を児童生徒に発表させることで、教師自らもこれを確認し理解し、教師自身の言葉で指導を行ったり充実した対話を継続させたりすることができるという点で効果的である。また、メモに基づく発表・討議を通して、当該時間の指導プロセスに臨機応変に修正を加えたり、それ以降の道徳科の指導方法に対し最小限の見直しを加えるなど、授業の構成・内容・方法の改善に役立てていく手段としても有用である。ただその一方で、メモ書きに多くの時間が割かれ、発表・討議がそうしたメモ書きに依存することで、1授業時間における指導・学習の密度が低下することを危惧する意見もある。そこで教師は、学習指導過程のどの段階で、児童生徒に意見・考え方をまとめるよう求めるのが適切か、その機会の判断を時宜に応じ柔軟に行うことが求められる。

　また、板書による方法は、授業内容や進捗状況を児童生徒の視覚を通して直接理解させることができるという点において、児童生徒がその思考を深めていくための重要な契機となる。

　板書を通じ、当該授業時間の指導・学習のポイントや指導の内容・構成並びにこれらを補足・補強する事項が、児童生徒にわかりやすく示されなければならない。また、指導・学習の過程で表明された児童生徒の感想や意見等を、その進捗状況に応じて、1つのまとまりのあるものとして簡潔に表示していくことも大切である。その際に、同様の傾向にある感想・意見等を1グループに集約するとともに、これを

他のグループのそれと比較対比させることによって、1つの事象についてのものであっても、人の見方・考え方に違いがあることやそうした違いの対比の中で、道徳的価値についての理解をさらに深めることができるよう活用上の工夫を図ることも考慮されてよい。このように、板書によって、教師による学習指導過程の流れとそれに対応させた児童生徒の心情や感性の推移を簡潔かつ系統的に示せるよう、板書の機能を効果的に活用することが要請されている。

(4) 教師の「説話」

　「説話」は、特定の内容を、教師が児童生徒に話し聞かせる方法である。いわゆる講義・講話もその範疇に入る。説話の素材は、上述した「資料」のほか、日常の生活や教師自身の体験などにこれを求めることができる。

　そこでは、これら素材の中身が客観的に述べられるにとどまらず、当該道徳科の授業の「ねらい」が焦点化される道徳的価値について、児童生徒が主体的に再認識・再考できるよう、これを意図した内容のものとして語られることが重要である。教師と児童生徒との信頼の絆を基礎に行われるそうした営為は、両者の絆を一層強める効果が期待される中で、児童生徒の心に深い感銘を与え、その思考を更に深めることにつながっていく。このように説話が、児童生徒の道徳的な成長の度合いに与える影響が大きいことを考慮し、教師は、その趣旨を十分理解した上でこれを行うべきである。

　アクティブ・ラーニングを基本にした授業を進めるに当っても、道徳科の基本目的、各授業の単元で扱う内容項目の性格・中身に応じ、適宜、教師によるそうした言語を通じた解説や講話などを織り交ぜながら授業進行を図ることが要請される。

第**6**講 ● 「特別の教科 道徳」の指導

（5）役割演技などを含む表現活動

　「役割演技などを含む表現活動」には、脚本に従って演技をする「劇
化」、与えられた役割を即興的に演じる「役割演技（ロール・プレイン
グ）」などがある。『学習指導要領解説　特別の教科　道徳編』は、これ
に関連して、読み物教材等を活用する際、「その教材に登場する人物
等の言動を即興的に演技して考える役割演技など疑似体験的な表現活
動」を取り入れた学習法の提案を行っている。

　児童生徒に対し、上記方式を通じ、主題の展開過程への自己関与を
指導し、そこでの具体的な心身の表現活動を行う中で、その主題を自
身の問題に置き換え実感させることは、道徳的価値に共感させ主体的
に道徳的実践力を身に付けさせていく上で極めて効果的であると考え
られている。

　こうした表現活動を道徳性の涵養に効果的に作用させるため、教師
は、a）表現行為が伸び伸びとできるような「場」や条件を形成するこ
と、b）表現行為が苦手な児童生徒への気配りを怠らないこと、c）一過
性の行為に流れることのないよう、学習指導過程の「目標管理」に意を
払いつつ系統的に進めていくこと、などの点に配慮することが重要で
ある。

（6）特別活動等の体験活動の活用

　道徳科では、多様な種類の教材やコミュニケーション手段を通じて、
視野の広い多角的な考え方や意見に接する中で、道徳的価値への理解
を深め人間としての生き方を見つめ直す契機を児童生徒に与えること
が目指される。そして、そうした道徳的価値を基礎に、自らが選択し
た価値と整合する適切な行為を主体的に選択し、これを道徳的実践に
つなげていくことを最終的な教育目的とする。

　こうした道徳的価値への理解を基にそれを道徳的実践に連結でき
るような道徳性を育む上で、『中学校学習指導要領解説　特別の教科

189

道徳編』は、体験的な学習を取り入れることについて a)具体的な道徳的行為の場面を想起・追体験させ、弱さや困難を克服することの大切さを自覚させる、b)道徳的行為について意見を交わし合い、考えを深めるようにさせる、こと等の有効性を指摘する。また小学校、中学校いずれの『学習指導要領解説 特別の教科 道徳編』も、道徳科の授業の中で、これまでに経験した体験的行為や活動を通じて学んだことをクラス全体で共有し、そこから道徳的価値の意義について考え理解を深めていくことの大切さを強調する。

　このことを前提に、『中学校学習指導要領解説 特別の教科 道徳編』は、特別活動において、「道徳的価値を意図した実践活動や体験活動が計画的」に行われている場合を想定して、そこで児童生徒が経験したことを基に、道徳的価値への理解や考えを深めることの有効性を指摘する（例えば、体育祭や修学旅行などの学校行事を念頭に、そこでの児童生徒一人一人の役割と責任について自覚を深めた体験を道徳科の授業の中で生かしこれを振り返ることなど）。そして小学校、中学校いずれの『学習指導要領解説 特別の教科 道徳編』も、こうした体験活動は、児童生徒全体が共有でき一定の関心を喚起できるものであることから、クラスの全員が問題意識を高めて率先して学習に取り組むことを可能ならしめるメリットを指摘する。

④ 道徳科の学習指導過程

（1）「学習指導過程」と「学習指導案」

　道徳科の「学習指導過程」とは、教師が児童生徒に対し、当該時間の目指す「ねらい」の基となる道徳的価値に気付かせ、それを内面的に深めさせていくための指導手順のことである。

　こうした学習指導過程を具体的に明示するのが「学習指導案」である。『学習指導要領解説 特別の教科 道徳編』は道徳科の時間に用い

る「学習指導案」とは、「教師が年間指導計画に位置付けられた主題を指導するに当たって、児童生徒や学級の実態に即して、教師自身の創意工夫を生かして作成する指導計画案」であり、「学習指導の構想を一定の形式」で表現したものと定義づける。

　先に詳述したように、道徳科の年間の指導は、「年間指導計画」に基づいて行われる。従って、各回の道徳科の指導は、1授業時間毎の計画が明記されている「年間指導計画」に依拠して具体的に進められることになる。そして、年間指導計画における各回の授業計画の実現に当り、より詳細な構想の下で組織的かつ系統的に授業を行う必要性を認識した場合や、公開授業を随伴するなど研修を伴う授業を実施しようとする場合、などにこうした学習指導案の作成が行われる。学習指導案は、「年間指導計画」と適切に整合していることを基本的要件としつつも、指導案自体に一定の形式や基準はなく、単元毎に目指す指導の目的・意図や構想に応じその作成は各教師の創意工夫に委ねられている。

　この点について、『中学校学習指導要領解説　特別の教科　道徳編』は、学習指導案の構成（例）として、a）主題名、b）「ねらい」と教材、c）主題設定の理由、d）学習指導過程、e）その他（道徳科と他の教育活動などとの関連、評価の観点、教材分析、板書計画、校長や教頭などの参加、他の教師との協力的な指導、保護者や地域の人々の参加や協力など）、等の項目を挙げている（小学校の場合も、これとほぼ同様）。そして、この学習指導案の中軸をなすのが「d）学習指導過程」である。

　学習指導案作成の基本的な手順として、『中学校学習指導要領解説　特別の教科　道徳編』は、1）「ねらい」の検討、2）指導の重点の明確化、3）教材の吟味、4）学習指導過程の構想、の4つの段階を提示している。このうち、「4）学習指導過程の構想」に当っては、a）どのような問題意識で学習に臨むのか、b）「ねらい」とする道徳的価値を理解し、自己の振り返りができるのか、c）授業で提起される多様な考え方や感

じ方に、児童生徒がどう反応し学び合うことができるのか、を想定しながら、道徳的価値の意義、「人間の真実」や「よりよく生きる」ことの意味について考えを深めることができるようなものとして、これを策定することが要請されている。但し、これはあくまでも基本となる手順であって、児童生徒の実態や指導の「ねらい」・内容等に応じその工夫を図ることも併せ求められている（小学校の場合も、これとほぼ同様）。

（2）「学習指導過程（「展開の大要」）」の段階

①学習指導過程の構成

　学習指導過程は、「学習指導案」の項目標記として、一般に「展開の大要」の語が用いられる。この学習指導過程では、「ねらい」に迫ることができるよう、広い視野からの多様な考え方に接しこれに反応する中で、児童生徒の道徳的価値への気づきを誘引するとともにそれを自覚的に深めさせ、自身の存在価値や人格的成長を実感できるようにする上で必要な発問とそれに対する児童生徒の考え方・意見などを順序良く構成していくことが特に求められる。

　そうした学習指導過程の趣旨・目的を適切に実現させるため、一般に、その過程を「導入」→「展開」→「終末」の各段階に区分し、それぞれの段階毎に、児童生徒の学習活動、主な発問とこれに対する児童生徒の反応、指導上の留意点などが示される。次に、これら3つの段階について、その段階毎の性格・役割について見ていく。

②「学習指導過程」における3つの段階

(a)「導入」

　「導入」は、「主題」に対する児童生徒の興味・関心を高め、「ねらい」とする道徳的価値とそれに基礎づけられた「ヒト」としての生き方への自覚に向けて動機付けをする段階として位置づけられる。

　導入段階では、学習指導過程の中心ステップである「展開」段階を

見据え、児童生徒の関心や内省の対象を、当該時間の指導・学習で扱う道徳的価値に的確にいざなっていくことが大切である。

　導入段階での「ねらい」とする道徳的価値の自覚への動機づけの方法としては、「教材に関わる導入」(教材の内容そのものへの興味・関心などを起点とするもの)や「ねらいに関わる導入」(主題・テーマから問題意識を引き出そうとするもの)などの手法がある。

　このうち「教材に関わる導入」では、そこで扱う教材に児童生徒が関心や興味を抱くことができるよう、教材の簡単な内容説明や背景説明などが行われる。ここでは専ら、そうした問題意識を醸成するための条件の設定に意が注がれる。一方、「ねらいに関わる導入」は、道徳的価値に対する問題意識の喚起に向けその準備のために、身のまわりの生活上の経験、アンケート調査の結果、さらには現代社会における克服すべき課題を扱った読み物教材等をめぐって話し合ったり、視聴覚教材の提示を通じて「ねらい」のもつ意味を強く印象付けるなどといったことが行われる。また、「ねらいに関わる導入」の役割を、授業で扱う教材中に含まれる複数の道徳的価値の中から当該授業が「ねらい」とする道徳的価値が何かを焦点化する点に見出すこともできる。

(b)「展開」

　「展開」は、道徳科の「ねらい」を達成するための中心となる段階である。この段階は、中心教材に依拠しながら、その内容やそれをめぐって提起される多様な考え方や意見を手掛かりに、「ねらい」とする道徳的価値とそれに基礎づけられた「ヒト」としての生き方への自覚を深める役割を担っている。

　「展開」では、「前段」と「後段」の2つに区分するといった指導過程が比較的一般に用いられる。

　このうち「前段」では、中心教材に登場する人物やその著者の心情、行動などを通し、児童生徒に「ねらい」とする道徳的価値を把握させ考究させることが重視される。「ねらい」とする道徳的価値を把握・考

究させ「ねらい」をターゲットとした「話合い」活動の場を作るために教師が行うのが「中心発問」と呼ばれる発問である。そして、児童生徒をそうした道徳的価値の気づきへと効果的にいざなうための発問が、「基本発問」と呼ばれるものである。基本発問では、登場人物や教材の著者の心の揺れを問うことで、それを他人事の問題として考えるのではなく、児童生徒がこれを自らの問題として捉え自身との関わりの中で道徳的価値への自覚を深めることが目指される。さらに、児童生徒が自身の考え方を明確にするとともにこれを一層深め、議論をより活発化させるために、時宜に応じて発せられるのが「補助発問」である。そこでは、中心発問、基本発問の趣旨に沿った道徳的価値への気づきをより具体化させることが目指される。

　「後段」では、「前段」における教材を基にした省察の上に立って、自身の生活や行動に目が向けられる。すなわち「後段」は、児童生徒が、道徳的価値に内包された課題を認識しその価値を自身の生活の中にどう生かしていくか、を掘り下げて考える指導・学習の過程となる。ここでは、とりわけ、その道徳的価値を自身の生活や行動に引き寄せその心情に取り込むとともに、これを実践していく上での課題に気付くことができるような指導が重視される。

　なお、『中学校学習指導要領解説　特別の教科　道徳編』は、問題解決的な学習や体験的学習を取り入れる場合、「生徒と教師、生徒相互の対話の深まり、議論の深まりが、生徒の見方や考え方の高まりを促すことから、課題に応じた活発な対話や議論が可能」になるような工夫を施すよう求めている。

(c)「終末」

　「終末」は、1授業時間のまとめの段階である。ここでは、「ねらい」とする道徳的価値の意義を振り返り、将来に亘る道徳的実践への動機づけにつなぐことができるような指導・学習が展開される。『中学校学習指導要領解説　特別の教科　道徳編』は、「終末」段階を「ねらい

の根底にある道徳的価値に対する思いや考え方をまとめたり、道徳的価値を実現することの良さや難しさを確認」して今後の発展につなげる糸口となるものとして位置づけている。

従ってそこでは、児童生徒の心に、道徳的価値の大切さや自己の課題をあらためて実感し、これを繰り返し省察できるような深い印象と余韻を残す「まとめ」を行うことが求められる。

そうした趣旨を実現するために、この段階で、教師に対し、道徳科の学習を通じて辿り着いた道徳的価値への理解を教科等と関連づけ、より実践性の高い道徳性の涵養に連結させる工夫を模索していくことが要請される。また、1授業時間のまとめとして、一般には、教師による説話の方法が用いられているが、そこでの指導も、上記趣旨に配慮してなされるべきで、形式的、画一的な内容に終始してはならないことは言うまでもない。

なお、授業の効果を確認し、次回以降の授業改善の参考に供するため、この段階で、児童生徒に対し、当該授業の印象についての簡単な感想をメモ書きさせることも有益である。

<表8>学習指導案―[主題]正義について―(抄)

段階	学習活動	主な発問と予想される生徒(児童)の反応	指導上の留意点	備考
導入	**1.** 「正義」について考える。	○「正義のヒーロー」のイメージとは。 ・弱い者を助ける。 ・人を思いやる。 ・強い力と強力な武器がある。 ・「秩序と平和」を守るのがヒーローの役割。	○「正義」の用語が様々な意で用いられていることに気付かせる。	☆中心資料の筆者が、「アンパンマン」の生みの親であることを説明する
展開	**2.** 資料「アンパンマンが生まれた背景―真の正義とは何か―」(やなせたかし『何のために生まれてきたの?』(2013.2,PHP研究所)所収を読んで話し合う。	○やなせさんは、何を契機に「正義」の意味を考えるようになったのか。 ・自身の戦争体験。 ・飢えに苦しんだ経験。 ○やなせさんがイメージした「正義のヒーロー」とは。 ・飢えに苦しむ人々を助ける人。 ・弱い立場の人を体を張って守る。 ○「悪」を懲らしめるのが正義であるという考え方について ・悪人をやっつけるより、人の命を救うことのほうが先決。 ・相手を力で抑え込むことより、社会的弱者に寄り添うことの方が大切。 ・何が「悪」か、人によって見方・考え方が異なる。	○「正義」を旗印に、人や国が相争い合うことの意味について考えさせる。 ○「アンパンマン」の体の一部がパンを素材に作られている所以について考えさせる。 ○「正義」の考え方のもつ意味を多角的角度から考えさせる。	
	3-1. 身近な社会生活の中で「正義」の果たす役割を理解し、自身の課題について考える。	○私たちの身のまわりで、「正義」を以て対処すべき問題としてどのようなものがあるか。 ・偏見や差別。 ・いじめや嫌がらせ。	○「正義」の問題が私たちにとって身近な存在であることや、身近な問題例としてどのようなものが挙げられるかについて考えさせる。	
	3-2. 資料「いじめをなくそう」(文部科学省『私たちの道徳―中学校―』)のアンケート結果を基に話し合う。	○身の回りで実際に起こったいじめや嫌がらせを見て、その人の気持ちに寄り添うことはできたか。	○いじめや嫌がらせを目の当たりにした時の自身の心の動きについて考えさせる。	
終末	**4.** 学習したことについて話し合い、最後に行う教師の話しで締めくくる。	○教師の体験談を聞く。	○深い印象を与える体験談を聞かせることを通じ、一人一人の心に強い余韻を刻み込むようにする。	

第**6**講 ● 「特別の教科　道徳」の指導

〈主要参考文献〉

・柴原弘志・荊木聡『道徳の授業づくり』(2018.7　明治図書出版)

・「考え、議論する道徳」を実現する会『考え、議論する道徳を実現する！』(2017.6
図書文化)

・永田繁雄監修・『道徳教育』編集部編『平成29年版　学習指導要領改訂のポイント
小学校・中学校　特別の教科　道徳』(2017.4　明治図書出版)

・芝原弘志編著『平成28年版　中学校新学習指導要領の展開　特別の教科　道徳編』
(2016.2　明治図書出版)

・田沼茂紀『人間力を育む道徳教育の理論と方法』(2011.4　北樹出版)

・赤堀博行『道徳教育で大切なこと』(2010.7　東洋館出版社)

・窪田祥宏編著『[改訂]新版　道徳教育』(2010.4　啓明出版)

・林忠幸・堺正之編著『道徳教育の新しい展開―基礎理論をふまえて豊かな道徳授業
の創造へ―』(2009.10　東信堂)

・広岡義之編著『新しい道徳教育―理論と実践―』(2009.10　ミネルヴァ書房)

・村田昇編著『[第2版]道徳の指導法』(2009.4　玉川大学出版部)

・小寺正一・藤永芳純編『[3訂]道徳教育を学ぶ人のために』(2009.4　世界思想社)

「特別の教科 道徳」の評価

　本講では、主に道徳科の学習評価の問題を取り上げます。

　ここで、まず、道徳科の学習評価は何を目的に、どのような視点から、いかなる方法で行うのかについて考えていきます。

　そこでは、道徳科の学習評価を「通知表」などの成績評価書の中でどう扱うのかについても見ていきます。次に、学習評価とその結果の検証を通じ、以降の道徳科の指導と学習評価の改善につなげるメカニズムについて見ていきます（その際には併せ、本書第5講「⑥　道徳教育に関わる『計画』の評価」の記述もご覧ください）。

　そして本講の学習に当たっては、次のテーマに留意してください。

- 道徳科の学習評価の目的、評価を行う際の視点はどのようなものか。
- 道徳科の学習評価は誰がどのようにして行うのか。
- 道徳科の学習評価は、各種成績評価書においてどう取り扱われるのか。
- 道徳科の学習評価の質を高めるための検証の仕組みについて考えてみよう。

　本書もこの「第7講」で終りです。本書をお目通し頂いた読者の皆様に深謝します。それでは最終講の扉をお開きください。

第 **7** 講

「特別の教科　道徳」 の評価

① 道徳科の学習評価

（1）学習評価の意義とその基本的視点

①学習評価の意義

　「学習評価」とは、教育目標の実現に向けて編制・展開される教育課程のカリキュラムとそれを構成する科目を通じて児童生徒が修得した知識能力の度合いを測定・評価するという教育上の営為を指す。このように、学習評価は、修得した知識能力に対する「測定」とそこで得られた結果を何らかの価値判断で「評価」するという、2つの行為の組み合わせとして展開される。

　こうした学習評価に係る基本的意義を踏まえ、学習指導要領「第1章　総則　第3　2学習評価の充実」は、学習評価の実施に当り、次の2点に留意するよう求めている。その第1が、児童生徒の「よい点や進歩の状況などを積極的に評価し、学習したことの意義や価値を実感できるようにする」とともに、目標の実現に見合った学習がなされているかどうかの観点から、学習の過程や成果を評価し「指導の改善や学習意欲の向上を図り、資質・能力の育成」に生かすようにする、ことである。第2が、学習評価の妥当性や信頼性を高めるため、組織的・計画的な取組を推進し、「学年や学校段階を越えて生徒の学習の成果が円滑に接続」するための工夫を講じる、ことである。

　こうした学習指導要領の記述から分かるように、「学習評価」に当っては、a）それが、児童生徒がその持ち味や特性を伸ばすことができるよう、これを鼓舞するものとして行われること、b）学習評価に連結する学習状況の把握は、教育目標及びその達成状況と関連づけて行う

第**7**講 ● 「特別の教科　道徳」の評価

こと、c)評価の対象は、結果や成果に限られるものではなく、「学習の過程」も含まれていること、d)評価への信頼を高めるための活動を、組織的・計画的に行うこと、e)児童生徒の学習上の成果が、学年進行や学校階梯間の接続に併せ、円滑に継承できるようなものとして機能するようにさせること、f)これを学習意欲や能力の向上に生かすにとどまらず、指導の改善に資するようなものとしての役割を果たせるようにしておくこと、等の諸点に充分留意するよう求められている。

　これらの留意点のいずれも、「特別の教科　道徳」すなわち道徳科の学習評価にも妥当する。とりわけ、上記留意点と関連づけつつ、『学習指導要領解説　総則編』が、a)学習評価を学校の教育活動における児童生徒の「学習状況」の把握と意義づけた上で、そこに言う「学習状況」とは、児童生徒に「どういった力が身についたか」という「学習の成果」と「学習の過程」の2つの側面で構成されるものと説明している点、b)「学習評価」では、他者との比較によってではなく、個々の児童生徒のもつ「よい点や可能性などの多様な側面、進歩の様子」や成長の度合いを把握するという視点がとりわけ重視されるものとしている点、c)学習評価に対する信頼を確保するために、評価規準・評価方法について事前に教師同士で検討するなど学校全体として組織的・計画的な取組を進めるとともに、保護者に対し評価の仕組みや評価の結果を丁寧に説明するなど、学習評価の在り方について保護者の理解を図る必要性を強調する点、の3点が摘示されていることは、道徳科の学習評価の趣旨を示すものとしても重要である。

②学習評価の基本的視点

　学習評価に関しては、戦後まもなく、戦前期の教師の専断に基づく「絶対評価」を否定し主観や恣意を排除するための評価法の理論形成が図られてきた。そして、学校教育法施行令第31条に制度上の根拠をもつ「指導要録」における2001年版指導要録の導入前後から議論されてきた評価の在り方との関連の中で、大きく「相対評価」、「到達度評

価」、「個人内評価」の３つの視点から指導要録に記す評価記録のありようについて議論がなされてきた（本講①（6）道徳科の学習評価と「指導要録」、「通知表」を参照）。

　こうした学習評価に係る上記３つの視点のうち、「相対評価」とは、集団内での総体的な位置づけを正規分布に依拠して明確にしようとするものである。この手法に対しては、評価に係る全体の「客観性」が担保できる一方で、学力を客観的に測定できない、児童生徒間の排他的競争を助長してしまう、などの弊害が指摘されてきた。「到達度評価」とは、児童生徒が修得すべき知識能力が明定された教育目標の達成状況に係る「測定」を基礎に、その学力を把握しようとするものである。この評価の視点に対しては、目標の実現に向けて向上していこうとする子供たちの意欲を喚起する点に効用が認められる反面、学習上のパフォーマンスの出来不出来が予め設定した到達目標のレベルの高低に左右される、評価結果が各教師の主観に委ねられ易い、等の課題も指摘されてきた。そして、児童生徒一人一人の成長の軌跡を全体に亘り継続的に捉えていこうとする評価の視点として、学習評価の領域における有用性への支持が集まっているのが「個人内評価」である。

　今日、小・中・高・大の学制を通じて一貫して求められているのが、「学び」の質的転換である。そこでは、「何を教えるか」から「何ができるようになるか」という視点からコンピテンシーを基本に据えた「ラーニング・アウトカム」を教育目標中で明確化することが必要とされている。こうした教育改革を支える基本理念の下、学習評価における「達成度評価」の視点は、児童生徒の「学び」の質の内実を高めることに貢献できることに一定の意義がある。しかし、子供たちの学びは、一貫した学制を通じて継続するものであると同時に、生涯に亘って学び続ける資質や志向性を育むことも、今日における重要な教育目標として位置づけられている。そうした観点に立脚し、児童生徒各人のそれまでの学習体験の振り返りの中で、将来的な目標成就を鼓舞しその資質

第**7**講 ● 「特別の教科　道徳」の評価

能力の向上を目指す「個人内評価」が、今日的な教育上の理念に最も
整合し得る評価視点と考えられている。

　『学習指導要領解説　総則編』が、a)教師が児童生徒の「よい点や進
歩の状況などを積極的に評価」し、「学習したことの意義や価値を実感
できるようにすることで、自分自身の目標や課題をもって学習」を進
めていけるような評価、b)児童生徒の多様な側面や「進歩の様子など
を把握」し、学年や学期にわたって児童生徒が「どれだけ成長したか」
という評価、の大切さを強調している点からも、我が国公教育全般に
亘り、学習評価の局面において「個人内評価」の視点が重視されてい
ることが窺われる。

（2）改訂「学習指導要領」における道徳科の学習評価導入に係る文意

　学習指導要領「第3章　特別の教科　道徳」は、道徳科の学習評価
に関して、児童生徒の「学習状況や道徳性に係る成長の様子を継続的
に把握し、指導に生かすよう努める必要がある。ただし、数値などに
よる評価は行わないものとする」旨を明示する。

　従来の〔2008（平20）年9月改訂版〕学習指導要領は、児童生徒の「道
徳性については、常にその実態を把握して指導に生かすよう努める必
要がある。ただし、道徳の時間に関して数値などによる評価は行わな
いものとする」と記述していた。

　これに対し、今回改訂の学習指導要領の記述の意味について、
『学習指導要領解説　特別の教科　道徳編』は、当該記述が「道徳科の
評価を行わないとしているのではない」と断言した上で、「道徳科に
おいて養うべき道徳性」は児童生徒の「人格全体に関わるものであり、
数値などによって不用意に評価してはならないことを特に明記」した
ものとしている。

　このように、今次の学習指導要領の改訂に伴い、道徳科の指導には

203

制度としての学習評価が随伴するところとなった。学習評価の妥当性や公正性を担保するための仕組みを構築・運用することは当然のことであるが、その前提として、道徳科の指導を通じ児童生徒の全人格的成長に関与する教師一人一人に対しては、その学習評価を担任するに相応しい基本的資質を備えていることが不可避的に要請される。この点に関連して、『学習指導要領解説　特別の教科　道徳編』は、「道徳性の評価の基盤」には「教師と児童（生徒）との人格的な触れ合いによる共感的な理解」の醸成が必要である旨を力説する。こうしたことから、教師には、各児童生徒の特質や取り巻く状況を理解しその立場に寄り添って物事を観察し考えるとともに、その成長を真剣に見守りよりよく生きていくための温かい助言・支援を行う中で、教師、児童生徒双方の強固な信頼関係を結ぶ努力を払うことが強く求められる。

（3）道徳科の学習評価の基本的視点

　既に見た学習指導要領「第1章　総則」の「学習評価」に係る記述は、道徳科の学習評価にも基本的に妥当する。とりわけ、その評価に当っては、a）「学習の成果」に終始するのではなく、「学習の過程」をも重視すべきこと、b）「学習評価」では、他者との比較によってではなく、個々の児童生徒のもつ「よい点や可能性などの多様な側面、進歩の様子」や成長の度合いを把握するという視点が重要であること、の2点が強調されねばならない。

　こうした観点に依拠し、道徳科の学習評価の基本的視点として、『中学校学習指導要領解説　特別の教科　道徳編』は、a）「生徒の成長を見守り、努力を認めたり、励ましたりすることによって、生徒が自らの成長を実感し、さらに意欲的に取り組もうとするきっかけとなるような評価」を目指すこと、b）「評価に当たっては個人内の成長の過程を重視」すべきこと、c）「道徳科の評価は、他の生徒との比較による評価や目標への達成度を測る評価ではなく、一人一人の生徒がいか

に成長したかを積極的に受け止めて認め、励ます個人内評価」として行うべきであること、といった点の重要性を指摘している（『小学校学習指導要領解説　特別の教科　道徳編』も同様）。

　以上の記述から分かることは、道徳科の学習評価は、「個人内評価」の視点から行うよう要請されていることが看取できる。その一方で、上記「目標への達成度を測る評価ではなく」との記述があることにより、そこでの学習評価では「到達度評価」の手法の活用が排除されているかのような観も認められる。

　しかしながら学習指導要領「第3章　特別の教科　道徳」は、道徳教育の目標をよりよく生きるための基盤となる「道徳性」を養うことにあるとするとともに、道徳科の教育／学習を通じて「道徳的な判断力、心情、実践意欲と態度を育てる」ことを標榜している。従って本記述は、そうした目標の達成に向けた道徳教育の指導を、学習評価の側面から全面排除することを趣旨とするものとして捉えるべきではない。そこでの記述は、定量的評価、数値に基づく評価にもつながりかねない「小学校（若しくは中学校）の段階でどれだけ道徳的価値を理解したかなどの基準」を設定し、これを学習評価に直接的に適用することへの警鐘を鳴らしたもの（『学習指導要領解説　特別の教科　道徳編』）として理解すべきである。

　道徳科の学習評価では、児童生徒の成長の過程を肯定的に受止め、励ます個人内評価として行うことを提示したことに伴い、『学習指導要領解説　特別の教科　道徳編』は、そこに言う「個人内評価」の中身について、さらに次に示すような具体的な説明を行っている。

　第1が、道徳科の指導が児童生徒の全人格に働きかけるものである以上、「道徳性」の諸相を成す道徳的な「判断力」、「心情」、「実践意欲」及び「態度」にそれぞれ分節し「観点別評価」として児童生徒の学習状況の把握を試みることは適当ではない、という点である。「ヒト」一人の人格は「全体として一体」のものとして構成されている以上、個々

の児童生徒の人格を分節しようとすること自体、論理矛盾である。

　第2が、学習指導要領の設定する様々な「内容項目」に含まれる道徳的諸価値への理解を通じて、「『道徳性を養う』ことが道徳科の目標」であることから、内容項目を知識として理解させるだけの指導、特定の考え方を無批判に受入れさせるような指導ではなく、学年・学期という一定の期間的、時間的まとまりの中で児童生徒の学習状況や成長の様子を把握することが必要である、という点である。道徳科の指導が、年間授業計画に基づいて行われるもので、「一定の時間的まとまり」の中での道徳的成長を指向していることに加え、年間授業計画が本来、学校における「道徳教育の全体計画」の枠組みの中で企画・構成されるものである以上、道徳科と他教科等との関連性を度外視した教育展開が想定されていないこと、などにこうした考え方の拠って立つ根拠がある。

　そして、以上の点を踏まえ、学習評価に当たっては、a)児童生徒が学習活動を通じ、道徳的価値や関連する事柄について他者の考え方や意見に接することを契機に、自ら考える中で一面的見方から多面的な見方へと考え方が発展していっているか、b)道徳的価値への理解を自分自身との関わりの中で深めていっているか、という2つの点を把握することの重要性を訴えている。こうした道徳科の学習評価の基本方向を端的に要約すれば、児童生徒が多角的意見や反応に向き合いこれを自身のこととして捉える中で、道徳性の涵養に向け自律的に考え成長していく航跡を見取ろうとする点に大きな意義が認められる。

　次に、児童生徒への学習評価の営為を具体的に展開するに当っての上記基本的方向性を敷衍した留意点、及びその基本方向の下で『学習指導要領解説　特別の教科　道徳編』が提示したそれ以外の留意点を、基本的留意事項、個別的留意事項に分別して列記したい。

第**7**講 ●「特別の教科　道徳」の評価

[基本的留意事項]

◇児童生徒自らが主体的に考えを深める中で、広い視野からの多面的・多角的な考え方を受容し発展させていることを見取ること。

◇道徳的価値の意義を、児童生徒自身が道徳性を育んでいくこととの関連の中で、換言すれば自分自身との関わりの中で理解し考え深めていっていることを見取ること。

◇評価を自己目的化したり、学習上の成果の達成状況やそこでのパフォーマンスを重視した評価を行うことは厳に慎むこと。道徳性の涵養に向けた成長の航跡を見守り、努力を認め、励ましたりすることで、一人一人の児童生徒自身がその成長を実感できるような評価を目指すこと。

◇人間としての生き方についての考えを深めることのできる評価を目指すこと。

◇学校の状況や児童生徒一人一人の置かれている状況、個性・特徴や成長の段階を踏まえた評価とすること。

◇評価の観点は学校全体、学年単位で組織的に話合い合意を図った上でこれを行い、実施に移すようにすること。また評価の観点の設定・活用は極力「開かれた」ものとなっていること（この留意点の意義については後述）。

[個別的留意事項]

（※上記「基本的留意事項」と、その趣旨において重なる部分が少なくないことに注意を）

◇道徳性の諸相を成す道徳的な「判断力」、「心情」、「実践意欲」、「態度」に分節し、学習状況を分析的に捉える「観点別評価」の手法の使用は避けること。

◇個々の内容項目についての評価は避けること（もとより、各内容項目を扱う授業や単元において、予め設定した「ねらい」に対す

207

る授業プロセスの状況を教師が備忘記録として残し、これを評価
の参考とすることまで否定されるわけではない)。

◇各児童生徒の授業中の発言や議論への積極参加の姿勢のみを捉え
て、これを直接的な評価に結びつけないこと。同様に授業時間外
の課題に対する成果物の出来不出来を直接的な評価には結びつけ
ないこと。

◇発言が多くない児童生徒、文章表現が苦手な児童生徒、その他自
己表現を得意としない児童生徒の授業に向き合う姿勢を評価でき
るようにするための工夫に心懸けること。

◇上記に関連して、目立たない児童生徒(そして、そのことが原因
で教師の目が行き届かない児童生徒など)に授業への積極参加を
促す等の工夫をすること等を含め、学習評価時における教師の児
童生徒に係る観察記録に粗密の無いよう心懸けること。

◇学習上の困難さ(例えば発達障害がある、日本語への理解が不十
分であることなど)を抱える児童生徒等に対する道徳性の成長の
軌跡を観察するに当り、そうした学習上の困難さをしっかりと受
止めこれを踏まえた上での評価に意を払うこと。

◇上記に関連して、とりわけ海外経験の長い児童生徒に対しては、
当該居住国で体得した道徳的心情や道徳的価値への理解を前提
に、その成長の軌跡を捉えるようにすること。児童生徒の生活環
境等によっては、同様の配慮が求められる場合があることにも留
意すること(これらのケースにおいては、憲法第19条の「思想・
良心の自由」や同20条1項前段の「信教の自由」といった憲法保
障条項の存在、同保障条項の適用の可否をめぐって争われた学校
と生徒等間の係争事件に係る司法判断の存在などに意を払うこと
も大切である)。

◇教師自身が抱き信じる「道徳性や道徳的価値への理解」を基準に、
各児童生徒の成長の過程に対する評価を行うことは厳に慎むこと

（それは他者（そこにいう「他者」が教師自身である場合もあれば、当該教師が道徳的価値観を同じくしていると「即断」した児童生徒である場合もある）との比較による評価へ堕する危険を秘めているのみならず、当該教師自身の主観的な基準に基づく誤った到達度評価にもつながりかねない）。

（4）道徳科の学習評価の進め方
①学習評価のツール

　道徳科における児童生徒の学習の状況などを把握しこれを学習評価につなげていくためには、そのための多様な評価手法を工夫・開発しこれを実践していくことが大切である。その評価手法は、道徳科の特質に充分即したものであることが必要である。すなわち、それは、これまで見てきたように、児童生徒の道徳性の涵養に係る成長の軌跡を見取るとともにこれを肯定的に受止め励ます個人内評価に馴染むものであることを中心軸に据え、a)道徳科の学習活動を通じ、児童生徒が自律的な思考を営む中で、広い視野から多面的・多角的見方を行うことができるようになっているか、b)道徳的価値の理解を自分自身との関わりの中で深めているか、という2つの視点に照らして有為に営むことができるものでなければならない。

　上記学習評価の基本的趣旨に整合した学習評価ツールの例として、『学習指導要領解説　特別の教科　道徳編』は、児童生徒の「学習の過程や成果などの記録を計画的にファイルに蓄積したもの」（＝「ポートフォリオ」）、作文やレポート（感想文、質問紙の記述などを含む）、スピーチ（発言や他者との議論などを含む）やプレゼンテーションなどを挙げている。このほかにも、ワークシート記述、動作化・役割演技、教師による授業記録、教師による児童生徒のエピソードの記録、教師による児童生徒への聞き取り、アンケートの活用、など道徳科の学習評価のツールとして様々な工夫の提案がなされ、従来よりそうした手

法の実践活用が学校現場で試みられてきた。

　このうち、学習評価のツールとしての「発言や感想文、質問紙の記述」等から、道徳性の「成長の過程」を見取ろうとする場合について、『学習指導要領解説　特別の教科　道徳編』は、a)道徳的価値に関する問題を基礎づけている心情を多角的視点から捉えようとしている、b)自身と異なる感じ方や考え方を理解しようとしている、c)相対立する道徳的価値が存在する中で、自身のとりうる行動を広い視野から多面的に考えようとしている、という視点からこれを行うことを例示として提案する。また「読み物教材」に基づく児童生徒の発言や意見交換等から、道徳的価値の理解を「自分自身との関わりの中で深めている」ことを見取ろうとする場合について、a)読み物教材の登場人物を、自身に置き換えて考え理解しようとしている、b)自己を振り返り、これまでの行動や考え方を見直していることが窺える部分に（教師が）着目する、という視点の重視を、さらに道徳が関係する問題において自己のとりうる行動を他者と議論させる場合において、c)その議論の中で、道徳的価値の理解をさらに深めているか、d)道徳的価値を実現することの難しさを自身の問題として捉え考えようとしているか、という視点を重視することを例示的に提示する。

　また、発言や文章化が苦手な児童生徒について、道徳性がどう育まれつつあるかを上記2つの視点から見取ろうとするに際し、『学習指導要領解説　特別の教科　道徳編』は「発言や記述ではない形で表出」する児童生徒の姿、換言すれば、道徳科の授業に向き合う姿勢の変化に着目することを一方策として掲げている。道徳性に関わる「成長の過程」を、上に示すような姿勢の変化の中で把握するという手法は、教室内に相当人数存在するいわゆる「目立たない」児童生徒を含む一般の児童生徒を観察する場合にも、同様に妥当しよう。

②学習評価への児童生徒の参画の可能性

　道徳科の学習評価を行うクラスの担任教師の評価プロセスに児童

生徒が間接的に関わることのできる手法として、『学習指導要領解説
特別の教科　道徳編』は、「自己評価」と「相互評価」の2つを挙げている。
　このうち児童生徒による「自己評価」は、学習者である児童生徒が、
自身の学習の状況を振り返ることを内容とするもので、道徳性や道徳
的価値に係る自身の「学び」の道程を記録し、学期の期間や学期末に
「成長」の軌跡を真摯に省察しようとするものである。学期当初に、道
徳性を育むための努力目標を、児童生徒各人に設定させる場合もある。
「道徳性の涵養」という道徳科の基本目標の実現に向け、児童生徒に対
し「人間としての在り方生き方」を自身で考え深めていくことのでき
る素養を身に付けさせることが、改訂学習指導要領に基づく道徳科の
基本趣旨であること等に鑑み、道徳性に係る自身の変化や道徳的価値
等への気づきを主体的に検証する契機を付与できる「自己評価」とい
う手法の教育現場での広がりに期待するところは小さくない。
　そして、この自己評価の手法に最も順応する評価ツールとしてここ
で特に挙げておきたいのが、ポートフォリオによる評価である。
　ここに言う「ポートフォリオ」とは、自身の学習の振り返りに資す
ることを基本目的とするもので、一連の学習プロセスの中で収集した
学習上の記録をファイル化したものを指す。「学習上の記録」には、レ
ポート、観察記録などの学習上のパフォーマンスに係るもののほか、
そうした成果物の作成の過程で得た資料、パンフレット、チラシなど
様々なものが含まれる。こうしたポートフォリオを学習上の成果物と
して扱うことは、数値による評価に馴染まず、しかも継続的な学習の
プロセスの中で成長の過程を後押しすることを目指す「道徳科の学習
評価」の趣旨・性格に最も順応した評価手法ということができる。道徳
科の基本目標や自身が学期当初に立てた個別目標に即して当該のポー
トフォリオを再整理させたり、内容項目毎にこれを区分けするよう求
めたり、さらには、ポートフォリオの末尾に感想文等を挿入させる等
の工夫を加え児童生徒の振り返りの機会を付与すること等により、自

己評価資料としてのポートフォリオの内実をより豊かなものにすることができよう。

このほか、感想文やワークシートの作成、聞き取り等も、それが児童生徒自身の発意に基づく学習状況に係る情報伝達手段として機能する限りにおいて、道徳的成長の一端を推知し励ます手掛かりとしての有効性が認められる。但し、それは通常の場合、恒常的にではなく、好機を見計らって単発的に行われるものである点に課題がある。このことに加え、それらを行おうとする場合、一定の時間をかけることを必要とする場合が少なくないこと、とりわけ所定の時間内でワークシート方式での感想文やレポート作成を求め、しかもそれが教師の「学習指導案」を参考にした様式等を基に行われる場合、作成に相当程度の手間ひまを要するので、そうしたツールの活用に当たってはかなりの工夫が必要であると考える。

評価プロセスに児童生徒が間接的に関わることのできるもう一つの手法である「相互評価」は、道徳科の学習活動の中で、同じ学習者である児童生徒が考え学んだことを基に、互いに評価し合うということをその内容としている。「相互評価」の利点は、「学習者」という対等な立場にある児童生徒同士が、発表し感想を述べ合う過程で、自身とは異なる見方や考え方に接する好機となったり、自身の見方や考え方への共感が得られたりすることでそれが「励まし」となり道徳的な成長をさらに押し上げることにつながる、等の点に求められている。しかしながら、相互評価がそうしたメリットを十二分に発揮しうるためには、そのための前提条件として、クラスの児童生徒が信頼の絆で強く結ばれ一体として行動できる環境が醸成されていることが必要不可欠である（そうした前提を欠いた相互評価が原因の一端となって、個人若しくは少数グループの孤立化に拍車をかけることがあってはならない）。相互評価のツールとして、聞き取りやアンケートなどの手法を用いようとする場合にも、上記に係る状況を十全に把握しておくこと

が教師の基本的責務である。

（5）教師による学習評価に係る組織的な推進

　道徳科の評価の妥当性、信頼性を担保するための基本的要件として、既述の如く、教師と学習者との強固な信頼関係が構築され相互の人間的な触れ合いを通じた共感的な理解が醸成されていることが不可欠である。このことに加え、道徳科の授業が、校長の方針の下、学校が策定した一定の計画に沿って学校一丸となって進められるものである以上、学級担任の教師が「個人」してではなく「学校として組織的・計画的」に行うことが必要である（『学習指導要領解説　特別の教科　道徳編』）。

　すなわち、道徳科の学習評価に係る営為を妥当かつ高い信頼度をもつものとして展開させていく上で、学校全体が「計画的」（すなわち、a)道徳教育に係る校長の方針の下、b)道徳教育の「全体計画」を基に策定された「道徳科の『年間授業計画』」に即し、なおかつc)学校毎に設定した道徳教育の重点目標をそこに反映させながら）、かつ組織的にこれを行うよう求められているのである。

　ところで、ここに言う道徳教育の「組織的」な実施の意について、これを狭義の「組織」と「作用」の両面から捉えることができよう。この点について、『学習指導要領解説　特別の教科　道徳編』の記述を基に、次に簡単な説明を試みたい。

　まず、説明の便宜上、「作用」の側面から見ていきたい。道徳科の学習評価に関し、学校全体としてどのような役割を果たすべきなのか、同『解説』は、以下のような事項を例示する。

　　□評価を目的に収集する資料の種類や評価方法を学年毎に明確にし
　　　ておくこと。
　　□評価結果について教師間で検討し、評価の視点などについての共

通理解を図っておくこと。

□評価に関する実践事例を蓄積し、これを共有しておくこと。

□教員間で道徳科の授業の参観をし合うこと。

□教師が交代で学年の全学級を回り道徳科の授業を行うこと。

このほか、上記に関連する事柄として、a)評価の方法・視点の大枠で処理し得ない事例の扱いについて、評価期間中やその前後の時期に意見交換を行いその結論について合意する、b)評価結果に対する児童生徒や保護者の反応を共有する、c)評価結果を基礎とした授業改善の方策を検討し共通理解を図る、d)道徳科の学習評価に係る今後の研修計画を立案し校長等に提案する、e)「d)」にある「計画」に則り、学校全体の「道徳教育」や道徳科の指導改善のための学内研修の一環として学習評価の研修を行う、などのことが考えられる。

それでは、学校は、どのような組織体制の下で、道徳科の学習評価に臨むことが想定されているのであろうか。同じく同『解説』等に即してこの点について見ていきたい。

学校における道徳教育を推進する最高責任者は校長である。校長を補佐する副校長（教頭）もその責を分任する。それと同時に、学校の教育活動の中で道徳教育を推進する上で中心的な役割を果たすのが「道徳教育推進教師」である。道徳教育推進教師の重要な役割の一つとして、『学習指導要領解説　総則編』は「道徳教育における評価」を挙げている。このことから、道徳教育推進の中軸として道徳教育推進教師は、道徳科の学習評価の方針の策定・実施の部面において教師間の連携・協働を進める中心的役割を果たすことが期待される。

そして、上記道徳教育推進教師を軸としながら、学校の校務分掌組織の中に位置づけられた「学習指導部」（あるいは「教務部」など）の道徳教育推進担当教員等が、同じく「職員会議」や（校長傘下の）「運営委員会」に連なる会議体として設置された「道徳教育委員会」などの意

向や方針を受けて学習評価に係る取組を組織的に進めることも大切である。道徳科の指導力の改善・向上の取組の一環として学習評価の問題を扱おうとする場合、「学習指導部」等の下、校内研修を企画・運営する任を負う「学力向上・授業力向上」ユニットなどとの連携も考慮されなければならない。なお、先に言及したように『学習指導要領解説　特別の教科　道徳編』は、a)同じ教材を用いて何度も授業を行う中で、児童生徒の変容を複数の目で見取り多角的な視点から成長の様子を把握できる、b)評価に対する共通認識を醸成する機会となる、等の利点を挙げ、学年の全ての学級の道徳科の授業を教員が交代で担当する活動の有為性を強調する。その場合、道徳教育推進教師の下で作られた企画に即して、学年主任が連絡・調整を図りつつ、学年の全教員が組織的にそうした営為に取り組むことが要請されよう。

　ところで、学校で展開される道徳教育は、児童生徒や学校、地域社会の実態などに配慮しながら、家庭や地域社会と連携してこれを進める必要がある。学校として、道徳科の教育指導や評価への信頼を高めるための取組として、保護者等による授業参加（参観）やそれ以外の話合いの場を通して、児童生徒の学習状況や道徳性の涵養などについて意見を求めることのほか、その学習評価の在り方について広い視野から意見聴取し、それを今後の活動に生かしていくことも大切である。

　なお、学校教育法第42条及び学校種毎に定められた同準用規定に依拠して実施することが各学校に対して法的に義務づけられている「学校評価」の枠組みの中で、道徳科の学習評価の有効性を学校全体で検証しその結果を共有することも重要である。

（6）道徳科の学習評価と「指導要録」、「通知表」
①指導要録
　今次の学習指導要領の改訂に伴い、道徳科の学習評価が制度化されることとなったが、同要領は「数値などによる評価は行わない」とし、

そこでの数値評価、定量評価の可能性を全て排除する。道徳科の学習評価での定量的な評価手法の不採用が表明されたことと相俟って、児童生徒の内的・人格的成長を確認し、励ますことを基本的趣旨とする「個人内評価」を学習評価の軸に据えた道徳科の評価の扱いにおいて、『学習指導要領解説　特別の教科　道徳編』は、そこでの指導を通じた道徳性の育成が児童生徒の内面的成長と対をなすものである以上、その評価は入学者選抜と馴染まないものであり「道徳科の評価は調査書には記載せず、入学者選抜の合否に活用することのないよう」にすべきことを強調する。2016（平28）年7月29日付文部科学省通知も、あらためてその趣旨を確認した（「学習指導要領の一部改正に伴う小学校、中学校及び特別支援学校小学部・中学部における児童生徒の学習評価及び指導要録の改善等について（通知）」（平28文科初第604号平28.7.29）。このことについては、上記通知の発出に先立つ同月、道徳教育に係る評価の在り方に関する専門家会議「『特別の教科　道徳』の指導方法・評価等について（報告）」が、道徳教育の質的転換に係る当初目的に鑑み「児童生徒自身が、入学者選抜や調査書などを気にすることなく、真正面から自分事として道徳的価値に多面的・多角的に向き合う」必要性を強調していた（平28.7.22付報告）。

　もっとも上記公定文書の趣旨は、入学者選抜の際に参考とされる「調査書」（＝「内申書」）への道徳科に係る学習評価の記載を否定する意であって、同じ学習評価の記録簿である「指導要録」や「通知表」への記載を禁止する趣旨ではない。

　さて、ここに言う「指導要録」とは、学校教育法施行令第31条に制度上の根拠をもつもので、「児童生徒の学籍並びに指導の過程及び結果の要約を記録し、その後の指導及び外部に対する説明等に役立たせるための原簿」であるとともに、「各学校で学習評価を計画的に進めていく上で重要な表簿」として法的に位置づけられている（平22.5.11文科初1初中局長通知）。

第**7**講 ●「特別の教科　道徳」の評価

　現在の「道徳科」が、「道徳の時間」として位置づけられていた時期の「指導要領（参考様式）」には、独立した形での評価欄は設けられてはおらず、その当否の評価は別として道徳教育の内容（項目）に深く関わる10項目（「思いやり・協力」、「生命尊重・自然愛護」、「公共心・公徳心」など）の視点からなる「行動の記録」欄や「総合所見及び指導上参考になる諸事項」欄を用いて、「道徳」指導と関連する個別児童生徒の行動などを対象とした学年別の「評価」が実質的に行われてきた。

　そして今次の学習指導要領改訂によって道徳科が学習評価の対象へと制度転換されたことに伴い、「指導要録」中に道徳科の学習評価に係る評価欄が新設されるところとなった。すなわち、文部科学省により、前記2016（平28）年7月29日付文部科学省通知に添付の「＜参考1＞各設置者における指導要録の様式の設定に当たっての検討に資するための指導要録の『参考様式』」中で、小学校、中学校に共通のフォーマットとして「特別の教科　道徳」に関わる「学習状況及び道徳性に係る成長の様子」欄が「参考」的に提示されたのである。今後は、こうした新たな指導要録の雛形に準拠して、道徳科の学習評価が上記「学習状況及び道徳性に係る成長の様子」欄に、「記述式」の方法を用いて行われることになる。その際、すでに詳述した道徳科の基本目的、学習評価の趣旨や視点並びに学習評価の際の留意点等を踏まえこれを行う必要があることはいうまでもない（この点について付言すれば、2014（平26）年10月の中教審「道徳に係る教育課程の改善等について（答申）」は、「学校の教育活動全体を通じて行う道徳教育の成果として行動面に表れたものを評価することについては、現行の指導要録の『行動の記録』を改善し活用」する方向性を示唆していた。今次の学習指導要領改訂に伴い、そうした評価の仕方が否定されるものではないが、道徳教育の学習評価が個人内評価を基本とするものとされたことを受け、「行動面」を「道徳教育の成果」として一面的に評価することに対し謙抑的な姿勢で臨むことが適宜必要と考える）。

217

なお、文部科学省が提示する「指導要録（参考様式）」を「参考」とすることを前提に、指導要録の様式・作成方法の決定権限は、公立学校については、教育委員会に委ねられていることを付言する。

②通知表

　「通知表」とは、児童生徒の学習状況や校内生活の状況を、学期末毎に学校から家庭に連絡するための文書である（通信簿、通知票などとも表記される）。

　この通知表に関しては、法的根拠はもとより、その様式・作成方法についての国のガイドライン等も存在せず、建前上、それらは各学校の裁量に委ねられている。

　ところで、通知表の作成に当り、これを「指導要録」に準拠させることについては、各々別個のものとして作成することに伴う作業負担や学習評価の「二重帳簿」化への抵抗感などからこれを肯定的に受止める向きが強かった。その一方で、「指導要録」が学習指導のための「指導機能」と学習状況を外部に「公証」する証明機能という法的要請を踏まえた性格のものであるのに対し、通知表が学習状況を児童生徒本人や親・保護者に伝えることで今後の「学び」の向上に資することを目的としているように、両者の果たす役割に違いがある以上、その異同を明確に認識して取扱いを異にする必要性を強調する見解も見られた。今日、この問題について、文部科学省は、指導要録、通知表の各々の目的・機能が異なっていることを肯定した上で、通知表は「各学校において、子供自身や保護者に学習状況を伝え、その後の学習を支援することに役立たせるために作成」されるものである旨を明言している（http//www.mext.go.jp/b_menu/shingi/chukyo/chukyo3/siryo/07070908/004/001.htm.2016.4.20閲覧）。

　通知表は、道徳科の学習評価の鉄則である個人内評価の原則を直接具現化したもので、道徳的価値に係る多様な見方、考え方を育むとともに、これを自身との関わりの中で深めていくことを通じ、道徳性の

第7講 ●「特別の教科　道徳」の評価

レベルを道徳的実践につながる態度・志向性の涵養にまで高めていくことにその役割の本旨がある。このように道徳科の通知表が、児童生徒の道徳的な成長を見守り、そのための努力を認めたり、励ましたりすることにある以上、教師は、児童生徒一人一人の学習状況の観察を基に、道徳性に係る成長の様子を丁寧に記述するよう求められている。

　そこでその作成に当っては、a)通知表における当該記載欄の児童生徒毎の記述の分量・内容に多寡や粗密が生じること、b)複数の文例を事前に用意し、これに当てはめるだけの記述にとどめるなどひたすら評価記述の省力化を指向すること、そして何よりも、c)学習評価の本来の趣旨から逸脱し、授業を通じて子供たちが産出した学習上のパフォーマンスの善し悪し（例えば、発言や感想文の出来不出来など）、d)クラス内や校内での「行動」の状況・記録に偏った評価結果を提示すること、等は厳に慎むべきである。こうしたことは、道徳科の学習評価に係る通知表への信頼を損なうにとどまらず、学校で営まれる道徳教育そのものに対する児童生徒や親・保護者の信頼を大きく低減させる原因ともなりかねない。とりわけ親・保護者については相当数の人々が、当該通知表を通じた評価を「自身の子供の道徳性そのものに対する評価」であると内的に確信していることが推知されることから、その取扱いについては、その本来の趣旨に照らし慎重な扱いに心懸ける必要がある。『学習指導要領解説　特別の教科　道徳編』も、この点について、道徳科は児童生徒の「人格そのものに働きかけるものであるため、その評価は安易なものであってはならい」と釘を刺す。

　教師は、道徳科の学習評価の妥当性に係る親・保護者などからの信頼を確保するために、学級と家庭をつなぐ「学級通信」などの連絡手段を通じて、道徳科の意義・内容に加え、学習評価の趣旨・目的・評価視点等の周知を図り、それへの理解を共有するようにしておくことが望まれる。もとより、通知表に記載の評価記述について親・保護者

219

などから疑問や照会が惹起されること等も念頭に置きながら、各教師は同僚と協働で、道徳科の学習評価の趣旨や視点等を絶えず確認し合うとともに、児童生徒の道徳的な成長を見越し、学期や学年をまたいでの活用に堪えうる（できれば個人別の）授業記録を学期単位で作成しておくことも求められよう。

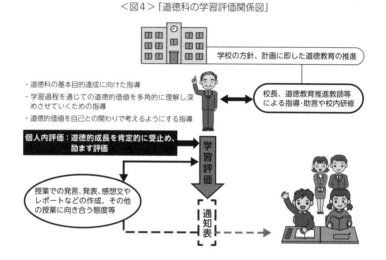

＜図4＞「道徳科の学習評価関係図」

② 道徳科の「学習評価」と授業改善のための「評価」の関係性

　学習指導要領「第1章　総則」中の「第3　教育課程の実施と学習評価　2（1）」は、「各教科等の目標の実現に向けた学習状況を把握する観点から、単元や題材など内容や時間のまとまりを見通しながら評価の場面や方法を工夫して、学習の過程や成果を評価し、指導の改善や学習意欲の向上を図り、資質・能力の育成に生かすようにすること」を求めている。このことに関連して、『学習指導要領解説　総則編』は、

児童生徒が「自らの学習を振り返って次の学習に向かうことができるようにするためにも、学習評価の在り方は重要であり、教育課程や学習・指導方法の改善と一貫性のある取組」を進めることの重要性を強調する。

　その趣旨は、児童生徒の学習状況の把握とそうした「学習状況に対する『評価』」は、その「指導過程における指導」とその「指導の有効性に対する『評価』」と一体的なものとして捉える必要性があることを意味している。この文脈の中でとりわけ注目すべきことは、教師が行った「児童生徒の学習状況に対する評価」は実は「教師自身の指導の内容・方法」に対する評価でもあり、それを「学習」のみならず「指導」の双方の充実・向上の契機として活かしていかなければならない、という点なのである。

　そこで本節では、上記視点を基に、道徳科における学習評価が、そこでの児童生徒の「学び」と教師の「指導」に与える影響に照準を絞って所要の論述をしていくこととする。（なお、本書では、道徳科の授業改善のための評価は、学校のカリキュラム・マネジメントの一環として行われる道徳教育に係る学校による組織評価の問題として、「第5講⑥」で詳述している。とりわけ、同節「（3）道徳科を担任する教師を軸とする評価の内容・方法」の項で具体的な言及をしているので、この問題に関してはそちらの記述を参照されたい）。

　さて、学習評価と指導改善のための「評価」の関係性について、そうした学習評価が実質的に教師自身の「授業評価」と表裏一体であること、換言すれば、教師が児童生徒に対して行う学習評価は、道徳科に係る自身の指導内容・方法とその効果の有為性の「水準」や「質」を投影したある種の「鏡」のような役割を果たしている、との考え方に対しさしたる異論はないであろう。教育学の分野では、コンピテンシーをベースに予め設定した教育上の目標（＝「ラーニング・アウトカム」）の達成度を評価するとともに、そうした学習目標の達成状況の検証を

行う中で、教育上の改善・向上の方策を探査しこれを実行に移すという、PDCAの循環サイクルを組込んだ営為の有為性が一般に是認されている。教育学の重要な一翼を担う高等教育論の領域では、「ラーニング・アウトカム」を軸にその達成状況を自己評価し、これを教育上の改善・改革につなげる循環サイクルのことを「内部質保証 (Internal Quality Assurance)」と称呼している。従って、道徳科における学習評価に対する「評価」がその時点での授業内容・方法・効果の「水準」や「質」を示すことを前提に、そうした「達成度評価（アウトカム評価）」の営みの有為性が十分発揮されるためには、その評価結果を道徳科の授業改善に連結させるための仕組みが学校内に確立され効果的に運用されていることが不可欠である。このことに関連して、道徳科の指導の効果を高めるべく、その一翼を担う学習評価の検証を行うことの意義に関連して、2016（平28）年7月の道徳教育に係る評価等の在り方に関する専門家会議「『特別の教科　道徳』の指導法・評価等について（報告）」が、「学校としての取組や教師自らの指導について改善を行うPDCAサイクル」の重要性を指摘した上で、その指導の効果を上げるため、道徳科の学習評価においても同手法を用いて「学習状況や指導を通じて表れる児童生徒の道徳性に係る成長の様子を、指導のねらいや内容に則して把握」する必要性に言及している点に充分留意を要する。

　このように、道徳科の学習評価を対象とする教師の「評価」は外形上教員自身による自己評価として行われる。しかしながら、それが、学校が定めた各「計画」の枠組みの中で展開されると同時に、学校全体の道徳教育の改善の方途の一環である組織評価としての性格を有するものである以上、そうした評価は学校全体の教師集団と組織的連携（とりわけ、学年の同僚教員との横のつながりを重視しながら）を図りながら進めていくことが必要である。

　以上のことを踏まえ、道徳科の学習評価を、授業改善のための評価に取り込み活用する際に想定される評価視点を次に示すこととしたい。

第**7**講 ●「特別の教科　道徳」の評価

▶学習評価を、道徳科の教育目的の達成を第一の目標とした上で、学校の掲げる道徳教育の目標も念頭におきつつ、a)道徳的価値に係る省察を通して広い視野から多角的な見方をすることができる、b)道徳的価値への理解を自身との関わりの中で深める、という道徳科の学習評価に係る基本的視点を踏まえたものとして行ったこと。

▶学習評価の妥当性や信頼性を高めるため、それに必要な作業や準備を行ったこと（各回の授業記録や個々の児童生徒の観察記録・面談記録などを含む）。

▶学習評価の妥当性や信頼性を確保するために、教師相互の連携の下、時宜に応じ他の同僚教師からの助言等を仰ぎながら、主観に頼らない一貫した学習評価を行ったこと。

▶児童生徒一人一人に配慮しながら、道徳性に係る「個」の成長を見取り、これを励ますための丁寧な評価を行ったこと。

▶単元毎に設定した「ねらい」に即して展開した授業の成果を基礎に据えた学習評価を行ったこと。

▶教師自らが、学習記録の結果を学級全体に亘りまた児童生徒毎に再確認するとともに、道徳科の指導に係る当初目的・目標や評価の視点等に即して、その妥当性・信頼性の検証を行ったこと。

▶学習評価の妥当性・信頼性の検証を行うに当り、同僚教師その他関係する第三者からの意見や反応を参考にすることができたこと。

▶自身の学習評価の検証の結果を、それ以降の道徳科の授業及びその学習評価の改善・向上に生かすための努力を払ったこと。

　道徳科の学習評価の結果を、検証し評価するという営為においても、他の評価活動の場合同様、既に見たようにPDCAの循環サイクルの中でこれを進めていくことが大切である。そうした営みを効果的に牽引していく上で、学校における道徳教育の質を高めるための組織的な校

223

内研修の役割は重要である。そして何よりも、各教師にとって、教職としてのキャリア・ステージを通じ一貫してその資質能力を一層高めていこうとするモチベーションを維持し行動していくという姿勢が大切であることは、道徳科に係るこうした指導の場合にも当てはまる。

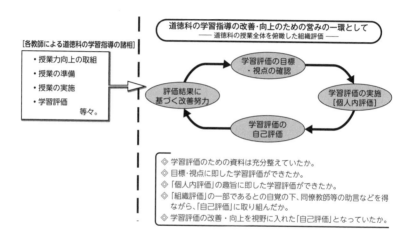

＜図5＞「道徳科の学習評価の改善・向上サイクル」

〈主要参考文献〉

・C.A.トムリンソン・T.R.ムーン著 山元隆春・山崎敬人・吉田新一郎訳『一人ひとりをいかす評価—学び方・考え方を問い直す—』(2018.9　北大路書房)

・柴原弘志・荊木聡『道徳の授業づくり』(2018.7　明治図書出版)

・無藤隆編著『[平成29年版]中学校新学習指導要領の展開　総則編』(2017.11　明治図書出版)

・永田繁雄編集『「道徳科」評価の考え方・進め方』(2017.6　教育開発研究所)

・「考え、議論する道徳」を実現する会『考え、議論する道徳を実現する!』(2017.6　図書文化)

・早田幸政『教育制度論』(2016.4　ミネルヴァ書房)

・田沼茂紀編著『「特別の教科　道徳」授業&評価完全ガイド』(2016.2　明治図書出版)

・芝原弘志編著『[平成28年版]中学校新学習指導要領の展開　特別の教科　道徳編』(2016.2　明治図書出版)

・西岡加名恵・石井英真・田中耕治『新しい教育評価入門—人を育てる評価のために—』(2015.4　有斐閣)

関連資料

No. 1　教育ニ関スル勅語（教育勅語）

No. 2　教育基本法

No. 3　(旧)教育基本法

No. 4　学校教育法（抄）

No. 5　平成29年版小学校学習指導要領（抄）

No. 6　平成29年版中学校学習指導要領（抄）

No. 7　道徳教育の「内容項目」に関わる
　　　　学年段階・学校段階の比較一覧表

関連資料

No.1 教育ニ関スル勅語
（教育勅語）

1890（明治23）年10月30日

　朕惟フニ我カ皇祖皇宗國ヲ肇ムルコト宏遠ニ德ヲ樹ツルコト深厚ナリ我カ臣民克ク忠ニ克ク孝ニ億兆心ヲ一ニシテ世世厥ノ美ヲ濟セルハ此レ我カ國體ノ精華ニシテ教育ノ淵源亦實ニ此ニ存ス爾臣民父母ニ孝ニ兄弟ニ友ニ夫婦相和シ朋友相信シ恭儉己レヲ持シ博愛衆ニ及ホシ學ヲ修メ業ヲ習ヒ以テ智能ヲ啓發シ德器ヲ成就シ進テ公益ヲ廣メ世務ヲ開キ常ニ國憲ヲ重シ國法ニ遵ヒ一旦緩急アレハ義勇公ニ奉シ以テ天壤無窮ノ皇運ヲ扶翼スヘシ是ノ如キハ獨リ朕カ忠良ノ臣民タルノミナラス又以テ爾祖先ノ遺風ヲ顯彰スルニ足ラン

　斯ノ道ハ實ニ我カ皇祖皇宗ノ遺訓ニシテ子孫臣民ノ倶ニ遵守スヘキ所之ヲ古今ニ通シテ謬ラス之ヲ中外ニ施シテ悖ラス朕爾臣民ト倶ニ拳々服膺シテ咸其德ヲ一ニセンコトヲ庶幾フ

明治二十三年十月三十日
御名御璽

No.2 教育基本法

2006（平成18）年12月22日公布・施行

（前文）

　我々日本国民は、たゆまぬ努力によって築いてきた民主的で文化的な国家を更に発展させるとともに、世界の平和と人類の福祉の向上に貢献することを願うものである。

　我々は、この理想を実現するため、個人の尊厳を重んじ、真理と正義を希求し、公共の精神を尊び、豊かな人間性と創造性を備えた人間の育成を期するとともに、伝統を継承し、新しい文化の創造を目指す教育を推進する。

　ここに、我々は、日本国憲法の精神にのっとり、我が国の未来を切り拓く教育の基本を確立し、その振興を図るため、この法律を制定する。

第一章　教育の目的及び理念

（教育の目的）

第一条　教育は、人格の完成を目指し、平和で民主的な国家及び社会の形成者として必要な資質を備えた心身ともに健康な国民の育成を期して行われなければならない。

（教育の目標）

第二条　教育は、その目的を実現するため、学問の自由を尊重しつつ、次に掲げる目標を達成するよう行われるもの

とする。

一　幅広い知識と教養を身に付け、真理を求める態度を養い、豊かな情操と道徳心を培うとともに、健やかな身体を養うこと。

二　個人の価値を尊重して、その能力を伸ばし、創造性を培い、自主及び自律の精神を養うとともに、職業及び生活との関連を重視し、勤労を重んずる態度を養うこと。

三　正義と責任、男女の平等、自他の敬愛と協力を重んずるとともに、公共の精神に基づき、主体的に社会の形成に参画し、その発展に寄与する態度を養うこと。

四　生命を尊び、自然を大切にし、環境の保全に寄与する態度を養うこと。

五　伝統と文化を尊重し、それらをはぐくんできた我が国と郷土を愛するとともに、他国を尊重し、国際社会の平和と発展に寄与する態度を養うこと。

（生涯学習の理念）

第三条　国民一人一人が、自己の人格を磨き、豊かな人生を送ることができるよう、その生涯にわたって、あらゆる機会に、あらゆる場所において学習することができ、その成果を適切に生かすことのできる社会の実現が図られなければならない。

（教育の機会均等）

第四条　すべて国民は、ひとしく、その能力に応じた教育を受ける機会を与えられなければならず、人種、信条、性別、社会的身分、経済的地位又は門地によって、教育上差別されない。

2　国及び地方公共団体は、障害のある者が、その障害の状態に応じ、十分な教育を受けられるよう、教育上必要な支援を講じなければならない。

3　国及び地方公共団体は、能力があるにもかかわらず、経済的理由によって修学が困難な者に対して、奨学の措置を講じなければならない。

第二章　教育の実施に関する基本

（義務教育）

第五条　国民は、その保護する子に、別に法律で定めるところにより、普通教育を受けさせる義務を負う。

2　義務教育として行われる普通教育は、各個人の有する能力を伸ばしつつ社会において自立的に生きる基礎を培い、また、国家及び社会の形成者として必要とされる基本的な資質を養うことを目的として行われるものとする。

3　国及び地方公共団体は、義務教育の機会を保障し、その水準を確保するため、適切な役割分担及び相互の協力の下、その実施に責任を負う。

4　国又は地方公共団体の設置する学校における義務教育については、授

業料を徴収しない。

（学校教育）

第六条 法律に定める学校は、公の性質を有するものであって、国、地方公共団体及び法律に定める法人のみが、これを設置することができる。

2 前項の学校においては、教育の目標が達成されるよう、教育を受ける者の心身の発達に応じて、体系的な教育が組織的に行われなければならない。この場合において、教育を受ける者が、学校生活を営む上で必要な規律を重んずるとともに、自ら進んで学習に取り組む意欲を高めることを重視して行われなければならない。

（大学）

第七条 大学は、学術の中心として、高い教養と専門的能力を培うとともに、深く真理を探究して新たな知見を創造し、これらの成果を広く社会に提供することにより、社会の発展に寄与するものとする。

2 大学については、自主性、自律性その他の大学における教育及び研究の特性が尊重されなければならない。

（私立学校）

第八条 私立学校の有する公の性質及び学校教育において果たす重要な役割にかんがみ、国及び地方公共団体は、その自主性を尊重しつつ、助成その他の適当な方法によって私立学校教育の振興に努めなければならない。

（教員）

第九条 法律に定める学校の教員は、自己の崇高な使命を深く自覚し、絶えず研究と修養に励み、その職責の遂行に努めなければならない。

2 前項の教員については、その使命と職責の重要性にかんがみ、その身分は尊重され、待遇の適正が期せられるとともに、養成と研修の充実が図られなければならない。

（家庭教育）

第十条 父母その他の保護者は、子の教育について第一義的責任を有するものであって、生活のために必要な習慣を身に付けさせるとともに、自立心を育成し、心身の調和のとれた発達を図るよう努めるものとする。

2 国及び地方公共団体は、家庭教育の自主性を尊重しつつ、保護者に対する学習の機会及び情報の提供その他の家庭教育を支援するために必要な施策を講ずるよう努めなければならない。

（幼児期の教育）

第十一条 幼児期の教育は、生涯にわたる人格形成の基礎を培う重要なものであることにかんがみ、国及び地方公共団体は、幼児の健やかな成長に資する良好な環境の整備その他適当な方法によって、その振興に努めなければならない。

（社会教育）

第十二条 個人の要望や社会の要請にこ

たえ、社会において行われる教育は、国及び地方公共団体によって奨励されなければならない。

2　国及び地方公共団体は、図書館、博物館、公民館その他の社会教育施設の設置、学校の施設の利用、学習の機会及び情報の提供その他の適当な方法によって社会教育の振興に努めなければならない。

（学校、家庭及び地域住民等の相互の連携協力）

第十三条　学校、家庭及び地域住民その他の関係者は、教育におけるそれぞれの役割と責任を自覚するとともに、相互の連携及び協力に努めるものとする。

（政治教育）

第十四条　良識ある公民として必要な政治的教養は、教育上尊重されなければならない。

2　法律に定める学校は、特定の政党を支持し、又はこれに反対するための政治教育その他政治的活動をしてはならない。

（宗教教育）

第十五条　宗教に関する寛容の態度、宗教に関する一般的な教養及び宗教の社会生活における地位は、教育上尊重されなければならない。

2　国及び地方公共団体が設置する学校は、特定の宗教のための宗教教育その他宗教的活動をしてはならない。

第三章　教育行政

（教育行政）

第十六条　教育は、不当な支配に服することなく、この法律及び他の法律の定めるところにより行われるべきものであり、教育行政は、国と地方公共団体との適切な役割分担及び相互の協力の下、公正かつ適正に行われなければならない。

2　国は、全国的な教育の機会均等と教育水準の維持向上を図るため、教育に関する施策を総合的に策定し、実施しなければならない。

3　地方公共団体は、その地域における教育の振興を図るため、その実情に応じた教育に関する施策を策定し、実施しなければならない。

4　国及び地方公共団体は、教育が円滑かつ継続的に実施されるよう、必要な財政上の措置を講じなければならない。

（教育振興基本計画）

第十七条　政府は、教育の振興に関する施策の総合的かつ計画的な推進を図るため、教育の振興に関する施策についての基本的な方針及び講ずべき施策その他必要な事項について、基本的な計画を定め、これを国会に報告するとともに、公表しなければならない。

2　地方公共団体は、前項の計画を参酌し、その地域の実情に応じ、当該地方公共団体における教育の振興の

ための施策に関する基本的な計画を
定めるよう努めなければならない。

第四章　法令の制定

　第十八条　この法律に規定する諸条項
を実施するため、必要な法令が制定され
なければならない。

No.3 (旧)教育基本法

1947 (昭和22)年3月31日公布・施行

（前文）

　われらは、さきに、日本国憲法を確定
し、民主的で文化的な国家を建設して、
世界の平和と人類の福祉に貢献しようと
する決意を示した。この理想の実現は、
根本において教育の力にまつべきもので
ある。

　われらは、個人の尊厳を重んじ、真理
と平和を希求する人間の育成を期すると
ともに、普遍的にしてしかも個性ゆたか
な文化の創造をめざす教育を普及徹底し
なければならない。

　ここに、日本国憲法の精神に則り、教
育の目的を明示して、新しい日本の教育
の基本を確立するため、この法律を制定
する。

（教育の目的）

第一条　教育は、人格の完成をめざし、
　平和的な国家及び社会の形成者とし
　て、真理と正義を愛し、個人の価値を
　たつとび、勤労と責任を重んじ、自主
　的精神に充ちた心身とも健康な国民の
　育成を期して行われなければならな
　い。

（教育の方針）

第二条　教育の目的は、あらゆる機会に、
　あらゆる場所において実現されなけれ
　ばならない。この目的を達成するため
　には、学問の自由を尊重し、実際生活

関連資料

に即し、自発的精神を養い、自他の敬愛と協力によつて、文化の創造と発展に貢献するように努めなければならない。

（教育の機会均等）

第三条 すべて国民は、ひとしく、その能力に応ずる教育を受ける機会与えられなければならないものであつて、人種、信条、性別、社会的身分、経済的地位又は門地によつて、教育上差別されない。

② 国及び地方公共団体は、能力があるにもかかわらず、経済的理由によつて修学困難な者に対して、奨学の方法を講じなければならない。

（義務教育）

第四条 国民は、その保護する子女に、九年の普通教育を受けさせる義務を負う。

② 国又は地方公共団体の設置する学校における義務教育については、授業料は、これを徴収しない。

（男女共学）

第五条 男女は、互に敬重し、協力し合わなければならないものであつて、教育上男女の共学は、認められなければならない。

（学校教育）

第六条 法律に定める学校は、公の性質をもつものであつて、国又は地方公共団体の外、法律に定める法人のみが、これを設置することができる。

② 法律に定める学校の教員は、全体

の奉仕者であつて、自己の使命を自覚し、その職責の遂行に努めなければならない。このためには、教員の身分は、尊重され、その待遇の適正が、期せられなければならない。

（社会教育）

第七条 家庭教育及び勤労の場所その他社会において行われる教育は、国及び地方公共団体によつて奨励されなければならない。

② 国及び地方公共団体は、図書館、博物館、公民館等の施設の設置、学校の施設の利用その他適当な方法によつて教育の目的の実現に努めなければならない。

（政治教育）

第八条 良識ある公民たるに必要な政治的教養は、教育上これを尊重しなければならない。

② 法律に定める学校は、特定の政党を支持し、又はこれに反対するための政治教育その他政治的活動をしてはならない。

（宗教教育）

第九条 宗教に関する寛容の態度及び宗教の社会生活における地位は、教育上これを尊重しなければならない。

② 国及び地方公共団体の設置する学校は、特定の宗教のための宗教教育その他宗教的活動をしてはならない。

（教育行政）

第十条 教育は、不当な支配に服するこ

となく、国民全体に対し直接に責任を
負つて行われるべきものである。

② 教育行政は、この自覚のもとに、
教育の目的を遂行するに必要な諸条
件の整備確立を目標として行われな
ければならない。

（補則）

第十一条 この法律に掲げる諸条項を実
施するために必要がある場合には、適
当な法令が制定されなければならな
い。

No.4　学校教育法（抄）

1947（昭和22）年3月31日公布・施行

最終改正：2016（平成28年）5月20日
　　　　法律第四七号

第一章　総則

第一条 この法律で、学校とは、幼稚園、
小学校、中学校、義務教育学校、高等
学校、中等教育学校、特別支援学校、
大学及び高等専門学校とする。

第二章　義務教育

第二十一条 義務教育として行われる普
通教育は、教育基本法（平成十八年法
律第百二十号）第五条第二項に規定す
る目的を実現するため、次に掲げる目
標を達成するよう行われるものとす
る。

一　学校内外における社会的活動
を促進し、自主、自律及び協同の
精神、規範意識、公正な判断力並
びに公共の精神に基づき主体的
に社会の形成に参画し、その発展
に寄与する態度を養うこと。

二　学校内外における自然体験活
動を促進し、生命及び自然を尊重
する精神並びに環境の保全に寄
与する態度を養うこと。

三　我が国と郷土の現状と歴史に
ついて、正しい理解に導き、伝統

と文化を尊重し、それらをはぐくんできた我が国と郷土を愛する態度を養うとともに、進んで外国の文化の理解を通じて、他国を尊重し、国際社会の平和と発展に寄与する態度を養うこと。

四　家族と家庭の役割、生活に必要な衣、食、住、情報、産業その他の事項について基礎的な理解と技能を養うこと。

五　読書に親しませ、生活に必要な国語を正しく理解し、使用する基礎的な能力を養うこと。

六　生活に必要な数量的な関係を正しく理解し、処理する基礎的な能力を養うこと。

七　生活にかかわる自然現象について、観察及び実験を通じて、科学的に理解し、処理する基礎的な能力を養うこと。

八　健康、安全で幸福な生活のために必要な習慣を養うとともに、運動を通じて体力を養い、心身の調和的発達を図ること。

九　生活を明るく豊かにする音楽、美術、文芸その他の芸術について基礎的な理解と技能を養うこと。

十　職業についての基礎的な知識と技能、勤労を重んずる態度及び個性に応じて将来の進路を選択する能力を養うこと。

第三章　幼稚園（略）

第四章　小学校

第二十九条　小学校は、心身の発達に応じて、義務教育として行われる普通教育のうち基礎的なものを施すことを目的とする。

第三十条　小学校における教育は、前条に規定する目的を実現するために必要な程度において第二十一条各号に掲げる目標を達成するよう行われるものとする。

2　前項の場合においては、生涯にわたり学習する基盤が培われるよう、基礎的な知識及び技能を習得させるとともに、これらを活用して課題を解決するために必要な思考力、判断力、表現力その他の能力をはぐくみ、主体的に学習に取り組む態度を養うことに、特に意を用いなければならない。

第五章　中学校

第四十五条　中学校は、小学校における教育の基礎の上に、心身の発達に応じて、義務教育として行われる普通教育を施すことを目的とする。

第四十六条　中学校における教育は、前条に規定する目的を実現するため、第二十一条各号に掲げる目標を達成するよう行われるものとする。

第六章　高等学校（略）

第七章　中等教育学校（略）

第八章　特別支援教育（略）

第九章　大学（略）

第十章　高等専門学校（略）

第十一章　専修学校（略）

第十二章　雑則（略）

第十三章　罰則（略）

附則（略）

No.5　平成29年版小学校学習指導要領（抄）

2017（平成29）年3月

第1章　総則

第1　小学校教育の基本と教育課程の役割

1　各学校においては、教育基本法及び学校教育法その他の法令並びにこの章以下に示すところに従い、児童の人間として調和のとれた育成を目指し、児童の心身の発達の段階や特性及び学校や地域の実態を十分考慮して、適切な教育課程を編成するものとし、これらに掲げる目標を達成するよう教育を行うものとする。

2　学校の教育活動を進めるに当たっては、各学校において、第3の1に示す主体的・対話的で深い学びの実現に向けた授業改善を通して、創意工夫を生かした特色ある教育活動を展開する中で、次の（1）から（3）までに掲げる事項の実現を図り、児童に生きる力を育むことを目指すものとする。

（1）　基礎的・基本的な知識及び技能を確実に習得させ、これらを活用して課題を解決するために必要な思考力、判断力、表現力等を育むとともに、主体的に学習に取り組む態度を養い、個性を生かし多

様な人々との協働を促す教育の充実に努めること。その際、児童の発達の段階を考慮して、児童の言語活動など、学習の基盤をつくる活動を充実するとともに、家庭との連携を図りながら、児童の学習習慣が確立するよう配慮すること。

(2) 道徳教育や体験活動、多様な表現や鑑賞の活動等を通して、豊かな心や創造性の涵養を目指した教育の充実に努めること。

学校における道徳教育は、特別の教科である道徳（以下「道徳科」という。）を要として学校の教育活動全体を通じて行うものであり、道徳科はもとより、各教科、外国語活動、総合的な学習の時間及び特別活動のそれぞれの特質に応じて、児童の発達の段階を考慮して、適切な指導を行うこと。

道徳教育は、教育基本法及び学校教育法に定められた教育の根本精神に基づき、自己の生き方を考え、主体的な判断の下に行動し、自立した人間として他者と共により良く生きるための基盤となる道徳性を養うことを目標とすること。

道徳教育を進めるに当たっては、人間尊重の精神と生命に対する畏敬の念を家庭、学校、その他社会における具体的な生活の中に生かし、豊かな心をもち、伝統と文化を尊重し、それらを育んできた我

が国と郷土を愛し、個性豊かな文化の創造を図るとともに、平和で民主的な国家及び社会の形成者として、公共の精神を尊び、社会及び国家の発展に努め、他国を尊重し、国際社会の平和と発展や環境の保全に貢献し未来を拓く主体性のある日本人の育成に資することとなるよう特に留意すること。

(3) 学校における体育・健康に関する指導を、児童の発達の段階を考慮して、学校の教育活動全体を通じて適切に行うことにより、健康で安全な生活と豊かなスポーツライフの実現を目指した教育の充実に努めること。特に、学校における食育の推進並びに体力の向上に関する指導、安全に関する指導及び心身の健康の保持増進に関する指導については、体育科、家庭科及び特別活動の時間はもとより、各教科、道徳科、外国語活動及び総合的な学習の時間などにおいてもそれぞれの特質に応じて適切に行うよう努めること。また、それらの指導を通して、家庭や地域社会との連携を図りながら、日常生活において適切な体育・健康に関する活動の実践を促し、生涯を通じて健康・安全で活力ある生活を送るための基礎が培われるよう配慮すること。

3 2の(1)から(3)までに掲げる事

項の実現を図り、豊かな創造性を備え持続可能な社会の創り手となることが期待される児童に、生きる力を育むことを目指すに当たっては、学校教育全体並びに各教科、道徳科、外国語活動、総合的な学習の時間及び特別活動(以下「各教科等」という。ただし、第2の3の(3)のア及びウにおいて、特別活動については学級活動(学校給食に係るものを除く。)に限る。)の指導を通してどのような資質・能力の育成を目指すのかを明確にしながら、教育活動の充実を図るものとする。その際、児童の発達の段階や特性等を踏まえつつ、次に掲げることが偏りなく実現できるようにするものとする。

(1) 知識及び技能が習得されるようにすること。

(2) 思考力、判断力、表現力等を育成すること。

(3) 学びに向かう力、人間性等を涵養すること。

4 各学校においては、児童や学校、地域の実態を適切に把握し、教育の目的や目標の実現に必要な教育の内容等を教科等横断的な視点で組み立てていくこと、教育課程の実施状況を評価してその改善を図っていくこと、教育課程の実施に必要な人的又は物的な体制を確保するとともにその改善を図っていくことなどを通して、教育課程に基づき組織的かつ計画的に各学校の教育活動の質の向上を図っていくこと(以下「カリキュラム・マネジメント」という。)に努めるものとする。

第2　教育課程の編成

1　各学校の教育目標と教育課程の編成

　教育課程の編成に当たっては、学校教育全体や各教科等における指導を通して育成を目指す資質・能力を踏まえつつ、各学校の教育目標を明確にするとともに、教育課程の編成についての基本的な方針が家庭や地域とも共有されるよう努めるものとする。その際、第5章総合的な学習の時間の第2の1に基づき定められる目標との関連を図るものとする。

2　教科等横断的な視点に立った資質・能力の育成

(1)　各学校においては、児童の発達の段階を考慮し、言語能力、情報活用能力(情報モラルを含む。)、問題発見・解決能力等の学習の基盤となる資質・能力を育成していくことができるよう、各教科等の特質を生かし、教科等横断的な視点から教育課程の編成を図るものとする。

(2)　各学校においては、児童や学校、地域の実態及び児童の発達の段階を考慮し、豊かな人生の実現や災害等を乗り越えて次代の社会

関連資料

を形成することに向けた現代的な諸課題に対応して求められる資質・能力を、教科等横断的な視点で育成していくことができるよう、各学校の特色を生かした教育課程の編成を図るものとする。

3　教育課程の編成における共通的事項

（1）　内容等の取扱い

ア　第2章以下に示す各教科、道徳科、外国語活動及び特別活動の内容に関する事項は、特に示す場合を除き、いずれの学校においても取り扱わなければならない。

イ　学校において特に必要がある場合には、第2章以下に示していない内容を加えて指導することができる。また、第2章以下に示す内容の取扱いのうち内容の範囲や程度等を示す事項は、全ての児童に対して指導するものとする内容の範囲や程度等を示したものであり、学校において特に必要がある場合には、この事項にかかわらず加えて指導することができる。ただし、これらの場合には、第2章以下に示す各教科、道徳科、外国語活動及び特別活動の目標や内容の趣旨を逸脱したり、児童の負担過重となったりすることのないようにしなければならない。

ウ　第2章以下に示す各教科、道徳科、外国語活動及び特別活動の内容に掲げる事項の順序は、特に示す場合を除き、指導の順序を示すものではないので、学校においては、その取扱いについて適切な工夫を加えるものとする。

エ　学年の内容を2学年まとめて示した教科及び外国語活動の内容は、2学年間かけて指導する事項を示したものである。各学校においては、これらの事項を児童や学校、地域の実態に応じ、2学年間を見通して計画的に指導することとし、特に示す場合を除き、いずれかの学年に分けて、又はいずれの学年においても指導するものとする。

オ　学校において2以上の学年の児童で編制する学級について特に必要がある場合には、各教科及び道徳科の目標の達成に支障のない範囲内で、各教科及び道徳科の目標及び内容について学年別の順序によらないことができる。

カ　道徳科を要として学校の教育活動全体を通じて行う道徳教育の内容は、第3章特別の教科道徳の第2に示す内容とし、その実施に当たっては、第6に示す道徳教育に関する配慮事項を踏まえるものとする。

（2）　授業時数等の取扱い

ア　各教科等の授業は、年間35週（第1学年については34週）以上

239

にわたって行うよう計画し、週当
たりの授業時数が児童の負担過重
にならないようにするものとする。
ただし、各教科等や学習活動の特
質に応じ効果的な場合には、夏季、
冬季、学年末等の休業日の期間
に授業日を設定する場合を含め、
これらの授業を特定の期間に行う
ことができる。

イ　特別活動の授業のうち、児童会
活動、クラブ活動及び学校行事に
ついては、それらの内容に応じ、
年間、学期ごと、月ごとなどに適
切な授業時数を充てるものとする。

ウ　各学校の時間割については、次
の事項を踏まえ適切に編成するも
のとする。

（ア）　各教科等のそれぞれの授業
の1単位時間は、各学校におい
て、各教科等の年間授業時数を
確保しつつ、児童の発達の段階
及び各教科等や学習活動の特質
を考慮して適切に定めること。

（イ）　各教科等の特質に応じ、10
分から15分程度の短い時間を
活用して特定の教科等の指導を
行う場合において、教師が、単
元や題材など内容や時間のまと
まりを見通した中で、その指導
内容の決定や指導の成果の把握
と活用等を責任をもって行う体
制が整備されているときは、そ
の時間を当該教科等の年間授業

時数に含めることができること。

（ウ）　給食、休憩などの時間につ
いては、各学校において工夫を
加え、適切に定めること。

（エ）　各学校において、児童や学
校、地域の実態、各教科等や学
習活動の特質等に応じて、創意
工夫を生かした時間割を弾力的
に編成できること。

エ　総合的な学習の時間における学
習活動により、特別活動の学校行
事に掲げる各行事の実施と同様の
成果が期待できる場合においては、
総合的な学習の時間における学習
活動をもって相当する特別活動の
学校行事に掲げる各行事の実施に
替えることができる。

（3）　指導計画の作成等に当たって
の配慮事項
　　各学校においては、次の事項に
配慮しながら、学校の創意工夫を
生かし、全体として、調和のとれ
た具体的な指導計画を作成するも
のとする。

ア　各教科等の指導内容について
は、（1）のアを踏まえつつ、単元
や題材など内容や時間のまとまり
を見通しながら、そのまとめ方や
重点の置き方に適切な工夫を加
え、第3の1に示す主体的・対話
的で深い学びの実現に向けた授業
改善を通して資質・能力を育む効
果的な指導ができるようにすること。

関連資料

イ 各教科等及び各学年相互間の関連を図り、系統的、発展的な指導ができるようにすること。

ウ 学年の内容を2学年まとめて示した教科及び外国語活動については、当該学年間を見通して、児童や学校、地域の実態に応じ、児童の発達の段階を考慮しつつ、効果的、段階的に指導するようにすること。

エ 児童の実態等を考慮し、指導の効果を高めるため、児童の発達の段階や指導内容の関連性等を踏まえつつ、合科的・関連的な指導を進めること。

4 学校段階等間の接続

教育課程の編成に当たっては、次の事項に配慮しながら、学校段階等間の接続を図るものとする。

(1) 幼児期の終わりまでに育ってほしい姿を踏まえた指導を工夫することにより、幼稚園教育要領等に基づく幼児期の教育を通して育まれた資質・能力を踏まえて教育活動を実施し、児童が主体的に自己を発揮しながら学びに向かうことが可能となるようにすること。

また、低学年における教育全体において、例えば生活科において育成する自立し生活を豊かにしていくための資質・能力が、他教科等の学習においても生かされるようにするなど、教科等間の関連を積極的に図り、幼児期の教育及び中学年以降の教育との円滑な接続が図られるよう工夫すること。特に、小学校入学当初においては、幼児期において自発的な活動としての遊びを通して育まれてきたことが、各教科等における学習に円滑に接続されるよう、生活科を中心に、合科的・関連的な指導や弾力的な時間割の設定など、指導の工夫や指導計画の作成を行うこと。

(2) 中学校学習指導要領及び高等学校学習指導要領を踏まえ、中学校教育及びその後の教育との円滑な接続が図られるよう工夫すること。特に、義務教育学校、中学校連携型小学校及び中学校併設型小学校においては、義務教育9年間を見通した計画的かつ継続的な教育課程を編成すること。

第3 教育課程の実施と学習評価

1 主体的・対話的で深い学びの実現に向けた授業改善

各教科等の指導に当たっては、次の事項に配慮するものとする。

(1) 第1の3の(1)から(3)までに示すことが偏りなく実現されるよう、単元や題材など内容や時間のまとまりを見通しながら、児童の主体的・対話的で深い学びの実現に向けた授業改善を行うこと。

241

特に、各教科等において身に付けた知識及び技能を活用したり、思考力、判断力、表現力等や学びに向かう力、人間性等を発揮させたりして、学習の対象となる物事を捉え思考することにより、各教科等の特質に応じた物事を捉える視点や考え方（以下「見方・考え方」という。）が鍛えられていくことに留意し、児童が各教科等の特質に応じた見方・考え方を働かせながら、知識を相互に関連付けてより深く理解したり、情報を精査して考えを形成したり、問題を見いだして解決策を考えたり、思いや考えを基に創造したりすることに向かう過程を重視した学習の充実を図ること。

(2) 第2の2の(1)に示す言語能力の育成を図るため、各学校において必要な言語環境を整えるとともに、国語科を要としつつ各教科等の特質に応じて、児童の言語活動を充実すること。あわせて、(7)に示すとおり読書活動を充実すること。

(3) 第2の2の(1)に示す情報活用能力の育成を図るため、各学校において、コンピュータや情報通信ネットワークなどの情報手段を活用するために必要な環境を整え、これらを適切に活用した学習活動の充実を図ること。また、各種の

統計資料や新聞、視聴覚教材や教育機器などの教材・教具の適切な活用を図ること。

あわせて、各教科等の特質に応じて、次の学習活動を計画的に実施すること。

ア 児童がコンピュータで文字を入力するなどの学習の基盤として必要となる情報手段の基本的な操作を習得するための学習活動

イ 児童がプログラミングを体験しながら、コンピュータに意図した処理を行わせるために必要な論理的思考力を身に付けるための学習活動

(4) 児童が学習の見通しを立てたり学習したことを振り返ったりする活動を、計画的に取り入れるように工夫すること。

(5) 児童が生命の有限性や自然の大切さ、主体的に挑戦してみることや多様な他者と協働することの重要性などを実感しながら理解することができるよう、各教科等の特質に応じた体験活動を重視し、家庭や地域社会と連携しつつ体系的・継続的に実施できるよう工夫すること。

(6) 児童が自ら学習課題や学習活動を選択する機会を設けるなど、児童の興味・関心を生かした自主的、自発的な学習が促されるよう工夫すること。

関連資料

（7）　学校図書館を計画的に利用し
その機能の活用を図り、児童の主
体的・対話的で深い学びの実現に
向けた授業改善に生かすとともに、
児童の自主的、自発的な学習活動
や読書活動を充実すること。また、
地域の図書館や博物館、美術館、
劇場、音楽堂等の施設の活用を積
極的に図り、資料を活用した情報
の収集や鑑賞等の学習活動を充
実すること。

2　学習評価の充実
学習評価の実施に当たっては、次
の事項に配慮するものとする。

（1）　児童のよい点や進歩の状況な
どを積極的に評価し、学習したこ
との意義や価値を実感できるよう
にすること。また、各教科等の目
標の実現に向けた学習状況を把握
する観点から、単元や題材など内
容や時間のまとまりを見通しなが
ら評価の場面や方法を工夫して、
学習の過程や成果を評価し、指導
の改善や学習意欲の向上を図り、
資質・能力の育成に生かすように
すること。

（2）　創意工夫の中で学習評価の妥
当性や信頼性が高められるよう、
組織的かつ計画的な取組を推進す
るとともに、学年や学校段階を越
えて児童の学習の成果が円滑に接
続されるように工夫すること。

第4　児童の発達の支援

1　児童の発達を支える指導の充実
教育課程の編成及び実施に当たっ
ては、次の事項に配慮するものとす
る。

（1）　学習や生活の基盤として、教
師と児童との信頼関係及び児童相
互のよりよい人間関係を育てるた
め、日頃から学級経営の充実を図
ること。また、主に集団の場面で
必要な指導や援助を行うガイダン
スと、個々の児童の多様な実態を
踏まえ、一人一人が抱える課題に
個別に対応した指導を行うカウン
セリングの双方により、児童の発
達を支援すること。

あわせて、小学校の低学年、中
学年、高学年の学年の時期の特長
を生かした指導の工夫を行うこ
と。

（2）　児童が、自己の存在感を実感
しながら、よりよい人間関係を形
成し、有意義で充実した学校生活
を送る中で、現在及び将来におけ
る自己実現を図っていくことがで
きるよう、児童理解を深め、学習
指導と関連付けながら、生徒指導
の充実を図ること。

（3）　児童が、学ぶことと自己の将
来とのつながりを見通しながら、
社会的・職業的自立に向けて必要
な基盤となる資質・能力を身に付
けていくことができるよう、特別

243

活動を要としつつ各教科等の特質
に応じて、キャリア教育の充実を
図ること。
（4） 児童が、基礎的・基本的な知
識及び技能の習得も含め、学習内
容を確実に身に付けることができ
るよう、児童や学校の実態に応じ、
個別学習やグループ別学習、繰り
返し学習、学習内容の習熟の程度
に応じた学習、児童の興味・関心
等に応じた課題学習、補充的な学
習や発展的な学習などの学習活動
を取り入れることや、教師間の協
力による指導体制を確保すること
など、指導方法や指導体制の工夫
改善により、個に応じた指導の充
実を図ること。その際、第3の1
の（3）に示す情報手段や教材・教
具の活用を図ること。
2 特別な配慮を必要とする児童への
指導
（1） 障害のある児童などへの指導
ア 障害のある児童などについては、
特別支援学校等の助言又は援助
を活用しつつ、個々の児童の障害
の状態等に応じた指導内容や指導
方法の工夫を組織的かつ計画的に
行うものとする。
イ 特別支援学級において実施する
特別の教育課程については、次の
とおり編成するものとする。
（ア） 障害による学習上又は生活
上の困難を克服し自立を図るた

め、特別支援学校小学部・中学
部学習指導要領第7章に示す自
立活動を取り入れること。
（イ） 児童の障害の程度や学級の
実態等を考慮の上、各教科の目
標や内容を下学年の教科の目標
や内容に替えたり、各教科を、
知的障害者である児童に対する
教育を行う特別支援学校の各教
科に替えたりするなどして、実
態に応じた教育課程を編成する
こと。
ウ 障害のある児童に対して、通級
による指導を行い、特別の教育課
程を編成する場合には、特別支援
学校小学部・中学部学習指導要領
第7章に示す自立活動の内容を参
考とし、具体的な目標や内容を定
め、指導を行うものとする。その
際、効果的な指導が行われるよう、
各教科等と通級による指導との関
連を図るなど、教師間の連携に努
めるものとする。
エ 障害のある児童などについては、
家庭、地域及び医療や福祉、保健、
労働等の業務を行う関係機関と
の連携を図り、長期的な視点で
児童への教育的支援を行うため
に、個別の教育支援計画を作成し
活用することに努めるとともに、
各教科等の指導に当たって、個々
の児童の実態を的確に把握し、個
別の指導計画を作成し活用する

ことに努めるものとする。特に、特別支援学級に在籍する児童や通級による指導を受ける児童については、個々の児童の実態を的確に把握し、個別の教育支援計画や個別の指導計画を作成し、効果的に活用するものとする。

（2） 海外から帰国した児童などの学校生活への適応や、日本語の習得に困難のある児童に対する日本語指導

ア 海外から帰国した児童などについては、学校生活への適応を図るとともに、外国における生活経験を生かすなどの適切な指導を行うものとする。

イ 日本語の習得に困難のある児童については、個々の児童の実態に応じた指導内容や指導方法の工夫を組織的かつ計画的に行うものとする。特に、通級による日本語指導については、教師間の連携に努め、指導についての計画を個別に作成することなどにより、効果的な指導に努めるものとする。

（3） 不登校児童への配慮

ア 不登校児童については、保護者や関係機関と連携を図り、心理や福祉の専門家の助言又は援助を得ながら、社会的自立を目指す観点から、個々の児童の実態に応じた情報の提供その他の必要な支援を行うものとする。

イ 相当の期間小学校を欠席し引き続き欠席すると認められる児童を対象として、文部科学大臣が認める特別の教育課程を編成する場合には、児童の実態に配慮した教育課程を編成するとともに、個別学習やグループ別学習など指導方法や指導体制の工夫改善に努めるものとする。

第5 学校運営上の留意事項

1 教育課程の改善と学校評価等

ア 各学校においては、校長の方針の下に、校務分掌に基づき教職員が適切に役割を分担しつつ、相互に連携しながら、各学校の特色を生かしたカリキュラム・マネジメントを行うよう努めるものとする。また、各学校が行う学校評価については、教育課程の編成、実施、改善が教育活動や学校運営の中核となることを踏まえ、カリキュラム・マネジメントと関連付けながら実施するよう留意するものとする。

イ 教育課程の編成及び実施に当たっては、学校保健計画、学校安全計画、食に関する指導の全体計画、いじめの防止等のための対策に関する基本的な方針など、各分野における学校の全体計画等と関連付けながら、効果的な指導が行われるように留意するものとする。

245

2 家庭や地域社会との連携及び協働
と学校間の連携
　教育課程の編成及び実施に当たっ
ては、次の事項に配慮するものとす
る。
　ア　学校がその目的を達成するため、
　　学校や地域の実態等に応じ、教育
　　活動の実施に必要な人的又は物
　　的な体制を家庭や地域の人々の協
　　力を得ながら整えるなど、家庭や
　　地域社会との連携及び協働を深め
　　ること。また、高齢者や異年齢の
　　子供など、地域における世代を越
　　えた交流の機会を設けること。
　イ　他の小学校や、幼稚園、認定こ
　　ども園、保育所、中学校、高等学校、
　　特別支援学校などとの間の連携や
　　交流を図るとともに、障害のある
　　幼児児童生徒との交流及び共同学
　　習の機会を設け、共に尊重し合い
　　ながら協働して生活していく態度
　　を育むようにすること。

第6　道徳教育に関する配慮事項

　道徳教育を進めるに当たっては、道徳
教育の特質を踏まえ、前項までに示す事
項に加え、次の事項に配慮するものとす
る。
　1　各学校においては、第1の2の(2)
　　に示す道徳教育の目標を踏まえ、道
　　徳教育の全体計画を作成し、校長の
　　方針の下に、道徳教育の推進を主に
　　担当する教師(以下「道徳教育推進

教師」という。)を中心に、全教師が
協力して道徳教育を展開すること。
なお、道徳教育の全体計画の作成に
当たっては、児童や学校、地域の実
態を考慮して、学校の道徳教育の重
点目標を設定するとともに、道徳科
の指導方針、第3章特別の教科道徳
の第2に示す内容との関連を踏まえ
た各教科、外国語活動、総合的な学
習の時間及び特別活動における指導
の内容及び時期並びに家庭や地域社
会との連携の方法を示すこと。
　2　各学校においては、児童の発達の
　　段階や特性等を踏まえ、指導内容の
　　重点化を図ること。その際、各学年
　　を通じて、自立心や自律性、生命を
　　尊重する心や他者を思いやる心を育
　　てることに留意すること。また、各
　　学年段階においては、次の事項に留
　　意すること。
　(1)　第1学年及び第2学年において
　　は、挨拶などの基本的な生活習慣
　　を身に付けること、善悪を判断し、
　　してはならないことをしないこと、
　　社会生活上のきまりを守ること。
　(2)　第3学年及び第4学年において
　　は、善悪を判断し、正しいと判断
　　したことを行うこと、身近な人々
　　と協力し助け合うこと、集団や社
　　会のきまりを守ること。
　(3)　第5学年及び第6学年において
　　は、相手の考え方や立場を理解し
　　て支え合うこと、法やきまりの

関連資料

意義を理解して進んで守ること、集団生活の充実に努めること、伝統と文化を尊重し、それらを育んできた我が国と郷土を愛するとともに、他国を尊重すること。

3 学校や学級内の人間関係や環境を整えるとともに、集団宿泊活動やボランティア活動、自然体験活動、地域の行事への参加などの豊かな体験を充実すること。また、道徳教育の指導内容が、児童の日常生活に生かされるようにすること。その際、いじめの防止や安全の確保等にも資することとなるよう留意すること。

4 学校の道徳教育の全体計画や道徳教育に関する諸活動などの情報を積極的に公表したり、道徳教育の充実のために家庭や地域の人々の積極的な参加や協力を得たりするなど、家庭や地域社会との共通理解を深め、相互の連携を図ること。

第2章 各教科 （略）

第3章 特別の教科 道徳

第1 目 標

第1章総則の第1の2の（2）に示す道徳教育の目標に基づき、よりよく生きるための基盤となる道徳性を養うため、道徳的諸価値についての理解を基に、自己を見つめ、物事を多面的・多角的に考え、自己の生き方についての考えを深める学習を通して、道徳的な判断力、心情、実践意欲と態度を育てる。

第2 内 容

学校の教育活動全体を通じて行う道徳教育の要である道徳科においては、以下に示す項目について扱う。

A 主として自分自身に関すること
[善悪の判断、自律、自由と責任]
〔第1学年及び第2学年〕
よいことと悪いこととの区別をし、よいと思うことを進んで行うこと。
〔第3学年及び第4学年〕
正しいと判断したことは、自信をもって行うこと。
〔第5学年及び第6学年〕
自由を大切にし、自律的に判断し、責任のある行動をすること。
[正直、誠実]
〔第1学年及び第2学年〕
うそをついたりごまかしをしたりしないで、素直に伸び伸びと生活すること。
〔第3学年及び第4学年〕
過ちは素直に改め、正直に明るい心で生活すること。
〔第5学年及び第6学年〕
誠実に、明るい心で生活すること。
[節度、節制]
〔第1学年及び第2学年〕
健康や安全に気を付け、物や金銭を大切にし、身の回りを整え、わがままをしないで、規則正しい生活をすること。
〔第3学年及び第4学年〕

247

自分でできることは自分でやり、安全に気を付け、よく考えて行動し、節度のある生活をすること。

〔第5学年及び第6学年〕

安全に気を付けることや、生活習慣の大切さについて理解し、自分の生活を見直し、節度を守り節制に心掛けること。

[個性の伸長]

〔第1学年及び第2学年〕

自分の特徴に気付くこと。

〔第3学年及び第4学年〕

自分の特徴に気付き、長所を伸ばすこと。

〔第5学年及び第6学年〕

自分の特徴を知って、短所を改め長所を伸ばすこと。

[希望と勇気、努力と強い意志]

〔第1学年及び第2学年〕

自分のやるべき勉強や仕事をしっかりと行うこと。

〔第3学年及び第4学年〕

自分でやろうと決めた目標に向かって、強い意志をもち、粘り強くやり抜くこと。

〔第5学年及び第6学年〕

より高い目標を立て、希望と勇気をもち、困難があってもくじけずに努力して物事をやり抜くこと。

[真理の探究]

〔第5学年及び第6学年〕

真理を大切にし、物事を探究しようとする心をもつこと。

B　主として人との関わりに関すること

[親切、思いやり]

〔第1学年及び第2学年〕

身近にいる人に温かい心で接し、親切にすること。

〔第3学年及び第4学年〕

相手のことを思いやり、進んで親切にすること。

〔第5学年及び第6学年〕

誰に対しても思いやりの心をもち、相手の立場に立って親切にすること。

[感謝]

〔第1学年及び第2学年〕

家族など日頃世話になっている人々に感謝すること。

〔第3学年及び第4学年〕

家族など生活を支えてくれている人々や現在の生活を築いてくれた高齢者に、尊敬と感謝の気持ちをもって接すること。

〔第5学年及び第6学年〕

日々の生活が家族や過去からの多くの人々の支え合いや助け合いで成り立っていることに感謝し、それに応えること。

[礼儀]

〔第1学年及び第2学年〕

気持ちのよい挨拶、言葉遣い、動作などに心掛けて、明るく接すること。

〔第3学年及び第4学年〕

礼儀の大切さを知り、誰に対しても真心をもって接すること。

〔第5学年及び第6学年〕

時と場をわきまえて、礼儀正しく真心をもって接すること。

［友情、信頼］

〔第1学年及び第2学年〕

　友達と仲よくし、助け合うこと。

〔第3学年及び第4学年〕

　友達と互いに理解し、信頼し、助け合うこと。

〔第5学年及び第6学年〕

　友達と互いに信頼し、学び合って友情を深め、異性についても理解しながら、人間関係を築いていくこと。

［相互理解、寛容］

〔第3学年及び第4学年〕

　自分の考えや意見を相手に伝えるとともに、相手のことを理解し、自分と異なる意見も大切にすること。

〔第5学年及び第6学年〕

　自分の考えや意見を相手に伝えるとともに、謙虚な心をもち、広い心で自分と異なる意見や立場を尊重すること。

C　主として集団や社会との関わりに関すること

［規則の尊重］

〔第1学年及び第2学年〕

　約束やきまりを守り、みんなが使う物を大切にすること。

〔第3学年及び第4学年〕

　約束や社会のきまりの意義を理解し、それらを守ること。

〔第5学年及び第6学年〕

　法やきまりの意義を理解した上で進んでそれらを守り、自他の権利を大切にし、義務を果たすこと。

［公正、公平、社会正義］

〔第1学年及び第2学年〕

　自分の好き嫌いにとらわれないで接すること。

〔第3学年及び第4学年〕

　誰に対しても分け隔てをせず、公正、公平な態度で接すること。

〔第5学年及び第6学年〕

　誰に対しても差別をすることや偏見をもつことなく、公正、公平な態度で接し、正義の実現に努めること。

［勤労、公共の精神］

〔第1学年及び第2学年〕

　働くことのよさを知り、みんなのために働くこと。

〔第3学年及び第4学年〕

　働くことの大切さを知り、進んでみんなのために働くこと。

〔第5学年及び第6学年〕

　働くことや社会に奉仕することの充実感を味わうとともに、その意義を理解し、公共のために役に立つことをすること。

［家族愛、家庭生活の充実］

〔第1学年及び第2学年〕

　父母、祖父母を敬愛し、進んで家の手伝いなどをして、家族の役に立つこと。

〔第3学年及び第4学年〕

　父母、祖父母を敬愛し、家族みんなで協力し合って楽しい家庭をつくる
　こと。

〔第5学年及び第6学年〕

　父母、祖父母を敬愛し、家族の幸せを求めて、進んで役に立つことをすること。

［よりよい学校生活、集団生活の充実］

〔第1学年及び第2学年〕

先生を敬愛し、学校の人々に親しんで、学級や学校の生活を楽しくすること。

〔第3学年及び第4学年〕

先生や学校の人々を敬愛し、みんなで協力し合って楽しい学級や学校をつくること。

〔第5学年及び第6学年〕

先生や学校の人々を敬愛し、みんなで協力し合ってよりよい学級や学校をつくるとともに、様々な集団の中での自分の役割を自覚して集団生活の充実に努めること。

〔伝統と文化の尊重、国や郷土を愛する態度〕

〔第1学年及び第2学年〕

我が国や郷土の文化と生活に親しみ、愛着をもつこと。

〔第3学年及び第4学年〕

我が国や郷土の伝統と文化を大切にし、国や郷土を愛する心をもつこと。

〔第5学年及び第6学年〕

我が国や郷土の伝統と文化を大切にし、先人の努力を知り、国や郷土を愛する心をもつこと。

〔国際理解、国際親善〕

〔第1学年及び第2学年〕

他国の人々や文化に親しむこと。

〔第3学年及び第4学年〕

他国の人々や文化に親しみ、関心をもつこと。

〔第5学年及び第6学年〕

他国の人々や文化について理解し、日本人としての自覚をもって国際親善に努めること。

D 主として生命や自然、崇高なものとの関わりに関すること

〔生命の尊さ〕

〔第1学年及び第2学年〕

生きることのすばらしさを知り、生命を大切にすること。

〔第3学年及び第4学年〕

生命の尊さを知り、生命あるものを大切にすること。

〔第5学年及び第6学年〕

生命が多くの生命のつながりの中にあるかけがえのないものであることを理解し、生命を尊重すること。

〔自然愛護〕

〔第1学年及び第2学年〕

身近な自然に親しみ、動植物に優しい心で接すること。

〔第3学年及び第4学年〕

自然のすばらしさや不思議さを感じ取り、自然や動植物を大切にすること。

〔第5学年及び第6学年〕

自然の偉大さを知り、自然環境を大切にすること。

〔感動、畏敬の念〕

〔第1学年及び第2学年〕

美しいものに触れ、すがすがしい心をもつこと。

〔第3学年及び第4学年〕

美しいものや気高いものに感動する心をもつこと。

〔第5学年及び第6学年〕

関連資料

美しいものや気高いものに感動する心や人間の力を超えたものに対する畏敬の念をもつこと。

［よりよく生きる喜び］

〔第5学年及び第6学年〕

よりよく生きようとする人間の強さや気高さを理解し、人間として生きる喜びを感じること。

第3　指導計画の作成と内容の取扱い

1　各学校においては、道徳教育の全体計画に基づき、各教科、外国語活動、総合的な学習の時間及び特別活動との関連を考慮しながら、道徳科の年間指導計画を作成するものとする。なお、作成に当たっては、第2に示す各学年段階の内容項目について、相当する各学年において全て取り上げることとする。その際、児童や学校の実態に応じ、2学年間を見通した重点的な指導や内容項目間の関連を密にした指導、一つの内容項目を複数の時間で扱う指導を取り入れるなどの工夫を行うものとする。

2　第2の内容の指導に当たっては、次の事項に配慮するものとする。

（1）　校長や教頭などの参加、他の教師との協力的な指導などについて工夫し、道徳教育推進教師を中心とした指導体制を充実すること。

（2）　道徳科が学校の教育活動全体を通じて行う道徳教育の要として

の役割を果たすことができるよう、計画的・発展的な指導を行うこと。特に、各教科、外国語活動、総合的な学習の時間及び特別活動における道徳教育としては取り扱う機会が十分でない内容項目に関わる指導を補うことや、児童や学校の実態等を踏まえて指導をより一層深めること、内容項目の相互の関連を捉え直したり発展させたりすることに留意すること。

（3）　児童が自ら道徳性を養う中で、自らを振り返って成長を実感したり、これからの課題や目標を見付けたりすることができるよう工夫すること。その際、道徳性を養うことの意義について、児童自らが考え、理解し、主体的に学習に取り組むことができるようにすること。

（4）　児童が多様な感じ方や考え方に接する中で、考えを深め、判断し、表現する力などを育むことができるよう、自分の考えを基に話し合ったり書いたりするなどの言語活動を充実すること。

（5）　児童の発達の段階や特性等を考慮し、指導のねらいに即して、問題解決的な学習、道徳的行為に関する体験的な学習等を適切に取り入れるなど、指導方法を工夫すること。その際、それらの活動を通じて学んだ内容の意義などにつ

251

いて考えることができるようにすること。また、特別活動等における多様な実践活動や体験活動も道徳科の授業に生かすようにすること。

（6）　児童の発達の段階や特性等を考慮し、第2に示す内容との関連を踏まえつつ、情報モラルに関する指導を充実すること。また、児童の発達の段階や特性等を考慮し、例えば、社会の持続可能な発展などの現代的な課題の取扱いにも留意し、身近な社会的課題を自分との関係において考え、それらの解決に寄与しようとする意欲や態度を育てるよう努めること。なお、多様な見方や考え方のできる事柄について、特定の見方や考え方に偏った指導を行うことのないようにすること。

（7）　道徳科の授業を公開したり、授業の実施や地域教材の開発や活用などに家庭や地域の人々、各分野の専門家等の積極的な参加や協力を得たりするなど、家庭や地域社会との共通理解を深め、相互の連携を図ること。

3　教材については、次の事項に留意するものとする。

（1）　児童の発達の段階や特性、地域の実情等を考慮し、多様な教材の活用に努めること。特に、生命の尊厳、自然、伝統と文化、先人

の伝記、スポーツ、情報化への対応等の現代的な課題などを題材とし、児童が問題意識をもって多面的・多角的に考えたり、感動を覚えたりするような充実した教材の開発や活用を行うこと。

（2）　教材については、教育基本法や学校教育法その他の法令に従い、次の観点に照らし適切と判断されるものであること。

ア　児童の発達の段階に即し、ねらいを達成するのにふさわしいものであること。

イ　人間尊重の精神にかなうものであって、悩みや葛藤等の心の揺れ、人間関係の理解等の課題も含め、児童が深く考えることができ、人間としてよりよく生きる喜びや勇気を与えられるものであること。

ウ　多様な見方や考え方のできる事柄を取り扱う場合には、特定の見方や考え方に偏った取扱いがなされていないものであること。

4　児童の学習状況や道徳性に係る成長の様子を継続的に把握し、指導に生かすよう努める必要がある。ただし、数値などによる評価は行わないものとする。

第4章 外国語活動 (略)
第5章 総合的な学習の時間 (略)
第6章 特別活動 (略)

関連資料

No.6 平成29年版中学校 学習指導要領 (抄)

2017 (平成29) 年3月

第1章 総則

第1 中学校教育の基本と教育課程の役割

1 各学校においては、教育基本法及び学校教育法その他の法令並びにこの章以下に示すところに従い、生徒の人間として調和のとれた育成を目指し、生徒の心身の発達の段階や特性及び学校や地域の実態を十分考慮して、適切な教育課程を編成するものとし、これらに掲げる目標を達成するよう教育を行うものとする。

2 学校の教育活動を進めるに当たっては、各学校において、第3の1に示す主体的・対話的で深い学びの実現に向けた授業改善を通して、創意工夫を生かした特色ある教育活動を展開する中で、次の(1)から(3)までに掲げる事項の実現を図り、生徒に生きる力を育むことを目指すものとする。

(1) 基礎的・基本的な知識及び技能を確実に習得させ、これらを活用して課題を解決するために必要な思考力、判断力、表現力等を育むとともに、主体的に学習に取り組む態度を養い、個性を生かし多

様な人々との協働を促す教育の充実に努めること。その際、生徒の発達の段階を考慮して、生徒の言語活動など、学習の基盤をつくる活動を充実するとともに、家庭との連携を図りながら、生徒の学習習慣が確立するよう配慮すること。

(2) 道徳教育や体験活動、多様な表現や鑑賞の活動等を通して、豊かな心や創造性の涵養を目指した教育の充実に努めること。

学校における道徳教育は、特別の教科である道徳 (以下「道徳科」という。) を要として学校の教育活動全体を通じて行うものであり、道徳科はもとより、各教科、総合的な学習の時間及び特別活動のそれぞれの特質に応じて、生徒の発達の段階を考慮して、適切な指導を行うこと。

道徳教育は、教育基本法及び学校教育法に定められた教育の根本精神に基づき、人間としての生き方を考え、主体的な判断の下に行動し、自立した人間として他者と共によりよく生きるための基盤となる道徳性を養うことを目標とすること。

道徳教育を進めるに当たっては、人間尊重の精神と生命に対する畏敬の念を家庭、学校、その他社会における具体的な生活の中に生かし、豊かな心をもち、伝統と文化

253

を尊重し、それらを育んできた我が国と郷土を愛し、個性豊かな文化の創造を図るとともに、平和で民主的な国家及び社会の形成者として、公共の精神を尊び、社会及び国家の発展に努め、他国を尊重し、国際社会の平和と発展や環境の保全に貢献し未来を拓く主体性のある日本人の育成に資することとなるよう特に留意すること。

(3) 学校における体育・健康に関する指導を、生徒の発達の段階を考慮して、学校の教育活動全体を通じて適切に行うことにより、健康で安全な生活と豊かなスポーツライフの実現を目指した教育の充実に努めること。特に、学校における食育の推進並びに体力の向上に関する指導、安全に関する指導及び心身の健康の保持増進に関する指導については、保健体育科、技術・家庭科及び特別活動の時間はもとより、各教科、道徳科及び総合的な学習の時間などにおいてもそれぞれの特質に応じて適切に行うよう努めること。また、それらの指導を通して、家庭や地域社会との連携を図りながら、日常生活において適切な体育・健康に関する活動の実践を促し、生涯を通じて健康・安全で活力ある生活を送るための基礎が培われるよう配慮すること。

3 2の(1)から(3)までに掲げる事項の実現を図り、豊かな創造性を備え持続可能な社会の創り手となることが期待される生徒に、生きる力を育むことを目指すに当たっては、学校教育全体並びに各教科、道徳科、総合的な学習の時間及び特別活動（以下「各教科等」という。ただし、第2の3の(2)のア及びウにおいて、特別活動については学級活動（学校給食に係るものを除く。)に限る。)の指導を通してどのような資質・能力の育成を目指すのかを明確にしながら、教育活動の充実を図るものとする。その際、生徒の発達の段階や特性等を踏まえつつ、次に掲げることが偏りなく実現できるようにするものとする。

(1) 知識及び技能が習得されるようにすること。

(2) 思考力、判断力、表現力等を育成すること。

(3) 学びに向かう力、人間性等を涵養すること。

4 各学校においては、生徒や学校、地域の実態を適切に把握し、教育の目的や目標の実現に必要な教育の内容等を教科等横断的な視点で組み立てていくこと、教育課程の実施状況を評価してその改善を図っていくこと、教育課程の実施に必要な人的又は物的な体制を確保するとともにその改善を図っていくことなどを通し

て、教育課程に基づき組織的かつ計画的に各学校の教育活動の質の向上を図っていくこと（以下「カリキュラム・マネジメント」という。）に努めるものとする。

第2　教育課程の編成

1　各学校の教育目標と教育課程の編成

　　教育課程の編成に当たっては、学校教育全体や各教科等における指導を通して育成を目指す資質・能力を踏まえつつ、各学校の教育目標を明確にするとともに、教育課程の編成についての基本的な方針が家庭や地域とも共有されるよう努めるものとする。その際、第4章総合的な学習の時間の第2の1に基づき定められる目標との関連を図るものとする。

2　教科等横断的な視点に立った資質・能力の育成

（1）　各学校においては、生徒の発達の段階を考慮し、言語能力、情報活用能力（情報モラルを含む。）、問題発見・解決能力等の学習の基盤となる資質・能力を育成していくことができるよう、各教科等の特質を生かし、教科等横断的な視点から教育課程の編成を図るものとする。

（2）　各学校においては、生徒や学校、地域の実態及び生徒の発達の段階を考慮し、豊かな人生の実現

や災害等を乗り越えて次代の社会を形成することに向けた現代的な諸課題に対応して求められる資質・能力を、教科等横断的な視点で育成していくことができるよう、各学校の特色を生かした教育課程の編成を図るものとする。

3　教育課程の編成における共通的事項

（1）　内容等の取扱い

ア　第2章以下に示す各教科、道徳科及び特別活動の内容に関する事項は、特に示す場合を除き、いずれの学校においても取り扱わなければならない。

イ　学校において特に必要がある場合には、第2章以下に示していない内容を加えて指導することができる。また、第2章以下に示す内容の取扱いのうち内容の範囲や程度等を示す事項は、全ての生徒に対して指導するものとする内容の範囲や程度等を示したものであり、学校において特に必要がある場合には、この事項にかかわらず加えて指導することができる。ただし、これらの場合には、第2章以下に示す各教科、道徳科及び特別活動の目標や内容の趣旨を逸脱したり、生徒の負担過重となったりすることのないようにしなければならない。

ウ　第2章以下に示す各教科、道徳

科及び特別活動の内容に掲げる事
項の順序は、特に示す場合を除
き、指導の順序を示すものではな
いので、学校においては、その取
扱いについて適切な工夫を加える
ものとする。

エ　学校において2以上の学年の生
徒で編制する学級について特に必
要がある場合には、各教科の目標
の達成に支障のない範囲内で、各
教科の目標及び内容について学年
別の順序によらないことができる。

オ　各学校においては、生徒や学校、
地域の実態を考慮して、生徒の特
性等に応じた多様な学習活動が行
えるよう、第2章に示す各教科や、
特に必要な教科を、選択教科とし
て開設し生徒に履修させることが
できる。その場合にあっては、全
ての生徒に指導すべき内容との関
連を図りつつ、選択教科の授業時
数及び内容を適切に定め選択教
科の指導計画を作成し、生徒の負
担過重となることのないようにし
なければならない。また、特に必
要な教科の名称、目標、内容など
については、各学校が適切に定め
るものとする。

カ　道徳科を要として学校の教育活
動全体を通じて行う道徳教育の内
容は、第3章特別の教科道徳の第
2に示す内容とし、その実施に当
たっては、第6に示す道徳教育に

関する配慮事項を踏まえるものと
する。

（2）　授業時数等の取扱い

ア　各教科等の授業は、年間35週
以上にわたって行うよう計画し、
週当たりの授業時数が生徒の負担
過重にならないようにするものと
する。ただし、各教科等や学習活
動の特質に応じ効果的な場合に
は、夏季、冬季、学年末等の休業
日の期間に授業日を設定する場合
を含め、これらの授業を特定の期
間に行うことができる。

イ　特別活動の授業のうち、生徒会
活動及び学校行事については、そ
れらの内容に応じ、年間、学期ご
と、月ごとなどに適切な授業時数
を充てるものとする。

ウ　各学校の時間割については、次
の事項を踏まえ適切に編成するも
のとする。

ア　各教科等のそれぞれの授業の
1単位時間は、各学校において、
各教科等の年間授業時数を確保
しつつ、生徒の発達の段階及び
各教科等や学習活動の特質を考
慮して適切に定めること。

イ　各教科等の特質に応じ、10
分から15分程度の短い時間を
活用して特定の教科等の指導を
行う場合において、当該教科等
を担当する教師が、単元や題材
など内容や時間のまとまりを見

関連資料

通した中で、その指導内容の決
定や指導の成果の把握と活用等
を責任をもって行う体制が整備
されているときは、その時間を
当該教科等の年間授業時数に含
めることができること。

ウ　給食、休憩などの時間につい
ては、各学校において工夫を加
え、適切に定めること。

エ　各学校において、生徒や学校、
地域の実態、各教科等や学習活
動の特質等に応じて、創意工夫
を生かした時間割を弾力的に編
成できること。

エ　総合的な学習の時間における学
習活動により、特別活動の学校行
事に掲げる各行事の実施と同様の
成果が期待できる場合においては、
総合的な学習の時間における学習
活動をもって相当する特別活動の
学校行事に掲げる各行事の実施に
替えることができる。

（3）　指導計画の作成等に当たって
の配慮事項

各学校においては、次の事項に
配慮しながら、学校の創意工夫を
生かし、全体として、調和のとれ
た具体的な指導計画を作成するも
のとする。

ア　各教科等の指導内容について
は、（1）のアを踏まえつつ、単元
や題材など内容や時間のまとまり
を見通しながら、そのまとめ方や

重点の置き方に適切な工夫を加
え、第3の1に示す主体的・対話
的で深い学びの実現に向けた授業
改善を通して資質・能力を育む効
果的な指導ができるようにするこ
と。

イ　各教科等及び各学年相互間の関
連を図り、系統的、発展的な指導
ができるようにすること。

4　学校段階間の接続

教育課程の編成に当たっては、次
の事項に配慮しながら、学校段階間
の接続を図るものとする。

（1）　小学校学習指導要領を踏まえ、
小学校教育までの学習の成果が中
学校教育に円滑に接続され、義務
教育段階の終わりまでに育成する
ことを目指す資質・能力を、生徒
が確実に身に付けることができる
よう工夫すること。特に、義務教
育学校、小学校連携型中学校及び
小学校併設型中学校においては、
義務教育9年間を見通した計画的
かつ継続的な教育課程を編成する
こと。

（2）　高等学校学習指導要領を踏ま
え、高等学校教育及びその後の教
育との円滑な接続が図られるよう
工夫すること。特に、中等教育学
校、連携型中学校及び併設型中学
校においては、中等教育6年間を
見通した計画的かつ継続的な教育
課程を編成すること。

257

第3 教育課程の実施と学習評価

1 主体的・対話的で深い学びの実現
に向けた授業改善

各教科等の指導に当たっては、次
の事項に配慮するものとする。

（1） 第1の3の（1）から（3）までに
示すことが偏りなく実現されるよ
う、単元や題材など内容や時間の
まとまりを見通しながら、生徒の
主体的・対話的で深い学びの実現
に向けた授業改善を行うこと。

特に、各教科等において身に付
けた知識及び技能を活用したり、
思考力、判断力、表現力等や学
びに向かう力、人間性等を発揮
させたりして、学習の対象となる
物事を捉え思考することにより、
各教科等の特質に応じた物事を
捉える視点や考え方（以下「見方・
考え方」という。）が鍛えられてい
くことに留意し、生徒が各教科等
の特質に応じた見方・考え方を働
かせながら、知識を相互に関連付
けてより深く理解したり、情報を
精査して考えを形成したり、問題
を見いだして解決策を考えたり、
思いや考えを基に創造したりする
ことに向かう過程を重視した学習
の充実を図ること。

（2） 第2の2の（1）に示す言語能力
の育成を図るため、各学校におい
て必要な言語環境を整えるととも
に、国語科を要としつつ各教科等

の特質に応じて、生徒の言語活動
を充実すること。あわせて、（7）
に示すとおり読書活動を充実する
こと。

（3）第2の2の（1）に示す情報活用能
力の育成を図るため、各学校にお
いて、コンピュータや情報通信ネッ
トワークなどの情報手段を活用す
るために必要な環境を整え、これ
らを適切に活用した学習活動の充
実を図ること。また、各種の統計
資料や新聞、視聴覚教材や教育機
器などの教材・教具の適切な活用
を図ること。

（4） 生徒が学習の見通しを立てた
り学習したことを振り返ったりす
る活動を、計画的に取り入れるよ
うに工夫すること。

（5） 生徒が生命の有限性や自然の
大切さ、主体的に挑戦してみるこ
とや多様な他者と協働することの
重要性などを実感しながら理解す
ることができるよう、各教科等の
特質に応じた体験活動を重視し、
家庭や地域社会と連携しつつ体系
的・継続的に実施できるよう工夫
すること。

（6） 生徒が自ら学習課題や学習活
動を選択する機会を設けるなど、
生徒の興味・関心を生かした自主
的、自発的な学習が促されるよう
工夫すること。

（7） 学校図書館を計画的に利用し

その機能の活用を図り、生徒の主体的・対話的で深い学びの実現に向けた授業改善に生かすとともに、生徒の自主的、自発的な学習活動や読書活動を充実すること。また、地域の図書館や博物館、美術館、劇場、音楽堂等の施設の活用を積極的に図り、資料を活用した情報の収集や鑑賞等の学習活動を充実すること。

2　学習評価の充実

　　学習評価の実施に当たっては、次の事項に配慮するものとする。

（1）　生徒のよい点や進歩の状況などを積極的に評価し、学習したことの意義や価値を実感できるようにすること。また、各教科等の目標の実現に向けた学習状況を把握する観点から、単元や題材など内容や時間のまとまりを見通しながら評価の場面や方法を工夫して、学習の過程や成果を評価し、指導の改善や学習（2）　創意工夫の中で学習評価の妥当性や信頼性が高められるよう、組織的かつ計画的な取組を推進するとともに、学年や学校段階を越えて生徒の学習の成果が円滑に接続されるように工夫すること。

第4　生徒の発達の支援

1　生徒の発達を支える指導の充実

　　教育課程の編成及び実施に当たっては、次の事項に配慮するものとする。

（1）学習や生活の基盤として、教師と生徒との信頼関係及び生徒相互のよりよい人間関係を育てるため、日頃から学級経営の充実を図ること。また、主に集団の場面で必要な指導や援助を行うガイダンスと、個々の生徒の多様な実態を踏まえ、一人一人が抱える課題に個別に対応した指導を行うカウンセリングの双方により、生徒の発達を支援すること。

（2）生徒が、自己の存在感を実感しながら、よりよい人間関係を形成し、有意義で充実した学校生活を送る中で、現在及び将来における自己実現を図っていくことができるよう、生徒理解を深め、学習指導と関連付けながら、生徒指導の充実を図ること。

（3）生徒が、学ぶことと自己の将来とのつながりを見通しながら、社会的・職業的自立に向けて必要な基盤となる資質・能力を身に付けていくことができるよう、特別活動を要としつつ各教科等の特質に応じて、キャリア教育の充実を図ること。その中で、生徒が自らの生き方を考え主体的に進路を選択することができるよう、学校の教育活動全体を通じ、組織的かつ計画的な進路指導を行うこと。

（4）生徒が、基礎的・基本的な知識及び技能の習得も含め、学習内容を確実に身に付けることができるよう、生徒や学校の実態に応じ、個別学習やグループ別学習、繰り返し学習、学習内容の習熟の程度に応じた学習、生徒の興味・関心等に応じた課題学習、補充的な学習や発展的な学習などの学習活動を取り入れることや、教師間の協力による指導体制を確保することなど、指導方法や指導体制の工夫改善により、個に応じた指導の充実を図ること。その際、第3の1の（3）に示す情報手段や教材・教具の活用を図ること。

2　特別な配慮を必要とする生徒への指導

（1）　障害のある生徒などへの指導

ア　障害のある生徒などについては、特別支援学校等の助言又は援助を活用しつつ、個々の生徒の障害の状態等に応じた指導内容や指導方法の工夫を組織的かつ計画的に行うものとする。

イ　特別支援学級において実施する特別の教育課程については、次のとおり編成するものとする。

（ア）　障害による学習上又は生活上の困難を克服し自立を図るため、特別支援学校小学部・中学部学習指導要領第7章に示す自立活動を取り入れること。

（イ）　生徒の障害の程度や学級の実態等を考慮の上、各教科の目標や内容を下学年の教科の目標や内容に替えたり、各教科を、知的障害者である生徒に対する教育を行う特別支援学校の各教科に替えたりするなどして、実態に応じた教育課程を編成すること。

ウ　障害のある生徒に対して、通級による指導を行い、特別の教育課程を編成する場合には、特別支援学校小学部・中学部学習指導要領第7章に示す自立活動の内容を参考とし、具体的な目標や内容を定め、指導を行うものとする。その際、効果的な指導が行われるよう、各教科等と通級による指導との関連を図るなど、教師間の連携に努めるものとする。

エ　障害のある生徒などについては、家庭、地域及び医療や福祉、保健、労働等の業務を行う関係機関との連携を図り、長期的な視点で生徒への教育的支援を行うために、個別の教育支援計画を作成し活用することに努めるとともに、各教科等の指導に当たって、個々の生徒の実態を的確に把握し、個別の指導計画を作成し活用することに努めるものとする。特に、特別支援学級に在籍する生徒や通級による指導を受ける生徒につい

関連資料

ては、個々の生徒の実態を的確に
把握し、個別の教育支援計画や個
別の指導計画を作成し、効果的に
活用するものとする。
(2) 海外から帰国した生徒などの
学校生活への適応や、日本語の習
得に困難のある生徒に対する日本
語指導
ア 海外から帰国した生徒などにつ
いては、学校生活への適応を図る
とともに、外国における生活経験
を生かすなどの適切な指導を行う
ものとする。
イ 日本語の習得に困難のある生徒
については、個々の生徒の実態に
応じた指導内容や指導方法の工夫
を組織的かつ計画的に行うものと
する。特に、通級による日本語指
導については、教師間の連携に努
め、指導についての計画を個別に
作成することなどにより、効果的
な指導に努めるものとする。
(3) 不登校生徒への配慮
ア 不登校生徒については、保護者
や関係機関と連携を図り、心理や
福祉の専門家の助言又は援助を
得ながら、社会的自立を目指す観
点から、個々の生徒の実態に応じ
た情報の提供その他の必要な支援
を行うものとする。
イ 相当の期間中学校を欠席し引き
続き欠席すると認められる生徒を
対象として、文部科学大臣が認め

る特別の教育課程を編成する場合
には、生徒の実態に配慮した教育
課程を編成するとともに、個別学
習やグループ別学習など指導方法
や指導体制の工夫改善に努めるも
のとする。
(4) 学齢を経過した者への配慮
ア 夜間その他の特別の時間に授業
を行う課程において学齢を経過し
た者を対象として特別の教育課程
を編成する場合には、学齢を経過
した者の年齢、経験又は勤労状況
その他の実情を踏まえ、中学校教
育の目的及び目標並びに第2章以
下に示す各教科等の目標に照らし
て、中学校教育を通じて育成を目
指す資質・能力を身に付けること
ができるようにするものとする。
イ 学齢を経過した者を教育する場
合には、個別学習やグループ別学
習など指導方法や指導体制の工夫
改善に努めるものとする。

第5 学校運営上の留意事項

1 教育課程の改善と学校評価、教育
課程外の活動との連携等
ア 各学校においては、校長の方針
の下に、校務分掌に基づき教職員
が適切に役割を分担しつつ、相互
に連携しながら、各学校の特色を
生かしたカリキュラム・マネジメ
ントを行うよう努めるものとする。
また、各学校が行う学校評価につ

261

いては、教育課程の編成、実施、改善が教育活動や学校運営の中核となることを踏まえ、カリキュラム・マネジメントと関連付けながら実施するよう留意するものとする。

イ　教育課程の編成及び実施に当たっては、学校保健計画、学校安全計画、食に関する指導の全体計画、いじめの防止等のための対策に関する基本的な方針など、各分野における学校の全体計画等と関連付けながら、効果的な指導が行われるように留意するものとする。

ウ　教育課程外の学校教育活動と教育課程の関連が図られるように留意するものとする。特に、生徒の自主的、自発的な参加により行われる部活動については、スポーツや文化、科学等に親しませ、学習意欲の向上や責任感、連帯感の涵養等、学校教育が目指す資質・能力の育成に資するものであり、学校教育の一環として、教育課程との関連が図られるよう留意すること。その際、学校や地域の実態に応じ、地域の人々の協力、社会教育施設や社会教育関係団体等の各種団体との連携などの運営上の工夫を行い、持続可能な運営体制が整えられるようにするものとする。

2　家庭や地域社会との連携及び協働

と学校間の連携

教育課程の編成及び実施に当たっては、次の事項に配慮するものとする。

ア　学校がその目的を達成するため、学校や地域の実態等に応じ、教育活動の実施に必要な人的又は物的な体制を家庭や地域の人々の協力を得ながら整えるなど、家庭や地域社会との連携及び協働を深めること。また、高齢者や異年齢の子供など、地域における世代を越えた交流の機会を設けること。

イ　他の中学校や、幼稚園、認定こども園、保育所、小学校、高等学校、特別支援学校などとの間の連携や交流を図るとともに、障害のある幼児児童生徒との交流及び共同学習の機会を設け、共に尊重し合いながら協働して生活していく態度を育むようにすること。

第6　道徳教育に関する配慮事項

道徳教育を進めるに当たっては、道徳教育の特質を踏まえ、前項までに示す事項に加え、次の事項に配慮するものとする。

1　各学校においては、第1の2の(2)に示す道徳教育の目標を踏まえ、道徳教育の全体計画を作成し、校長の方針の下に、道徳教育の推進を主に担当する教師(以下「道徳教育推進教師」という。)を中心に、全教師が

関連資料

協力して道徳教育を展開すること。なお、道徳教育の全体計画の作成に当たっては、生徒や学校、地域の実態を考慮して、学校の道徳教育の重点目標を設定するとともに、道徳科の指導方針、第3章特別の教科道徳の第2に示す内容との関連を踏まえた各教科、総合的な学習の時間及び特別活動における指導の内容及び時期並びに家庭や地域社会との連携の方法を示すこと。

2　各学校においては、生徒の発達の段階や特性等を踏まえ、指導内容の重点化を図ること。その際、小学校における道徳教育の指導内容を更に発展させ、自立心や自律性を高め、規律ある生活をすること、生命を尊重する心や自らの弱さを克服して気高く生きようとする心を育てること、法やきまりの意義に関する理解を深めること、自らの将来の生き方を考え主体的に社会の形成に参画する意欲と態度を養うこと、伝統と文化を尊重し、それらを育んできた我が国と郷土を愛するとともに、他国を尊重すること、国際社会に生きる日本人としての自覚を身に付けることに留意すること。

3　学校や学級内の人間関係や環境を整えるとともに、職場体験活動やボランティア活動、自然体験活動、地域の行事への参加などの豊かな体験を充実すること。また、道徳教育の指導内容が、生徒の日常生活に生かされるようにすること。その際、いじめの防止や安全の確保等にも資することとなるよう留意すること。

4　学校の道徳教育の全体計画や道徳教育に関する諸活動などの情報を積極的に公表したり、道徳教育の充実のために家庭や地域の人々の積極的な参加や協力を得たりするなど、家庭や地域社会との共通理解を深め、相互の連携を図ること。

第2章　各教科（略）
第3章　特別の教科　道徳

第1　目　標

第1章総則の第1の2の（2）に示す道徳教育の目標に基づき、よりよく生きるための基盤となる道徳性を養うため、道徳的諸価値についての理解を基に、自己を見つめ、物事を広い視野から多面的・多角的に考え、人間としての生き方についての考えを深める学習を通して、道徳的な判断力、心情、実践意欲と態度を育てる。

第2　内　容

学校の教育活動全体を通じて行う道徳教育の要である道徳科においては、以下に示す項目について扱う。

A　主として自分自身に関すること
[自主、自律、自由と責任]
自律の精神を重んじ、自主的に考え、

263

判断し、誠実に実行してその結果に責任
をもつこと。

[節度、節制]

　ましい生活習慣を身に付け、心身の健
康の増進を図り、節度を守り節制に心掛
け、安全で調和のある生活をすること。

[向上心、個性の伸長]

　を見つめ、自己の向上を図るとともに、
個性を伸ばして充実した生き方を追求す
ること。

[希望と勇気、克己と強い意志]

　より高い目標を設定し、その達成を目
指し、希望と勇気をもち、困難や失敗を
乗り越えて着実にやり遂げること。

[真理の探究、創造]

　真実を大切にし、真理を探究して新し
いものを生み出そうと努めること。

B　主として人との関わりに関すること

[思いやり、感謝]

　思いやりの心をもって人と接するとと
もに、家族などの支えや多くの人々の善
意により日々の生活や現在の自分がある
ことに感謝し、進んでそれに応え、人間
愛の精神を深めること。

[礼儀]

　礼儀の意義を理解し、時と場に応じた
適切な言動をとること。

[友情、信頼]

　友情の尊さを理解して心から信頼でき
る友達をもち、互いに励まし合い、高め
合うとともに、異性についての理解を深
め、悩みや葛藤も経験しながら人間関係
を深めていくこと。

[相互理解、寛容]

　自分の考えや意見を相手に伝えるとと
もに、それぞれの個性や立場を尊重し、
いろいろなものの見方や考え方があるこ
とを理解し、寛容の心をもって謙虚に他
に学び、自らを高めていくこと。

C　主として集団や社会との関わりに関
すること

[遵法精神、公徳心]

　法やきまりの意義を理解し、それらを
進んで守るとともに、そのよりよい在り
方について考え、自他の権利を大切にし、
義務を果たして、規律ある安定した社会
の実現に努めること。

[公正、公平、社会正義]

　正義と公正さを重んじ、誰に対しても
公平に接し、差別や偏見のない社会の実
現に努めること。

[社会参画、公共の精神]

　社会参画の意識と社会連帯の自覚を高
め、公共の精神をもってよりよい社会の
実現に努めること。

[勤労]

　勤労の尊さや意義を理解し、将来の生
き方について考えを深め、勤労を通じて
社会に貢献すること。

[家族愛、家庭生活の充実]

　父母、祖父母を敬愛し、家族の一員と
しての自覚をもって充実した家庭生活を
築くこと。

[よりよい学校生活、集団生活の充実]

　教師や学校の人々を敬愛し、学級や学
校の一員としての自覚をもち、協力し

合ってよりよい校風をつくるとともに、様々な集団の意義や集団の中での自分の役割と責任を自覚して集団生活の充実に努めること。

[郷土の伝統と文化の尊重、郷土を愛する態度]

郷土の伝統と文化を大切にし、社会に尽くした先人や高齢者に尊敬の念を深め、地域社会の一員としての自覚をもって郷土を愛し、進んで郷土の発展に努めること。

[我が国の伝統と文化の尊重、国を愛する態度]

優れた伝統の継承と新しい文化の創造に貢献するとともに、日本人としての自覚をもって国を愛し、国家及び社会の形成者として、その発展に努めること。

[国際理解、国際貢献]

世界の中の日本人としての自覚をもち、他国を尊重し、国際的視野に立って、世界の平和と人類の発展に寄与すること。

D　主として生命や自然、崇高なものとの関わりに関すること

[生命の尊さ]

生命の尊さについて、その連続性や有限性なども含めて理解し、かけがえのない生命を尊重すること。

[自然愛護]

自然の崇高さを知り、自然環境を大切にすることの意義を理解し、進んで自然の愛護に努めること。

[感動、畏敬の念]

美しいものや気高いものに感動する心をもち、人間の力を超えたものに対する畏敬の念を深めること。

[よりよく生きる喜び]

人間には自らの弱さや醜さを克服する強さや気高く生きようとする心があることを理解し、人間として生きることに喜びを見いだすこと。

第3　指導計画の作成と内容の取扱い

1　各学校においては、道徳教育の全体計画に基づき、各教科、総合的な学習の時間及び特別活動との関連を考慮しながら、道徳科の年間指導計画を作成するものとする。なお、作成に当たっては、第2に示す内容項目について、各学年において全て取り上げることとする。その際、生徒や学校の実態に応じ、3学年間を見通した重点的な指導や内容項目間の関連を密にした指導、一つの内容項目を複数の時間で扱う指導を取り入れるなどの工夫を行うものとする。

2　第2の内容の指導に当たっては、次の事項に配慮するものとする。

（1）　学級担任の教師が行うことを原則とするが、校長や教頭などの参加、他の教師との協力的な指導などについて工夫し、道徳教育推進教師を中心とした指導体制を充実すること。

（2）　道徳科が学校の教育活動全体を通じて行う道徳教育の要として

265

の役割を果たすことができるよう、計画的・発展的な指導を行うこと。特に、各教科、総合的な学習の時間及び特別活動における道徳教育としては取り扱う機会が十分でない内容項目に関わる指導を補うことや、生徒や学校の実態等を踏まえて指導をより一層深めること、内容項目の相互の関連を捉え直したり発展させたりすることに留意すること。

（3） 生徒が自ら道徳性を養う中で、自らを振り返って成長を実感したり、これからの課題や目標を見付けたりすることができるよう工夫すること。その際、道徳性を養うことの意義について、生徒自らが考え、理解し、主体的に学習に取り組むことができるようにすること。また、発達の段階を考慮し、人間としての弱さを認めながら、それを乗り越えてよりよく生きようとすることのよさについて、教師が生徒と共に考える姿勢を大切にすること。

（4） 生徒が多様な感じ方や考え方に接する中で、考えを深め、判断し、表現する力などを育むことができるよう、自分の考えを基に討論したり書いたりするなどの言語活動を充実すること。その際、様々な価値観について多面的・多角的な視点から振り返って考える

機会を設けるとともに、生徒が多様な見方や考え方に接しながら、更に新しい見方や考え方を生み出していくことができるよう留意すること。

（5） 生徒の発達の段階や特性等を考慮し、指導のねらいに即して、問題解決的な学習、道徳的行為に関する体験的な学習等を適切に取り入れるなど、指導方法を工夫すること。その際、それらの活動を通じて学んだ内容の意義などについて考えることができるようにすること。また、特別活動等における多様な実践活動や体験活動も道徳科の授業に生かすようにすること。

（6） 生徒の発達の段階や特性等を考慮し、第2に示す内容との関連を踏まえつつ、情報モラルに関する指導を充実すること。また、例えば、科学技術の発展と生命倫理との関係や社会の持続可能な発展などの現代的な課題の取扱いにも留意し、身近な社会的課題を自分との関係において考え、その解決に向けて取り組もうとする意欲や態度を育てるよう努めること。なお、多様な見方や考え方のできる事柄について、特定の見方や考え方に偏った指導を行うことのないようにすること。

（7） 道徳科の授業を公開したり、

関連資料

授業の実施や地域教材の開発や活用などに家庭や地域の人々、各分野の専門家等の積極的な参加や協力を得たりするなど、家庭や地域社会との共通理解を深め、相互の連携を図ること。

3　教材については、次の事項に留意するものとする。

（1）　生徒の発達の段階や特性、地域の実情等を考慮し、多様な教材の活用に努めること。特に、生命の尊厳、社会参画、自然、伝統と文化、先人の伝記、スポーツ、情報化への対応等の現代的な課題などを題材とし、生徒が問題意識をもって多面的・多角的に考えたり、感動を覚えたりするような充実した教材の開発や活用を行うこと。

（2）　教材については、教育基本法や学校教育法その他の法令に従い、次の観点に照らし適切と判断されるものであること。

ア　生徒の発達の段階に即し、ねらいを達成するのにふさわしいものであること。

イ　人間尊重の精神にかなうものであって、悩みや葛藤等の心の揺れ、人間関係の理解等の課題も含め、生徒が深く考えることができ、人間としてよりよく生きる喜びや勇気を与えられるものであること。

ウ　多様な見方や考え方のできる事柄を取り扱う場合には、特定の見方や考え方に偏った取扱いがなされていないものであること。

4　生徒の学習状況や道徳性に係る成長の様子を継続的に把握し、指導に生かすよう努める必要がある。ただし、数値などによる評価は行わないものとする。

第4章 総合的な学習の時間 (略)
第5章 特別活動 (略)

No.7　道徳教育の「内容項目」に関わる学年段階・学校段階の比較一覧表

	小学校第1学年及び第2学年 (19)	小学校第3学年及び第4学年 (20)
A　主として自分自身に関すること		
善悪の判断、自律、自由と責任	(1)よいことと悪いこととの区別をし、よいと思うことを進んで行うこと。	(1)正しいと判断したことは、自信をもって行うこと。
正直、誠実	(2)うそをついたりごまかしをしたりしないで、素直に伸び伸びと生活すること。	(2)過ちは素直に改め、正直に明るい心で生活すること。
節度、節制	(3)健康や安全に気を付け、物や金銭を大切にし、身の回りを整え、わがままをしないで、規則正しい生活をすること。	(3)自分でできることは自分でやり、安全に気を付け、よく考えて行動し、節度のある生活をすること。
個性の伸長	(4)自分の特徴に気付くこと。	(4)自分の特徴に気付き、長所を伸ばすこと。
希望と勇気、努力と強い意志	(5)自分のやるべき勉強や仕事をしっかりと行うこと。	(5)自分でやろうと決めた目標に向かって、強い意志をもち、粘り強くやり抜くこと。
真理の探究		
B　主として人との関わりに関すること		
親切、思いやり	(6)身近にいる人に温かい心で接し、親切にすること。	(6)相手のことを思いやり、進んで親切にすること。
感謝	(7)家族など日頃世話になっている人々に感謝すること。	(7)家族など生活を支えてくれている人々や現在の生活を築いてくれた高齢者に、尊敬と感謝の気持ちをもって接すること。
礼儀	(8)気持ちのよい挨拶、言葉遣い、動作などに心掛けて、明るく接すること。	(8)礼儀の大切さを知り、誰に対しても真心をもって接すること。
友情、信頼	(9)友達と仲よくし、助け合うこと。	(9)友達と互いに理解し、信頼し、助け合うこと。
相互理解、寛容		(10)自分の考えや意見を相手に伝えるとともに、相手のことを理解し、自分と異なる意見も大切にすること。
C　主として集団や社会との関わりに関すること		
規則の尊重	(10)約束やきまりを守り、みんなが使う物を大切にすること。	(11)約束や社会のきまりの意義を理解し、それらを守ること。
公正、公平、社会正義	(11)自分の好き嫌いにとらわれないで接すること。	(12)誰に対しても分け隔てをせず、公正、公平な態度で接すること。
勤労、公共の精神	(12)働くことのよさを知り、みんなのために働くこと。	(13)働くことの大切さを知り、進んでみんなのために働くこと。
家族愛、家庭生活の充実	(13)父母、祖父母を敬愛し、進んで家の手伝いなどをして、家族の役に立つこと。	(14)父母、祖父母を敬愛し、家族みんなで協力し合って楽しい家庭をつくること。
よりよい学校生活、集団生活の充実	(14)先生を敬愛し、学校の人々に親しんで、学級や学校の生活を楽しくすること。	(15)先生や学校の人々を敬愛し、みんなで協力し合って楽しい学級や学校をつくること。
伝統と文化の尊重、国や郷土を愛する態度	(15)我が国や郷土の文化と生活に親しみ、愛着をもつこと。	(16)我が国や郷土の伝統と文化を大切にし、国や郷土を愛する心をもつこと。
国際理解、国際親善	(16)他国の人々や文化に親しむこと。	(17)他国の人々や文化に親しみ、関心をもつこと。
D　主として生命や自然、崇高なものとの関わりに関すること		
生命の尊さ	(17)生きることのすばらしさを知り、生命を大切にすること。	(18)生命の尊さを知り、生命あるものを大切にすること。
自然愛護	(18)身近な自然に親しみ、動植物に優しい心で接すること。	(19)自然のすばらしさや不思議さを感じ取り、自然や動植物を大切にすること。
感動、畏敬の念	(19)美しいものに触れ、すがすがしい心をもつこと。	(20)美しいものや気高いものに感動する心をもつこと。
よりよく生きる喜び		

268　『中学校学習指導要領解説　特別の教科　道徳編』PP.24-25

関連資料

小学校第5学年及び第6学年 (22)	中学校 (22)	
A　主として自分自身に関すること		
(1)自由を大切にし、自律的に判断し、責任のある行動をすること。	(1)自律の精神を重んじ、自主的に考え、判断し、誠実に実行してその結果に責任をもつこと。	自主、自律、自由と責任
(2)誠実に、明るい心で生活すること。		
(3)安全に気を付けることや、生活習慣の大切さについて理解し、自分の生活を見直し、節度を守り節制に心掛けること。	(2)望ましい生活習慣を身に付け、心身の健康の増進を図り、節度を守り節制に心掛け、安全で調和のある生活をすること。	節度、節制
(4)自分の特徴を知って、短所を改め長所を伸ばすこと。	(3)自己を見つめ、自己の向上を図るとともに、個性を伸ばして充実した生き方を追求すること。	向上心、個性の伸長
(5)より高い目標を立て、希望と勇気をもち、困難があってもくじけずに努力して物事をやり抜くこと。	(4)より高い目標を設定し、その達成を目指し、希望と勇気をもち、困難や失敗を乗り越えて着実にやり遂げること。	希望と勇気、克己と強い意志
(6)真理を大切にし、物事を探究しようとする心をもつこと。	(5)真実を大切にし、真理を探究して新しいものを生み出そうと努めること。	真理の探究、創造
B　主として人との関わりに関すること		
(7)誰に対しても思いやりの心をもち、相手の立場に立って親切にすること。	(6)思いやりの心をもって人と接するとともに、家族などの支えや多くの人々の善意により日々の生活や現在の自分があることに感謝し、進んでそれに応え、人間愛の精神を深めること。	思いやり、感謝
(8)日々の生活が家族や過去からの多くの人々の支え合いや助け合いで成り立っていることに感謝し、それに応えること。		
(9)時と場をわきまえて、礼儀正しく真心をもって接すること。	(7)礼儀の意義を理解し、時と場に応じた適切な言動をとること。	礼儀
(10)友達と互いに信頼し、学び合って友情を深め、異性についても理解しながら、人間関係を築いていくこと。	(8)友情の尊さを理解して心から信頼できる友達をもち、互いに励まし合い、高め合うとともに、異性についての理解を深め、悩みや葛藤も経験しながら人間関係を深めていくこと。	友情、信頼
(11)自分の考えや意見を相手に伝えるとともに、謙虚な心をもち、広い心で自分と異なる意見や立場を尊重すること。	(9)自分の考えや意見を相手に伝えるとともに、それぞれの個性や立場を尊重し、いろいろなものの見方や考え方があることを理解し、寛容の心をもって謙虚に他に学び、自らを高めていくこと。	相互理解、寛容
C　主として集団や社会との関わりに関すること		
(12)法やきまりの意義を理解した上で進んでそれらを守り、自他の権利を大切にし、義務を果たすこと。	(10)法やきまりの意義を理解し、それらを進んで守るとともに、そのよりよい在り方について考え、自他の権利を大切にし、義務を果たして、規律ある安定した社会の実現に努めること。	遵法精神、公徳心
(13)誰に対しても差別をすることや偏見をもつことなく、公正、公平な態度で接し、正義の実現に努めること。	(11)正義と公正を重んじ、誰に対しても公平に接し、差別や偏見のない社会の実現に努めること。	公正、公平、社会正義
(14)働くことや社会に奉仕することの充実感を味わうとともに、その意義を理解し、公共のために役に立つことをすること。	(12)社会参画の意識と社会連帯の自覚を高め、公共の精神をもってよりよい社会の実現に努めること。	社会参画、公共の精神
	(13)勤労の尊さや意義を理解し、将来の生き方について考えを深め、勤労を通じて社会に貢献すること。	勤労
(15)父母、祖父母を敬愛し、家族の幸せを求めて、進んで役に立つことをすること。	(14)父母、祖父母を敬愛し、家族の一員としての自覚をもって充実した家庭生活を築くこと。	家族愛、家庭生活の充実
(16)先生や学校の人々を敬愛し、みんなで協力し合ってよりよい学級や学校をつくるとともに、様々な集団の中での自分の役割を自覚して集団生活の充実に努めること。	(15)教師や学校の人々を敬愛し、学級や学校の一員としての自覚をもち、協力し合ってよりよい校風をつくるとともに、様々な集団の意義や集団の中での自分の役割と責任を自覚して集団生活の充実に努めること。	よりよい学校生活、集団生活の充実
(17)我が国や郷土の伝統と文化を大切にし、先人の努力を知り、国や郷土を愛する心をもつこと。	(16)郷土の伝統と文化を大切にし、社会に尽くした先人や高齢者に尊敬の念を深め、地域社会の一員としての自覚をもって郷土を愛し、進んで郷土の発展に努めること。	郷土の伝統と文化の尊重、郷土を愛する態度
	(17)優れた伝統の継承と新しい文化の創造に貢献するとともに、日本人としての自覚をもって国を愛し、国家及び社会の形成者として、その発展に努めること。	我が国の伝統と文化の尊重、国を愛する態度
(18)他国の人々や文化について理解し、日本人としての自覚をもって国際親善に努めること。	(18)世界の中の日本人としての自覚をもち、他国を尊重し、国際的視野に立って、世界の平和と人類の発展に寄与すること。	国際理解、国際貢献
D　主として生命や自然、崇高なものとの関わりに関すること		
(19)生命が多くの生命のつながりの中にあるかけがえのないものであることを理解し、生命を尊重すること。	(19)生命の尊さについて、その連続性や有限性なども含めて理解し、かけがえのない生命を尊重すること。	生命の尊さ
(20)自然の偉大さを知り、自然環境を大切にすること。	(20)自然の崇高さを知り、自然環境を大切にすることの意義を理解し、進んで自然の愛護に努めること。	自然愛護
(21)美しいものや気高いものに感動する心や人間の力を超えたものに対する畏敬の念をもつこと。	(21)美しいものや気高いものに感動する心をもち、人間の力を超えたものに対する畏敬の念を深めること。	感動、畏敬の念
(22)よりよく生きようとする人間の強さや気高さを理解し、人間として生きる喜びを感じること。	(22)人間には自らの弱さや醜さを克服する強さや気高く生きようとする心があることを理解し、人間として生きることに喜びを見いだすこと。	よりよく生きる喜び

おわりに

　学習指導要領が改訂され、小学校に続き中学校でも新たな枠組みとして「特別の教科　道徳」が実施されるにあたり本書が出版できたことは非常に意義深いことである。道徳教育の位置づけ、その歴史と政策変遷、内容、指導計画、評価など非常に多岐にわたって「特別の教科　道徳」を論じている本書は、大学の教職課程で学ぶ学生、教える教員にとって有意義なものとなることを期待したい。

　今回、「第3講　道徳と規範、そして宗教、愛国心」、「第4講　道徳教育の内容」を道徳教育の位置づけ、その重要性、内容項目の意義など多くのことを学びながら共同執筆させていただいたことは貴重な経験となった。特に、この2つの講で扱っている、指導要領や指導要領解説だけからでは読み取れない道徳教育の位置づけ、内容項目の意義については、重点的に読み込んで学んでいただきたいと考えている。

　「特別の教科　道徳」を学ぶ児童生徒は、発達段階に合わせて徐々に人間関係、社会関係を広げ構築していく。その児童生徒を指導する教師が、本書出版の意義を理解し、グローバル化が進みインターネット上でのSNSが主たるコミュニケーション手段となっている現代社会において、児童生徒に少しでも多くの機会に「道徳」について考えるきっかけを与えられることにつながれば幸いである。

　最後に、昨今の厳しい出版事情の中、本書の刊行に際し、終始、懇切なご配慮をいただいた株式会社エイデル研究所の大塚孝喜代表、山添路子様、杉山拓也様に、心よりの感謝の意を表します。

2019年6月21日

堀井　祐介

著者紹介

早田 幸政（はやた ゆきまさ）
第1講～第7講（第3講・第4講　共著）

1953年山口県生まれ。

中央大学法学部法律学科卒業、同大学大学院法学研究科博士（前期）課程修了。

地方自治総合研究所常任研究員を経て、1985年、財団法人大学基準協会に入局。2001年より大学評価・研究部長。

2003年より金沢大学大学教育開発・支援センター教授。2008年より大阪大学大学教育実践センター教授。2012年より同大学大学評価・情報分析室教授。2014年より中央大学理工学部教授。

主要著書

『内部質保証システムと認証評価の新段階』（共編著）エイデル研究所、2017年

『教育制度論』ミネルヴァ書房、2016年

『大学の質保証とは何か』（編著）エイデル研究所、2015年

『〔入門〕法と憲法』ミネルヴァ書房、2014年

主要論文

「昨今の高等教育改革と『大学の自治』の変容」(植野妙実子先生古希記念論文集(藤野美都子・佐藤信行編著)『憲法理論の再構築』所収) 啓文堂、2019年

「ASEAN地域における高等教育質保証連携と『資格枠組み(QF)』の構築・運用の現段階」(『大学評価研究』第17号所収)、大学基準協会、2018年

「米国における公共政策大学院の質保証―"Pre-2009 NASPAA Standards"の検討を軸に―」(『法学新法』第119巻11月・12月号所収)、中央大学法学会、2013年

● 著者紹介

堀井 祐介 (ほりい ゆうすけ)
第3講・第4講　共著

1966 年京都府生まれ。
大阪外国語大学外国語学部デンマーク・スウェーデン語学科（デンマーク語専攻）卒業、大阪大学大学院言語文化研究科博士後期課程修了、博士（言語文化学）。
1998 年より大阪大学言語文化部言語科学実験部門助手、2000 年より同大学サイバーメディアセンターマルチメディア言語教育研究部門助手、2004 年より金沢大学大学教育開発・支援センター教育支援システム研究部門助教授、2008 年より同大学大学教育開発・支援センター評価システム研究部門教授、2016 年より同大学国際基幹教育院高等教育開発・支援系教授。

主要著書
『〔JUAA 選書 No.15〕大学評価論の体系化』（共著）東信堂、2016 年

主要論文
「ヨーロッパにおける大学評価の最新動向」（『大学評価研究』第 17 号所収）、大学基準協会、2018 年
「国際的な大学教育の質保証システム」（『大学評価研究』第 15 号所収）、大学基準協会、2016 年
「イングランドの教育質保証システムの現状と変容　－イングランドにおける QAA の制度改革を中心に－」（共著）（『季刊　教育法』第 191 号所収）、エイデル研究所、2016 年

新訂版　体系・道徳教育の理論と指導法

2015 年 4 月 30 日　初刷発行
2019 年 10 月 7 日　新訂版初刷発行

編　著　者	早田 幸政	
発　行　者	大塚 孝喜	
発　行　所	株式会社エイデル研究所	
	〒 102-0073　東京都千代田区九段北 4-1-9	
	TEL：03-3234-4641　FAX：03-3234-4644	
装幀・本文		
デ ザ イ ン	株式会社オセロ	
印 刷・製 本	中央精版印刷株式会社	

落丁・乱丁本はお取替えいたします。
定価はカバーに表示してあります。
© 2019,Yukimasa.Hayata
ISBN 978-4-87168-639-6 Printed in Japan